디지털 트렌드 2023

불확실한 경제 상황을 뛰어넘을 10가지 디지털 전략

디지털 트렌드 2023

책들의정원

불황을 뛰어넘는
디지털 기술로 성공하라

　　모든 것을 셧다운시켰던 신종 코로나바이러스 감염증코로나19이 '위드 코로나'로 바뀌며 전 지구적 위기 상황이 모면되려던 순간도 잠시. 러시아, 우크라이나 전쟁 발발로 각 국으로부터 석유, 가스를 공급받거나 밀가루를 수입하는 전 세계에 곡물과 유가 급등의 위기를 안겼다. 코로나19 기간 미국 행정부를 중심으로 한 대규모 경기부양책은 전쟁이라는 트리거로 2022년 전 지구인에게 현재 물가 폭등의 고통을 안기고 말았다. 한국과 같은 나라는 대국들의 인플레이션 대응책에 휘둘리며 환율 폭등 현상을 경험하는 등 더 큰 위기를 경험 중이다.

기업들은 기존에 수립한 전략으로는 겹겹이 쌓여가는 위기에 일일이 대처하는 것이 불가능해 보인다. 불행 중 다행이라면 팬데믹에서 간접적으로 경험했듯 '디지털'은 위기 탈출의 해법처럼 여겨졌다. 우리는 재택으로 근무를 해도 디지털을 통해 회사가 더 잘 돌아감을 몸소 경험했다. 일부 소상공인들은 디지털로 판로를 확보하며 오프라인 매장의 셧다운을 극복했다. 심지어 반도체·석유화학·자동차·철강·선박·디스플레이·무선통신기기 등 많은 기업이 이 기간 동안 스스로 '테크기업'이라 재정의하며 디지털 혁신을 위한 비전을 선포하기도 했다. 위기가 계기가 된 것이다. 위기가 지나갈 때쯤 또 다른 위기가 찾아오는 위기의 중첩의 상황 속에서 솔루션으로서의 디지털은 빛을 발할 것이다. 그런 기업들은 위기를 기회로 삼아 성공으로 전환해야 할 시점일 테다.

　하지만 여전히 대다수의 기업들은 변화하지 않고 현재를 고수하고 있다. 위기를 그저 흘러가는 강물처럼 바라보는 곳도 많다. 남 일처럼 여기는 경우도 있다. 고물가의 고통이 주는 교훈은 국가의 국민이 됐든, 기업의 구성원이 됐든 소수의 엘리트만이 고민하던 전 세계적 리스크를 모두가 현실로서 체감하게 하는 것이라 본다. 구멍가게 사장님도 러시아, 우크라이나 전쟁에 따른 밀가루 값 상승을 절실하게 체감 중이지 않은가.

　본서는 디지털을 잘 아는, 디지털을 잘 알아야만 하는 독자들을 위해

준비했다. 2023년 디지털 트렌드의 양상을 짚어보고 기업들이 성공적인 디지털 전환을 위한 핵심 과제가 무엇인지, 또 이를 위한 어떤 정부 정책이 요구되는지 등을 다루었다.

특히 NFT^{대체 불가 토큰}의 가치와 관련 생태계 성장, 이것이 바꿀 미래 메타버스 시장 등을 담았고, 본격 개화할 마이데이터로 급부상할 새로운 산업인 마이페이먼트와 종합지급결제업을 분석한다. 또한 리번들링^{다시 묶기}을 통한 강력한 슈퍼 플랫폼 애플리케이션으로 성공한 기업의 전략을 심층적으로 들여다보고, 격화될 디지털 통화 패권 전쟁의 배경과 중앙은행 디지털 화폐^{CBDC}에 관한 인사이트를 제시한다.

'포스트 코로나'와 함께 변화할 클라우드 산업의 흐름을 앞서 진단하고, 춘추전국시대를 맞이한 온라인 동영상 서비스^{OTT}의 생존전략과 2023년 대세가 될 웹 3.0에 대해서 조망한다. 스마트 팩토리의 미래와 디지털 헬스케어 진화를 앞두고 펼쳐질 데이터 전쟁의 이유, 포스트 코로나로 주목받을 키워드 재건^{Regeneration}과 ESG경영에 대해 전문적으로 다룬다. 필자가 취재 현장에서 가장 먼저 단독 취재했던 기사와 이에 대한 분석과 인터뷰도 담아냈다.

디지털 전환을 대비하거나 진행 중인 기업, 그리고 디지털 트렌드 섭렵을 통해 2023년을 대비할 전 분야 산업 종사자 등에게 조금이나마 도움이 되길 바란다.

2022년 10월

김지혜

차례

1부

디지털 트렌드
2022 리뷰

무역 전쟁에 이어
인공지능 전쟁을 벌이는 미중

미국은 미래 산업구조의 경쟁력 강화를 위해 AI 분야에 대한 정책적 지원을 아끼지 않고 있다. 미국 정부는 AI에 관련된 정책 뿐만 아니라, AI 거버넌스에 대한 대책까지 강구하고 있다. 중략 미국은 5G와 함께 AI 분야에서 중국과 경쟁적인 위치에 있다. 인공지능의 품질은 데이터의 양과 관계가 있다고 한다. 따라서 혹자들은 인구가 14억 5,000만 명인 중국이 인구가 3억 3,000만 명인 미국에 비해 AI 수준이 더 높을 거라는 추측을 한다. 심지어는 중국은 모든 국민을 안면인식으로 식별할 수 있는 수준에 도달했다고 말한다. 과거 중국 및 러시아 등의 사회주의 잔재가 남아있는 국가들은 반체제 인사를 감시하기 위해서 교통카드를 도입했다는 이야기까지 있었다. 교통카드 데이터를 통해 개인의 이동 경로 나 모임 장소를 추적할 수 있기 때문이다. 그렇다면 중국의 AI를 통한 안면인식 기술의 개발이 이러한 빅브라더big brother 관점 에서 이루어졌을지도 모른다. 그러나 미국은 무작정 AI 기술을 발전시키기보다는 위에서 열거한 각종 AI 거버넌스를 통해 균형 있는 디지털화 정책을 추진하고 있다. 우리나라도 AI 기술 확산 에만 중점을 두지 말고 거버넌스 측면에도 정부가 깊이 관여하 기를 기대한다.

—《디지털트렌드 2022》pp.73~77

《디지털 트렌드 2022》에서 전망했던 대로 글로벌 인공지능AI 경쟁 구 도는 선도국 미국과 후발 추격자 중국을 중심으로 형성되고 있다. 내면을 들여다보면 다만 그 양상에는 차이가 있다.

미국은 민간분야가 플랫폼 생태계를 주도하고 있고, 중국은 공공분야 가 플랫폼 조성에 앞장서고 있다. 미국은 애플, 마이크로소프트, 구글, 아마 존 등과 같은 기업들이 천문학적인 돈을 쏟아부으며 산업을 주도하고 있 고, 기초 연구를 진행하며 이를 보완하고 있다. 시장의 개방성도 크다.

이에 반해 중국은 세부 영역을 나눠 중점기업을 육성함과 동시에 해당 기업이 플랫폼 역할을 하면서 관련 생태계를 만들고 있고, 토종 플랫폼을 정부 감독 아래 두고 시장을 보호하면서 성장하는 추세다. 인공지능 플랫폼 기술은 전반적으로 미국이 앞서가고 있다고 평가받지만, 중국이 빠르게 추격하고 있으며, 관련 스타트업 기업들이 시장에서 적극적으로 경쟁하고 있다.

토종 플랫폼은 텐센트, 알리바바, 바이두, 샤오미 등이 대표적이다. 사정이 이렇자 미국은 중국을 견제하는 모양새다. 미국이 중국 대표 기업 화웨이, ZTE 등을 제재해왔고, 최근 틱톡, 알리바바 등도 직간접적으로 제재하거나 검토중이다. 미국 동맹국들인 영국, 호주 등도 미국의 중국 제재 흐름에 최근 동참하는 분위기다. 여기에 러시아·우크라이나 전쟁까지 발발하며 미 동맹국과 중국 동맹국 간 경제 경쟁은 더 커질 것으로 보이며, 이에 따른 인공지능 디커플링decoupling은 가속화될 것이 불보듯 뻔하다.

미중 간 기술 경쟁 속에서 인공지능 분야에서는 디커플링이 더 가속화될 전망이다. 이미 디지털 플랫폼은 기술 갈등으로 상호 독자적인 플랫폼이 만들어졌다. 기술표준과 동맹 또한 미중 간 독자적으로 구축됐다. 인수합병M&A을 통해 역량을 확보하는 플랫폼 기업의 특성상 국가 간 인공지능 스타트업 M&A에도 제동이 걸릴 것으로 전망된다.

이미 투자업계에서는 '겨울이 오고 있다winter is coming'를 넘어 지독한 혹한기가 장기화될 것을 우려하고 있다.

시간·장소에 구애받지 않는 노동자

코로나19 팬데믹은 업무 수행 환경에 큰 변화를 가져왔다. 가장 큰 변화는 직장 및 기관 종사자의 원격근무이다. 팬데믹 초창기에 많은 조직이 원격근무 및 재택근무를 앞다투어 시행했다. 이제는 이에 대한 장단점뿐만 아니라 제도 및 성과 측면도 고려해야 할 때이다. 재택근무를 경험한 조직원을 대상으로 한 설문조사를 보면, '평소와 유사하거나 재택근무가 더 효율적'이라는 응답과 '다소 불편하지만 감내할 수 있는 수준'이라는 응답이 대다수였다. 그러나 이는 재택근무 초창기에 '워라밸work-life balance'을 기대했던 사람들의 의견인 듯하다.

아마존 HR 담당인 아딘 윌리엄스Ardine Williams 부사장은 "원격근무로는 일시적으로 이전처럼 일을 할 수는 있겠지만 결코 자발적인 것은 아니다."라며 "우리는 언젠가 다시 사무실로 돌아갈 것을 기대하고 있다."라고 말했다. 1993년 재택근무를 도입해 '원격근무의 선구자'로 불리던 IBM은 2017년 이를 폐지했다. 중략

　　고용노동부의 조사에 따르면, 재택근무의 어려움으로 '의사소통 곤란'을 뽑은 사람이 62.6%로 가장 많았다. 사무실에서 근무하는 경우 업무 중 생기는 돌발 상황에 신속하게 대처할 수 있으며, 회의를 더 효율적으로 할 수 있다. 커뮤니케이션과 협의에 있어서는 대면 업무가 유리하다. 또한 경력자가 신입사원에게 업무를 가르칠 때도 사무실 근무가 더 편리하다. 기업 및 공공기관의 정보시스템 인프라 측면에서 협업 프로그램을 사용하는 것이 우리 실정에 부적합하고, 기업 외부 지역에서도 통용되는 정보 보안 인프라 조성이 아직 열악하기 때문이다.

―《디지털 트렌드 2022》pp.97~98

　　최근 일상이 회복되면서《디지털 트렌드 2022》에서 언급했듯이 그간 뉴노멀의 일상처럼 받아들여지던 재택근무 등 원격근무 효과성에 대한 논쟁에 불이 붙었다. 일론 머스크 테슬라 최고경영자의 이메일이 단적인 예

다. "모든 직원들은 사무실에서 주 40시간 이상 일해야 한다. 사무실에 나타나지 않는 직원은 퇴사한 것으로 간주하겠다"라고 밝혔다.[1] 실제 위드 코로나와 함께 미국 IT 기업들은 재택근무를 두고 골머리를 앓고 있다. 회사 사무실로 출근하는 것이 마땅한지, 어디서 일해도 괜찮은 것인지를 두고 사용자와 노동자 사이에 간극이 있기 때문이다. 실제 애플은 코로나19 방역이 완화되자 직원들에게 주 3회 이상 사무실에 출근할 것을 지시했다가 취소했다. 앞서 언급한 테슬라를 두고 경쟁사들이 인재를 뺏길 것이란 전망도 나온다.

그럼에도 디지털 노마드digital nomad는 장기적인 추세로 이어질 전망이다. 디지털 노마드는 디지털 장비를 사용해 공간에 제약받지 않고 집에서 일하거나 이동 근무를 하는 사람들을 뜻한다. 컨설팅 업체 MBO 파트너스에 따르면 미국의 디지털 노마드 숫자는 2019년 730만 명에서 지난해 1,550만 명으로 급증했다. 재택근무의 효율성을 맛본 노동자들은 이를 거부하는 일관리자들에게 거센 저항을 할 가능성이 높아졌다. 노동자들은 언제 어디서나 일할 수 있는, 더 자유롭게 일할 수 있는 원격근무를 원한다. 기업 입장에서도 전 세계에 살고 있는 유능한 직원을 고용할 수 있는 기회를 얻을 수 있다. 팬데믹의 여파는 여전하고 전쟁의 악재, 글로벌 경기 침체 등으로 자국에 있으면서 해외 기업에 취업하는 방식의 원격 해외 취업

---

1   Katrina Nicholas · Dana Hull, 〈Elon Musk's Ultimatum to Tesla Execs: Return to the Office or Get Out〉, Bloomberg, 2022. 06. 01.

에 관심을 가지는 사람도 늘고 있다. 원격 해외 취업은 외국으로 이주하는 것이 아니기 때문에 취업비자 발급도 필요 없어 앞으로 더 수요가 늘어날 전망이다.

고객이 직접 경험하는 것이
성공 비결이다

최근에 이슈가 된 비즈니스 모델은 틱톡, 클럽하우스, 라이브 커머스 등이 대표적이다. 틱톡은 60초 내외의 흥미로운 동영상을 제공하며, 킬링타임killing time용으로 적합하다. 특히 틱톡은 미국과 중국의 무역 분쟁 대상이 되었던 서비스이다.

클럽하우스는 음성 소셜 미디어로, 업계 관계자나 친구들과 음성 대화를 나눌 수 있는 것이 특징이다. 기존 가입자로부터 초대를 받아야 참여할 수 있으며, 영상이나 글 등은 사용할 수 없고 음성으로만 대화한다.

라이브 커머스는 실시간 동영상 스트리밍으로 상품을 판매하는 온라인 채널로, 비대면 접촉을 회피하는 언택트 경제가 부상하면서 활성화되고 있다. 국내에는 네이버의 '쇼핑라이브', 카카오의 '톡딜라이브', 티몬의 '티비온', CJ올리브영의 '올라이브', 롯데백화점의 '100라이브' 등의 플랫폼이 있다. 라이브 커머스 이용자는 생방송이 진해오디는 동안 채팅을 통해 진행자, 혹은 다른 구매자와 실시간 소통을 할 수 있다. 라이브 커머스는 상품에 대해 다양한 정보를 제공해서 비대면 온라인 쇼핑의 단점을 보완한다. 모바일 실시간 소통에 익숙한 'MZ 세대'가 라이브 커머스의 주요 고객이다. 이렇듯 최근에 등장하는 비즈니스 모델의 특징은 기존 비즈니스 모델을 변형한 것이라는 점을 알 수 있다.

—《디지털 트렌드 2022》pp.117~118

《디지털 트렌드 2022》에서 전망한 대로 온라인 플랫폼을 통한 틱톡, 라이브 커머스 등 고객 참여형 비즈니스 모델이 주목받고 있다. 특히 기업들은 제대로 된 가치제안을 하기 위해 '고객의 경험'을 미래를 위한 핵심 전략으로 설정하고 있다. 특히 삼성전자, LG 전자 등은 총체적 경험TX, Total experience2 에 주목하고 있다.

조주완 LG 사장은 2022년 신년 메시지에서 고객에 대한 깊은 이해와

2 고객경험(CX), 직원경험(EX), 사용자경험(UX), 멀티경험(MX)을 통합해 비즈니스를 혁신한다는 개념.

공감을 바탕으로 디지털 전환을 추진해 혁신적인 경험을 제공하자고 말했고, 삼성전자 한종희 부회장 또한 'CES 2022'에서 개인의 취향과 라이프 스타일에 따른 맞춤형 경험의 비전을 제시했다. ICT 업계에서 꾸준히 언급되어 오던 '경험'이라는 키워드가 다시금 재조명되기 시작한 것이다.

단순히 가성비 좋은 제품을 만드는 게 아니라 소비자들에게 한 차원 높은 경험을 제공해 자사 생태계를 만들고 고객을 붙잡아두겠다는 의미다. 새로운 기술 개발뿐만 아니라 고객 경험에 집중하고 이를 반영한 서비스와 솔루션을 만들어내겠다는 말인데, 이를 한번 경험하면 경험하지 않았던 때로 돌아가기 힘들도록 만든다는 전략이다.

결국 기술과 제조뿐만 아니라 사용자·직원·고객의 경험까지 서로 연결해 모든 이해관계자를 위한 총체적 경험을 향상시키는 것이 중요하다. 하드웨어에 가상현실VR, Virtual Reality·증강현실AR, Augmented Reality·메타버스 같은 차세대 기술과 온라인 쇼핑 플랫폼, 새로운 IT 기기와 기술에서 작동하는 콘텐츠 등이 제대로 결합한다면 고객·소비자 경험이 상상할 수 없을 정도로 높아질 것으로 전망된다. 이는 기업에만 국한되지 않는다. 시장 조사기관 가트너는 2023년까지 총체적 경험 전략이 없는 정부의 85% 이상은 정부 서비스를 혁신하지 못할 것이라고 보았다.

하나의 경제 시스템으로
자리 잡을 메타버스

이렇게 메타버스가 대세인 것은 분명하지만, 언제 어떻게 또 바뀔지는 아무도 모른다. 한때 대세였던 '세컨드라이프'나 '포켓몬고' 역시 한순간에 사라졌기 때문이다. 전문가들은 메타버스는 '세컨드라이프의 재탕에 불과할까? 아니면 현실의 연장선으로 자리 잡을까?'에 촉각을 곤두세운다. 메타버스가 현실 세계를 가상세계로 옮겨놓는 것에 불과하다면 세컨드라이프와 같은 길을 걸을 것으로 본다.

메타버스는 몇 가지 문제점을 지니고 있다. 많은 사람을 만나는 것 같아도 다른 집단과의 소통이 끊겨있고, 현실의 문제를 망각하게 만든다. 또한 상대방의 아바타만 보게 되기 때문에, 상대방이 느끼는 감정과 상황은 알 수가 없다. 메타버스의 익명성은 또 다른 부작용을 낳을 수도 있다. 그럼에도 불구하고 메타버스를 주목하는 이유는 게임 및 엔터테인먼트를 넘어서 향후 의료, 자동차 등의 산업 분야로 진출하는 시대가 올 수도 있기 때문이다.

국내외에서 부는 메타버스의 광풍이 무섭다. 인제대학교의 메타버스 캠퍼스, 울산시의 메타버스 온라인 컨벤션, 문화재청의 문화유산 방문 캠페인 홍보관, 환경부의 어린이 환경 체험 등 이루 열거할 수 없을 정도로 많은 기관과 기업이 앞다투어 메타버스 콘텐츠를 구축 중이다.

—《디지털 트렌드 2022》pp.130~131

《디지털 트렌드 2022》에서 메타버스는 현실 문제 망각 등 부작용에도 불구하고 게임과 엔터테인먼트를 넘어 의료, 자동차 등 여러 산업 분야에 확장될 것으로 보인다. 지금까지는 메타버스 기술에 대한 호기심과 가능성으로 연구를 시작한 단계였다면, 이제는 단순 메타버스 기술을 일부 서비스에 도입하는 데서 한 차원 나아가 메타버스 세계에서 이루어지는 경제 시스템인 메타노믹스 시대가 2023년 도래할 것으로 전망된다.

'메타노믹스metanomics'란 '메타버스metaverse'의 앞 글자와 경제학을 의미하는 '이코노믹스economics'의 뒷부분을 결합한 단어다. 메타버스 내에서 이루어지는 생산과 소비, 투자 등 전체 경제 시스템을 말한다. 앞으로 메타버스는 게임 등을 위한 체험적 수단을 넘어서 하나의 경제 시스템으로 주목받게 될 것으로 보인다. 일각에서는 메타버스가 궁극적으로 인터넷을 대체할 것으로 내다보기도 한다. 인터넷이 구글, 페이스북 그리고 네이버와 카카오 같은 디지털 기업의 시초가 됐듯이, 메타버스가 완전히 새로운 유형의 기업이 등장할 수 있는 바탕이 되고, 새로운 경제 체계를 만들어낼 것이라는 기대다.

미국 유명 벤처 투자자 매튜 볼Mathew Ball은 지금의 인터넷처럼 궁극적으로는 개인은 물론 거의 모든 산업과 국가들이 메타버스를 사용하게 될 것이라고 분석했다. 그가 제시한 메타버스가 가져야 할 속성 7가지 중 '자체적으로 완전히 작동하는 경제'를 주목해야 한다. 가상현실. 증강현실, 혼합현실MR, Mixed Reality, 확장현실XR, eXtended Reality 등 실감형 콘텐츠 기술이 성숙하면서 사이버 공간인 메타버스는 물리적인 현실 세계와 융합하고, 동시에 가상의 메타버스 공간에서 독자적 세계와 문화를 형성할 것이다.

메타노믹스를 통한 노동자들의 경제활동 또한 많아질 것으로 보인다. 예컨대, 가상현실을 매개로 한 파티, 공연에서는 사이버 가수나 DJ를 고용할 수 있고, 가상 콘서트는 물리적 콘서트보다 수익성이 더 높을 수 있는 잠재력을 가지고 있다. 이런 관점에서 미국 금융기관 J.P모건은 메타버스 내 가상 세계에서의 광고 경험을 위해 소셜 미디어 회사들이 경쟁을 벌이고, 수익을 창출하기 위해 수많은 플랫폼이 등장할 것으로 내다보았다.

맞춤형 추천 마케팅의
반전

1인 미디어가 등장하고 인기를 얻기 시작하면서 마케팅 또한 1인 미디어 쪽으로 시선을 돌리고 있다. 캠핑 상품을 판매하는 경우, 캠핑 유튜버에게 제품을 제공하고 영상 촬영을 요청한다. 평소 캠핑을 하고자 했던 고객들은 유튜버가 올린 캠핑 제품을 보고 실제로 사용했을 때의 모습을 확인하고 구매를 진행한다. 캠핑뿐만 아니라 다양한 분야에서 인플루언서 마케팅을 진행하고 있다. 앞서 살펴본 가상 인간 모델을 이용해 홍보하는 활동도 인플루언서 마케팅의 일환으로 볼 수 있다. 그들은 인스타그램 등을 통해 고객과 소통하고, 수십만 명 이상의 팔로워를 가진 인플루언서로 활동하면서 광고 촬영까지 진행해 상품의 구매율을 더욱 높인다.

인플루언서 마케팅은 최근 시작한 것이 아니라 20년 전에도 존재했다. 사례를 들어보자면, 농약 회사가 잔류 농약 성분이 적은 우수한 농약을 홍보하기 위해서 대형마트의 신선식품 매장과 접촉을 한다. 대형마트는 자사에 농산물을 납품하는 농민에게 잔류 농약 성분이 적은 특정 농약을 사용하기를 권고한다. 따라서 농약 회사의 상품 판매가 효과적으로 이루어진다. 이처럼 인플루언서 마케팅이란 고객에게 큰 영향을 줄 수 있는 대형마트와 같은 매개체를 통해 자사 상품을 마케팅하는 것이다.

미국에서는 인플루언서 마케팅으로 올해는 30억 달러, 내년에는 40억 달러 이상이 투자될 것으로 예측한다. 이는 코로나19 상황에서 더욱 가속화될 전망이다. 전염병으로 인해 미디어를 이용하는 사람들이 많이 늘어났고, 그만큼 인스타그램과 유튜브 등의 SNS를 할 기회가 늘었다. 이는 많은 구독자나 팔로워를 보유한 인플루언서를 접할 기회가 많아졌다는 것을 뜻한다.

한편, 최근에는 인플루언서의 범위가 넓어졌다. 인스타그램을 보면 셀럽, 연예인뿐만 아니라 외모가 출중하여 수만 명의 팔로워를 거느린 일반인들이 인플루언서 역할을 한다. 이러한 마이크로 인플루언서micro-influencer가 홍보하는 상품은 화장품, 주얼리, 의류, 건강식품 등이다.

내가 좋아할 만한 드라마를 추천하고, 이용자에게 적합한 로컬 정보를 소개해주는 검색 서비스를 제공하는 등 《디지털 트렌드 2022》에서 내다보았던 대로 맞춤형 추천 마케팅은 이미 우리의 삶에서 익숙한 서비스로 자리 잡았다. 대부분의 ICT 기업은 고객을 유치하고 붙잡아두기 위해 추천 서비스를 영상·음악·웹툰·웹소설 등의 콘텐츠부터 쇼핑·금융·의료까지 다양한 분야에 적용하고 있다.

특히 지난 2020년 '데이터 3법 개정안'이 시행되면서 데이터 활용 활성화를 위한 기반이 마련됐고, 빅데이터 분석을 통한 다양한 인공지능 기반 추천 서비스가 나왔다. 시장에서는 기업과 소비자의 최신 트렌드를 파악할 수 있는 지표로도 쓰인다.

그러나 맞춤형 추천 서비스의 여러 순기능으로 개인정보 침해 문제, 소비자 선택권 제한 등의 이슈도 생겨났다. PC를 포함해 스마트폰, 태블릿기기 등 나의 프라비잇한 기기들에서 검색 키워드, 시간, 위치 등 개인 민감 정보부터 결제를 포함한 금융정보를 모조리 수집해 이를 기반으로 추천을 해주다 보니 소비자들이 반감을 갖기 시작한 것이다. 이런 문제 때문에 국내외에서 프로파일링과 이를 기반으로 한 추천 서비스에 대한 규제 논의가 시작됐다.

심지어 공정거래위원회가 '프로파일링과 회원의 권리 등' '비회원의 개인정보를 바탕으로 한 프로파일링' 등의 두 조항을 추가한 전자상거래 표준약관 개정안을 추진한다는 보도가 나오고 있다.[3] 개정안 조항에는 회사가 프로파일링을 통해 '맞춤형 광고·서비스'를 제공하면 회원 동의를 받을 때 정지 요구권을 부여해야 하고, 수집 목적, 내용, 방법에 관한 자세한 정보를 제공하라는 내용 등이 담긴 것으로 알려졌다. 프로파일링을 통한 추천 서비스는 이용자 생활에 밀접하게 연관된 만큼, 정부의 규제방식이 이용자와 기업, 시장 등에 미치는 영향이 클 것으로 전망된다.

---

3 명희진, 〈'온플법' 입법 어려운데… 약관 고쳐 꼼수 규제하겠다는 공정위〉, 서울신문, 2022. 4. 6.

디지털 전환의 한계를 뛰어넘는
원격 교육의 등장

코로나19로 가장 큰 변화를 겪은 곳 중 하나는 학교다. 감염 위험 때문에 오프라인 수업이 제한되기 때문이다. 따라서 초·중·고등학교와 대학교는 물론, 직업교육과 평생교육을 하는 기관 등에서는 이미 비대면 교육이 활성화되었다. 비대면 교육은 원격 동영상 교육뿐만 아니라 ZOOM을 통한 화상교육도 함께 진행된다.

교육 분야에서 바라보는 디지털은 두 가지 관점이다. 첫 번째는 디지털을 활용한 학습 성과의 증대이고 두 번째는 디지털 시대의 인재를 육성하기 위해 디지털 관련 교육을 하는 것이다. 여기서 디지털을 활용한 학습 성과 향상을 위해 적용되는 기술을 에듀테크EduTech라고 한다. 과거에는 원격교육을 이러닝e-learning

이라고 했지만 이제는 에듀테크라는 용어를 널리 사용한다. 에듀테크는 공개 온라인 강좌MOOC, 학습자 서비스, 교수 학습 모델, 교육 플랫폼, 교육 콘텐츠 관리, 생애주기 학습경험 관리 등의 개념을 포함한다.

MOOC는 2012년부터 미국을 중심으로 한 정보 기술과 대학 강의 콘텐츠를 융합한 대규모 공개 온라인 강좌massive open online course이다. 인터넷을 통해서 하버드, MIT 등의 유명한 교수들의 강의를 무료로 들을 수 있다는 장점이 있다. MOOC의 대표적인 기관은 스탠퍼드의 코세라Coursera, 하버드와 MIT의 에덱스edX, 스탠퍼드 출신 교수가 만든 유다시티Udacity, 초·중·고 대상의 칸아카데미Khan Academy, 영국 오픈 유니버시티인 퓨터런Future Learn 등이다. MOOC는 기본적으로 무료이지만 수료증이 필요한 강의는 유료 수강을 해야 된다. 국내에서도 K-MOOC를 운영하고 있지만, 강의 콘텐츠의 수준이 해외의 MOOC와는 격차가 있다. 앞으로 유명 강사의 강의를 제작해 콘텐츠 수준을 높여야 한다.

—《디지털 트렌드 2022》pp.185~187

미래학자 토머스 프레이Thomas Frey는 "2030년에 지구상에서 가장 큰 인터넷 기업은 교육 기업이 될 것"이라고 예견했다. 또한 무역협회는 글로벌 에듀테크 시장 규모가 2025년 3,420억 달러 수준으로 성장할 것으로 예상했다.

코로나19로 인해 발생한 학습의 공백은 교육의 패러다임을 바꾸었다. 오프라인에서 진행하던 기존 수업을 온라인 공간으로 그대로 가져왔지만, 이것이 생각보다 더 비효율적이라는 사실을 깨닫는 계기가 됐다. 수업에 집중하지 못하고 수업 내용을 따라가지 못하는 학생들이 여기저기서 나왔다. 이런 가운데 선생님과 소통이 원활하지 않은 학생들을 중심으로 학습 격차는 더욱 커졌다. 단순히 전통적인 교육방식을 스마트 디바이스로 옮기는 방식의 디지털 전환은 한계에 부딪히고 있다는 뜻이기도 하다.

앞으로 쌍방향 소통에 더해 인공지능과 빅데이터 기반으로 학생에게 맞춤 교육을 제공하는 플랫폼이 각광받을 것으로 보인다. 게다가 학습 몰입을 높일 수 있는 VR, AR 등 다양한 기술이 교육에 접목될 전망이다. 정답이 없는 유형의 학습을 돕기 위한 모든 영역에서 전문 지식을 탑재하고, 알고리즘을 통해 1:1 맞춤형 학습을 제공하며, 학생의 감정과 건강 상태까지 고려해주는 에듀테크 플랫폼의 등장이 머지않았다.

키오스크·QR결제에 익숙하거나 아예 모르거나

토익 점수 향상이 학습자가 가장 원하는 일이듯이 고객이 간절히 원하는 것을 원츠wants라고 한다. 원츠는 고객의 가슴속에 있지만 감히 표현을 하지 못하거나, 고객조차도 인식하지 못하는 부분이다. 여기서 말하는 원츠는 니즈needs와는 다르다. 니즈가 마치 빠르고 안전한 자동차라면, 원츠는 자율주행을 하는 꿈의 자동차와 같다. 예를 들어 신문을 읽는 독자의 원츠는 남보다 먼저 뉴스를 보는 것이다. 새로운 소식을 빨리 접해서 주식 투자를 하면 돈을 벌 수 있기 때문이다. 뉴욕타임스는 이를 위해 유료로 제공하는 디지털판 뉴스에서 기자들이 취재한 모든 기사를 더욱 신속하게 제공한다. 바로 이러한 개념을 디지털 기술로 가능하게 했을 때, 우리는 이를 진정한 디지털 트랜스포메이션이라고 한다.

　디지털 트랜스포메이션은 고난도의 과제이며 실패할 확률이 높은 사업이다. 따라서 디지털 트랜스포메이션을 추진하는 데 조직 내부에서 반대하는 목소리가 높다. 이제 기업과 공공기관에서 챗봇이나 RPA를 도입한 정도로 디지털 트랜스포메이션을 추진했다고 말하는 오류는 없어야 한다. 구성원 모두가 찬성을 하는 낮은 수준의 변혁은 결코 디지털 트랜스포메이션이라 할 수 없다.

- 《디지털 트렌드 2022》 pp.201~202

　최근 디지털 전환에 비대면 경제가 활성화되고, 홈코노미의 부상, 온라인 서비스 확대 등이 맞물리면서 산업구조가 변하고 있다. 세계 각국 정부가 디지털 전환 관련 정책을 추진하고 있으며, 민간 기업들도 적극적으로 산업 전반의 디지털 전환을 진행하고 있다.

　자동차 산업의 경우, 일반 가솔린 자동차에서 전기차와 완전 자율주행차로의 산업 전환 과정에서 ICT 기술이 중요한 역할을 하고 있다. 제약기업들도 코로나19 팬데믹을 거치며 신약 개발에 AI, 데이터, 사물인터넷 등 디지털 기술을 적용하는 방식을 확대했다. 제조업에서는 산업 데이터 활용 기반이 만들어졌고, AI와 5G 기반 스마트 제조, 온라인 마케팅 등이 도입되면서 빠르게 디지털화되고 있다.

디지털 전환이 가져온 효과는 기술 혁신을 넘어 문화와 비즈니스 혁신으로 이어져 다양한 형태로의 가치와 비즈니스 수익 창출 기회를 제공하고 있다. 이제 디지털 전환은 세계 국가의 공통 목표이자 국가 경쟁력을 좌우하는 잣대가 되고 있다. 다만 디지털 전환에 따른 우리 사회의 디지털 격차 현상도 사회문제로 떠올랐다. 당장 우리 주변에 키오스크 주문과 QR코드 결제 등 소비자 스스로 판매자가 해주던 서비스 일부를 해야 하는 상황인데, 이를 원활하게 사용하지 못하는 사람들이 많다. 구독 서비스 같은 개념 자체를 이해 못하는 경우도 허다하다. 정보 접근성 측면에서도 불편함을 넘어 불이익에 부딪히는 등 디저털 전환에 따른 부작용은 앞으로 해결할 과제다.

자율주행 생태계 주도권을 쥐기 위한 기업들의 경쟁

CPS^{cyber-physicial system} 생태계 구현은 디지털화의 진정한 목표이다. CPS를 위한 디지털 트윈^{digital twin}은 플랜트, 선박, 도시 등과 같은 물리적 세계와 동일한 디지털 쌍둥이를 사이버공간에 만드는 것이다. 2016년 GE가 현실과 가상이 연결된 디지털 트윈을 실현하면서 주목받기 시작했다. GE는 디지털 트윈을 활용한 결과, 엔진 고장을 검출하는 검사의 정확도를 10% 개선했으며, 정비 불량으로 인한 결항도 1,000건 이상 감소하는 효과를 거뒀다.

최근에는 디지털 트윈을 통해 교통·주택·환경 등 고질적인 사회문제를 저비용으로 해결하려는 스마트시티에 대한 요구가 증가하고 있다. 디지털 트윈은 빌딩 정보 모델, 디지털 용광로, 디지털 트윈 선박, 디지털 환자, 버추얼 터미널 등에 적용되고 있다. 앞으로 스마트 팩토리, 스마트 플랜트, 국토관리, 스마트 물류 등에 디지털 트윈이 적용될 전망이다.

—《디지털 트렌드 2022》p.219

디지털 트윈은 실제 사물의 물리적 특징을 동일하게 반영한 쌍둥이를 3차원 모델로 구현하고 현실과의 동기화 시뮬레이션을 거쳐 관제·분석 등 해당 사물에 대한 의사결정에 활용하는 기술이다. 디지털 트윈은 하나의 기술이 아니라 3차원 데이터 구축, IoT 센서와 센서네트워크[5G], 클라우드와 플랫폼, 빅데이터 분석, 예측 모델 등 다양한 4차 산업혁명 기술들을 종합해서 사용성이 높은 서비스로 만드는 것으로 보면 된다.

건물이나 공장 설비를 예로 든다면 건물을 관리하거나 공정 설계 변경에 따른 생산 효율을 시뮬레이션 할 수 있게 되는 것이다. 독립된 가상 세계인 메타버스와 달리 센서나 이동통신 등의 기술을 결합해 현실을 실시간으로 반영할 수도 있다. 다양한 산업 분야에서 활용될 것으로 기대되지만, 특히 모빌리티 업계가 주목하고 있다.

디지털 트윈은 자율주행 서비스 구현에 사용하는 기술로 고정밀지도

HD를 제작하는데 필요한 기술로 꼽힌다. 고정밀지도는 자율주행차가 다른 차, 사람, 건물과의 충돌을 피하는 데 필요한 모든 정보, 즉 주변 물체의 위치, 크기, 형태, 움직임, 도로의 차선 위치, 신호등과 교통표지판 등을 3차원으로, 정밀도 ^{cm 단위}로 보여주는 등 다양한 시나리오를 제시하는 역할을 한다.

국내 대형 ICT 기업 네이버와 카카오는 디지털 트윈 기술 상용화를 위해 치열한 개발 경쟁을 벌이고 있다. 카카오모빌리티는 2022년 2월 첫 테크 컨퍼런스 'NEXT MOBILTY: NEMO 2022'를 개최하고 본격적인 디지털 트윈 제작을 알렸고, 2021년 12월 네이버는 자회사 네이버랩스를 통해 디지털 트윈 기술 집약체인 '아크버스'를 공개하고 초고밀지도 HD맵을 제작하는 과정을 소개했다. 네이버랩스가 공개한 영상에는 강남 일대를 스캔하는 자율주행 로봇과 자동차를 통해 복잡한 도심과 도로 상황을 수집해 3D 형태로 구현했다.

대형 ICT 기업을 비롯해 자동차 제조사 등 다양한 기업들이 디지털 트윈을 통한 자율주행 생태계 주도권을 선점하려는 경쟁에 뛰어들 전망이다.

가장 주목해야 할 디지털 트렌드 세 가지, '성장' '디지털화' '효율성'

리서치 기관 가트너는 '기술 전략 트렌드 2021' 연례 전망을 발표했다. 보고서에서 기업들이 회복 탄력성을 확보하고 와해적인 수준의 변화를 수용하는 것이 '뉴노멀'이라는 점을 강조했다. 기업들이 코로나19를 극복하는 과정에서 IT 기업은 인간과 기술 사이의 원활한 상호작용을 구현하는 과제를 지속해서 직면하게 될 것이라고 했다. 이 보고서는 다음과 같은 관점을 제시한다.

- 사람 중심People Centricity – 팬데믹이 사람이 일하는 방식 및 조직 상호작용을 변화시킴
- 위치의 독립성Location Independence – 코로나19가 조직 생

태계에서 물리적 공간을 사라지게 함

● 회복 탄력성^{Resilieny Delivery} – 팬데믹에 대응하고 적응하여
야 함

행동 인터넷^{IoB, Internet of Behavior}은 사용자의 행동에 영향을
미치기 위해 데이터를 수집하고 활용하는 것이다. 예를 들어 코
로나19 예방을 위해 정기적으로 손을 씻고 있는지 확인하는 센
서, 마스크 착용을 준수하는지 확인하고 열화상 카메라로 발열이
있는 직원을 식별하는 등 일상생활에서 '디지털 흔적^{digital dust}'을
수집하여 이를 공적·상업적 목적으로 사용하는 것을 행동 인터넷
의 사례로 볼 수 있다. 행동 인터넷의 적용은 윤리적·사회적 영향
에 대한 논의가 필요하다.

–《디지털 트렌드 2022》pp.262~263

가트너가 발표한 '2021년 9대 기술전략 트렌드'의 특이점은 코로나19
시대의 비즈니스와 정보 기술의 유연성, 비즈니스의 지속성을 다룬다는 점
이다. 먼저 사회적 거리두기와 이동 제한 이후의 회복된 일상에서 정보 기
술의 활용과 융합발전을 전망하고 있다. 가트너는 '2022년 12대 기술전략

트렌드'를 발표하며 우선순위 세 가지로 '성장' '디지털화' 그리고 '효율성'을 꼽았다. 디지털 기술의 필요성은 가속화되었고, 기업 등 조직들에게는 변화무쌍한 환경에 더욱 신속한 대응이 요구되고 있다.

12대 기술전략을 살펴보면 첫 번째는 '데이터 패브릭data fabric'이다. 데이터 패브릭은 비즈니스 사용자와 플랫폼 전반에 걸쳐 데이터 소스의 유연하고 탄력적인 통합을 제공한다. 이에 따라 데이터가 어느 곳에 있던지 구애받지 않고 모든 장소에서 데이터를 사용할 수 있다.

두 번째는 '사이버보안 메시'다. 널리 분산되어 있는 다른 종류의 보안 서비스들을 통합하게 해주는 사이버보안 메시 아키텍처CSMA, Cyber Security Mesh Architecture가 향후 트렌드가 될 것으로 내다봤다.

세 번째는 신뢰할 수 없는 환경에서 개인 데이터를 안전하게 처리할 수 있는 기술인 '개인정보 강화 컴퓨테이션PEC, Privacy-Enhancing Computation'이다. 네 번째는 탄력적이고 민첩한 애플리케이션 아키텍처를 구축할 수 있는 기술로, 급속한 디지털 변화에 대응할 수 있도록 해주는 '클라우드 네이티브 플랫폼CNP, Cloud-Native Platforms'이다. 이어 조합 가능한 애플리케이션Composable Applications, 의사결정 인텔리전스Decision Intelligence, 하이퍼오토메이션Hyperautomation, 인공지능 엔지니어링, 분산형 기업, 총체적 경험Total Experience, 자치 시스템Autonomic Systems, 생성형 AIGenerative AI 등을 기술전략으로 제시했다.

2023년을 열 열쇠는 데이터 생태계 구축이다

2016년 다보스 포럼WEF, World Economic Forum 의장인 클라우스 슈밥Klaus Schwab이 향후 세계가 직면할 화두로 4차 산업혁명을 제시하였다. 정부는 2017년 10월 '4차산업혁명위원회'를 출범시켰다. 그러나 어찌 된 일인지 4차 산업혁명에 대한 정부의 역할은 이렇다 할 성과가 없었다. 그동안 정부가 요란하게 4차 산업혁명을 부르짖었던 행태에 비하면 큰 진전이 없어 디지털 관련 종사자들은 의아하게 생각하였다.

2018년부터 금융권을 중심으로 디지털 전략을 수립하였으며 디지털 전환에 대한 변화가 시작되었다. 그동안 ZARA, BBVA, 아마존, 구글 등 해외 기업의 디지털 전환 성공 사례는 꾸준히 들려

왔고, 국내 기업 및 공공기관은 초조한 마음으로 정부의 디지털 정책의 표방을 기다려 왔다. 그러던 중 정부는 2019년 후반에 들어서 디지털 관련 정책을 펼치기 시작했다. 데이터 경제 3법, 마이데이터, 디지털 뉴딜, 데이터 기반 행정 활성화에 관한 법률, 디지털 집현전 등이 그것이다. 우리는 정부의 디지털 거버넌스 정책을 면밀히 살펴보고 이를 충분히 활용한다면 바람직한 성과를 얻을 수 있을 것이다.

정부는 2020년 7월 한국판 뉴딜 국민보고대회를 통해 '한국판 뉴딜 종합계획'을 발표했다. 디지털 뉴딜은 그린 뉴딜과 함께 한국판 뉴딜의 한 축을 담당하고 있는 분야이다. 디지털 뉴딜은 2022년까지 총 23조 4,000억 원, 2025년까지 58조 2,000억 원을 투자하여 2022년까지 39만 개, 2025년까지 90만 3,000개의 일자리를 창출하고 디지털 대전환을 선도한다.

—《디지털 트렌드 2022》 pp.282~284

최근 몇 년간 데이터 생태계 구축을 위한 학계와 민간 기업들의 노력들이 이어져왔다. 이런 분위기에 발맞춰 정부는 데이터 생태계 활성화를 위한 후속 대책을 준비중이다. 정부는 2020년 8월부터 시행된 '데이터 3법 개인정보보호법·정보통신망법·신용정보법' 개정에 이은 빅데이터 관련 후속 규제 완화 논의에 돌입한 상태다.

데이터 3법 개정을 통해 가명 정보 도입 등 원칙은 마련됐지만, 분야별 활용을 위한 구체적인 제도는 아직도 완비돼 있지 않기 때문이다. 추가 정보의 결합 없이는 개인을 식별할 수 없도록 한 가명 정보 활용이 물꼬를 텄지만, 가명 정보의 결합 등과 관련한 세부적인 정책이 부족하다는 평가를 받아왔다. 2022년 8월엔 국가데이터정책위원회 출범을 앞두고 있다.

또한 개인정보보호법 2차 개정과 거버넌스 정비, 데이터 가치 측정 기준 확립 등 데이터 경제 활성화를 위한 다양한 논의가 함께 이루어지고 있다.

무엇보다 제대로 된 데이터 생태계 구축을 위해서는 충분한 데이터, 데이터를 담아낼 수 있는 디지털 플랫폼, 쌓인 데이터를 활용할 수 있는 역량 등이 중요하다.[4] 이를 위해 대기업 및 디지털 전환 선도기업과 중소·중견 기업 및 후발 주자 간 격차에 대해 서로 다른 두 가지 방식을 적절히 적용해 대응하고 업종별 특성에 맞는 생태계 조성이 필요할 것으로 전망된다.

---

4   김영호, 〈"산업 디지털 전환, 충분한 데이터·디지털 플랫폼·활용 역량 필요"〉, 전
    자신문, 2022. 7. 14.

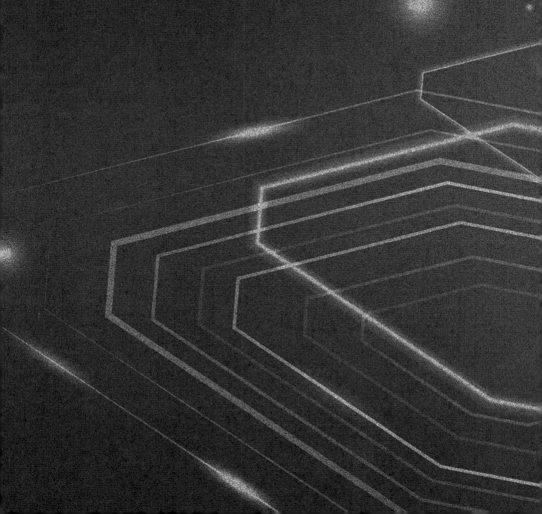

2부 디지털 트렌드
2023 전망

TREND 1

'게임'만 했을 뿐인데,
통장에 돈이 모인다

그림 1. 비플의 EVERYDAYS: THE FIRST 5000 DAYS

① 2021년 3월 11일. 무명작가가 만든 이 예술품은 살아있는 작가인 제프 쿤스*Jeff Koons*, 데이비드 호크니*David Hockney*에 이어 세 번째로 가

장 비싼 가격에 팔리며 예술계를 뒤집어 놓았다. 글로벌 미술품 경매업체인 크리스티Christie's의 뉴욕 경매에서 디지털 예술가 비플BEEPLE이 만든 NFTNon-Fungible Token 작품인 'EVERYDAYS: THE FIRST 5000 DAYS'는 무려 6,934만 달러한화 약 875억 원라는 거금에 낙찰됐다.

비플의 작품은 지난 13년간 온라인에 게시해온 사진을 모아 만든 콜라주다. 쿤스, 호크니 작품과 달리 비플의 NFT 작품은 출력하지 않는다. 컴퓨터 속에 존재할 뿐이다. 웹 사이트 주소[1]를 클릭하면 875억 원짜리 작품을 누구나 어디서든 감상할 수 있다.

작가 이름: Beeple b. 1981

작품명: EVERYDAYS: THE FIRST 5000 DAYS

토큰 ID token ID: 40913

지갑 주소wallet address: 0xc6b0562605D35eE710138402B878ffe6F2E23807

스마트 계약 주소smart contract address: 0x2a46f2ffd99e19a89476e2f62270e0a35bbf0756

jpg: non-fungible token

원본 데이터 정보: 21,069 x 21,069 pixels 319,168,313 bytes

Minted on 16 February 2021. This work is unique.

---

1   ipfs://ipfs/QmPAg1mjxcEQPPtqsLoEcauVedaeMH81WXDPvPx3VC5zUz

경매 사이트에 들어가면 위 같은 NFT 작품의 상세 내용을 볼 수 있다. 먼저 작가 이름과 작품명이 기재되어 있고 토큰 ID와 지갑 주소, 스마트 계약 주소, 원본 데이터의 크기와 용량도 써 있다. 지갑 주소는 이 작품을 낙찰받은 소유자의 코인 지갑 주소다. 가상자산이나 NFT는 온라인상에 전용 지갑을 만들어야 소유할 수 있고 계정을 만들면 세상에 하나뿐인 고유한 나만의 주소가 생성된다. 토큰 ID와 스마트 계약 주소로 거래 내역을 따라가면 작품 원본이 저장된 주소까지 확인할 수 있다.

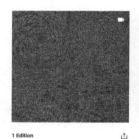  

1 Edition

김환기 NFT : Digital Media Reproduction : KIM...
낙찰가 58.5ETH

1 Edition

김환기 NFT : Digital Media Reproduction : KIM...
낙찰가 77ETH

1 Edition

김환기 NFT : Digital Media Reproduction : KIM...
판매가 260ETH

출처: discord.gg/nAUjfmms5a / 김환기 '우주' NFT 작품, XXBLUE 홈페이지

② 김환기의 '우주'를 NFT로 다시 제작한 작품 세 점은 총 7억 3,700만 원에 낙찰됐다. 국내 미술품의 NFT편집본 경매 기록 가운데 최고가다. 김환기는 한국 근·현대회화의 추상적 방향을 여는데 선구자적 역할을 하며, 평생 약 3,000여 개의 대작들 속에서 다양한 변화와 함께 마지막까지 많은

시도를 보여준 작가로 불린다.

서울옥션블루 산하 엑스엑스블루*XXBLUE*는 업비트*NFT*에서 진행한 경매에서 '우주*Universe, 05-Ⅳ-71 #200*'의 경매 시작가는 작품당 2억 원이었으며, 1번이 30회의 경합을 거쳐 77이더리움*약 2억 9,000만 원*, 2번·3번 에디션은 각각 58.5이더리움*약 2억 2,000만 원*에 낙찰됐다.

출처: time.com/5948741/time-nft-covers/

③ 미국의 유명 시사주간지 타임지는 2021년 3월, 1966년에 발행된 '신은 죽었나?*Is God Dead?*', 2017년에 발행된 '진실은 죽었나?*Is Truth Dead?*', NFT 형태로만 발행되는 '명목화폐는 죽었나? *Is fiat Dead?*' 3개의 표지를 NFT로 발행해 판매했다. 3개의 NFT는 경매 방식으로 판매됐고 총 44만 6,000달러*한화 약 4억 9,666만 원*에 낙찰됐다. 기념할 만한 타임지 표지를 NFT로 발행하는 등 기업들도 가상자산을 사업 내부로 빠르게 받아들이는 중이다.

급부상한 NFT, 뭐길래?

NFT^{Non-Fungible Token}는 블록체인 기술을 활용해 디지털 자산에 고유한 값을 부여한 인증서다. 디지털 토큰 형태로 발행돼 해당 자산의 소유권, 구매자 정보 등을 기록하고 그것이 원본임을 증명한다. 블록체인 시스템에서 토큰은 자산 또는 가치를 담는 그릇을 말한다. 토큰은 크게 대체가 가능한 토큰과 대체가 불가능한 토큰으로 분류해볼 수 있다. 그 중에서도 대체가능토큰^{FT}은 주로 비트코인, 이더리움 등 거래에 사용되는 가상자산을 말한다.

이와 달리 NFT는 다른 토큰으로 맞교환이 불가능하기 때문에 대체할 수 없는 토큰이라 불린다. 1개당 가격이 모두 동일한 비트코인, 이더리움 등 가상자산과 달리 NFT는 기초자산에 따라 가격이 다르게 결정된다는 차이를 보이고 있다.

NFT는 각 토큰이 서로 다른 가치를 지닌 고유한 자산을 의미하기 때문에 희소성을 띈다. 상호 대체가 불가능하므로 디지털 영역에서 진위나 소유권을 증명하는데 사용된다. 또한 NFT는 블록체인의 기술 특성상 한번 발행하면 제3자가 복제하거나 위조할 수 없고 소유권과 거래 내역이 명시되기 때문에 '디지털 소유 증명서'처럼 활용된다. 이러한 특성 때문에 게임 아이템, 실물자산, 미술품, 수집품, 리미티드 에디션 제품 등 고유 가치를 가지는 디지털 자산들이 NFT가 될 수 있다. 투자상품으로서 가치를 가질 수 있다는 의미다. NFT를 생성하고 발행하는 다양한 프레임 워크가 존재하지만, 가장 잘 알려진 것은 이더리움 블록체인상에서 발행되고 거래되는 'ERC^{Ethereum Request for Comment}-721' 표준을 따른다.

ERC는 이더리움 네트워크에서 토큰을 만들 때 따라야 하는 프로토콜이다. 현재 가상자산 거래소에서 거래되는 이더리움과 이더리움 기반 코인은 ERC-20 표준을 따른다. ERC-20 토큰은 동등한 가치로 구매, 판매, 교환된다는 특징이 있는 반면, ERC-721을 따르는 NFT는 ID, 소유자 등으로 구별돼 다른 자산과 호환되지 않는 것이 특징이다. 국내의 경우 카카오의 블록체인 기술 계열사인 그라운드X가 자체 개발한 퍼블릭 블록체인 플랫폼인 클레이튼의 NFT 표준 'KIP^{Klaytn Improvement Proposal}-17'이 있다.

ERC-721로 만든 최초의 NFT는 2017년 12월 캐나다 스타트업 대퍼랩스^{Dapper Labs}의 사내 프로젝트팀 '엑시엄 젠^{Axiom Zen}'이 개발한 '크립토키티^{CryptoKitties}'다. 크립토키티는 NFT가 부여된 가상의 고양이를 수집하고, 기르고, 교환할 수 있는 게임이다. 게임에 등장하는 모든 고양이는 각각 나이, 종, 색 등 고유의 특징을 가지고 있고 사용자는 고양이를 교배시켜 가장 희귀한 고양이를 번식시키는 것이 게임의 룰이다. 크립토키티는 희소성과 소유권 보장으로 인해 시장의 관심을 크게 받으면서 2018년 9월 약 17만 달러^{600이더리움}, 지금 한화 2억 원이 넘는 돈에 거래되는 고양이가 있을 정도였다.

2023년 메타버스 경제의 중추 'NFT'

NFT는 가상자산과 달리 디지털 콘텐츠를 기초자산으로 해 발행되기 때문에 고유의 가치가 존재한다. 또 1개당 가격이 모두 동일한 가상자산과 달리 NFT는 디지털 콘텐츠에 따라 가격이 다르게 결정된다는 의미다. 무엇보다 디지털 콘텐츠는 누구나 이용할 수 있다는 장점과 동시에 소유권은 NFT 보유자만이 고유하게 행사할 수 있어 복제가 불가능하다.

앞서 말한 특징들을 등에 업고 NFT는 공간의 혁명이라고 할 수 있는 메타버스 경제의 중추가 될 전망이다. 메타버스는 증강현실과 가상현실을 통해 형성된 모든 가상 세계와 현실이 결합된 새로운 유니버스를 뜻하는데, 그중에서도 유니버스는 정치·경제·사회·문화 등 사람의 모든 활동이 이루어진다는 의미다.

즉, 메타버스에서는 현실과 유사하게 그리고 다양하게 그 공간에서 수익을 낼 수 있음을 뜻한다. 메타버스 내에서 공연도 하고, 모임도 하고 부동산 거래도 하는 등 사고 파는 경제 행위가 일어날 수 있어야 한다는 것이다. 또 그래야만 대중들은 메타버스를 새로운 비즈니스 기회로 인식하고 진입할 것이다. 이렇듯 메타버스가 발전할수록 현실과 가상을 연결할 경제활동의 중요성 역시 커지는데, 경제활동이 이루어지기 위해서는 화폐가 필수적이다.

이 지점에서 메타버스 경제활동의 가장 적합한 수단으로 NFT가 부상하게 된다. 중앙은행이 종이에 가치와 신뢰를 부여해 화폐로서 기능하는 것처럼, NFT도 정부가 신뢰를 부여해줘야 디지털 자산에 대한 소유권을 보장하는 중요한 역할을 할 전망이다. 메타버스에 존재하는 모든 자산은 NFT로 만들어 발행함으로써 거래 및 소유권을 명확히 알 수 있다. 가상자산을 통해 거래하면서 현실세계와 유사한 경제활동을 펼친다는 건 먼나라 이야기가 아니다.

예컨대 메타버스 내에서 꼬마빌딩을 산다면, 이것이 블록체인 기반 장부에 기록되고 이 자산에 대한 소유권이 보장된다. 트렌드에 밝은 기업들은 이미 선구적으로 NFT에 도전하고 있다. 글로벌 스포츠 브랜드 나이키는 2022년 4월 NFT 거래소 오픈씨OpenSea에 '덩크 제네시스 NFT 운동화'를 출시했다.[2]

이는 나이키가 2021년 인수한 가상 패션 스타트업 아티팩트RTFKT와 협업해 처음 내놓은 디지털 운동화인데, 실제로 신지도 못하는 가상의 운동화지만 출시 보름만에 1만 개 이상 판매됐다. 가상자산인 이더리움 결제 기반으로 형성된 NFT 운동화 가격은 200만~500만 원대다.

현실에서 직접 발에 신을 수 있는 물리적 운동화가 아니고 메타버스 공간의 아바타들과 스마트폰을 이용해 증강현실에서만 착용할 수 있다. 향후 NFT 운동화를 구매할 때 현실에서 착용가능한 실물 운동화 제공도 고

---

2   옥기원, 〈신지도 못하는 500만 원짜리 나이키 NFT 운동화 인기, 왜?〉, 한겨레, 2022. 5. 18.

려중이다. 아디다스도 2021년 말 NFT 상품 총 3만 개를 판매해 수익 270억 원을 벌어들였다. 원숭이 그림의 NFT를 구매하면 현실에서 착용 가능한 후드 티와 비니모자 등을 제공하는 방식이었다. 구찌는 국내 메타버스 플랫폼 제페 토ZEPETO에서 가방·신발·액세서리 등 60여 종을 3,000원에 판매했다. 아직까지는 NFT를 10대들이 많이 활용중인 메타버스에 접목해 트렌드한 브랜딩을 가져가려는 정도의 마케팅 목적으로 이루어지는 것으로 보이는데, 앞으로는 활용가치가 영업·기획·재무·회계 등으로 확대될 것이다.

메타버스를 구현한 회사가 아니더라도 누구나 자산을 만들어 메타버스에서 팔 수 있는 구조로 발전중이고, 덩달아 메타버스 내 자산은 다양해지고 규모도 더 커지리라 본다. 디지털 자산과 관련된 파일 정보 또한 회사서버가 아니라 탈중앙화된 방식으로 저장되기 때문에, 메타버스와 NFT는 탈중앙화 플랫폼의 발전을 빠르게 앞당길 가능성이 크다.

더 나아가 발빠른 글로벌 빅테크 기업들과 국내 ICT 기업들은 MBNMetaverse-Block chain-NFT 결합 비즈니스 준비에 돌입했다. 페이스북은 사명을 '메타'로 변경, NFT마켓플레이스 사업에 착수했다. 네이버는 운동화 스타트업과 메타버스 '제페토'를 접목해 글로벌 대상의 '웹 3.0 기반 네이버 월드' 구축에 나섰다. 이용자가 달리거나 걷는 등 운동을 통해 보상으로 얻은 운동화 NFT를 제페토 내의 아바타가 착용해 메타버스로 무대를 확장하는 전략이다. 카카오는 자회사 그라운드X를 통해 NFT가 2차 거래될 수 있는 마켓플레이스 운영을 준비중이다. NFT가 블록체인 기반 메타버스 경제를 구현하는데 중추 역할을 할 수 있다면, 사람들이 NFT에 익숙해지게 만드는 것이 메타버스 플랫폼 구축의 중요한 과제로 부상할 것이다.

NFT 저작권 분쟁

메타버스에서 NFT를 통한 경제활동이 일어나며 상표권에 대한 갈등이 빚어지는 현상도 생겼다. 나이키는 리셀 플랫폼 스톡엑스StockX가 무허가 나이키 NFT를 판매했다고 미국 뉴욕 맨해튼 연방지방법원에 소송을 제기한 것[3], 스톡엑스가 자신의 허가를 받지 않은 나이키 운동화 NFT를 판매한 것에 대해 자사 상표권 침해를 주장, 이에 대한 피해 보상 및 판매 중단 명령을 요청했다. 스톡엑스는 중고 상품을 거래할 수 있는 리셀resell, 재판매 플랫폼인데, 주로 유명 상표의 운동화·가방 등을 취급한다. 한정판이나 인기 상품들을 시장에서 구할 기회를 놓쳤던 이들이 스톡엑스가 진품으로 인증한 물건을 경매 입찰 방식으로 프리미엄 비용을 지불하고 구매하는 구조다. 2016년 미국에서 설립된 후, 지난해 기준 38억 달러약 4조 5,500억 원의

---

3   Blake Brittain, 〈StockX strikes back at Nike in NFT lawsuit〉, REUTERS, 2022. 3. 31.

기업 가치를 인정받았다.

스톡엑스는 2022년 1월 '볼트^{Vault} NFT'라는 이름의 디지털 토큰을 소개했다. 운동화 실물이 아닌 디지털 운동화를 소유하는 일종의 투자 상품인데, 스톡엑스 홈페이지에는 "가장 인기 있는 신제품을 디지털 방식으로 소유하고 수수료와 옷장 공간을 절약하라"며 "각 볼트 NFT는 동일한 물리적 항목에 연결되어 있으며 스톡엑스의 보안 금고에 보관되어 있다"라고 설명되어 있다. 문제는 볼트 NFT 상품은 나이키의 덩크 로우 제품인데, "볼트 NFT 에디션을 구입하면 스톡엑스의 볼트에 보호되고 저장되는 해당 물리적 상품의 소유자가 된다"라고 적혀 있는 등 나이키의 심경을 거스르는 지점들에 있었다.

나이키는 스톡엑스가 나이키의 상표를 두드러지게 사용하는 NFT를 제작하고 나이키의 영업권을 사용하여 NFT를 마케팅하고 있다고 지적하고 있다. 투자 가능한 디지털 자산에 대한 나이키 승인도 없었다며, 스톡엑스가 자신의 지적 재산권을 개발하지 않고 나이키의 유명 상표 및 관련 영업권을 기반으로 노골적 무임승차를 하고 있다고 비난했다.

메타버스 내에서 거래되는 NFT에 대한 소유권 분쟁은 나이키뿐만이 아니다. 프랑스 명품 브랜드 에르메스는 자사의 버킨백에서 영감을 받은 '가상 버킨백'을 제작해 판매한 미국의 디지털 아티스트 메이슨 로스차일드에게 법적 소송을 걸었다.[4]

---

4 유지연, 〈"가상운동화 팔지 마" 화난 나이키…불붙는 NFT 저작권 분쟁〉, 중앙일보, 2022. 2. 6.

로스차일드는 지난해 12월 화려한 색의 모피로 뒤덮인 100개의 가상 버킨백을 제작한 뒤 '메타 버킨스MetaBirkins'라는 이름을 붙여 NFT 거래소 '오픈씨'에 올렸다. 실제 가방이 아닌 버킨백의 디지털 그림 파일에 화려한 소재와 색을 입히는 방식으로 만든 디지털 작품이다. 에르메스는 로스차일드가 에르메스의 상징적 가방인 버킨에 접두사 '메타'를 붙여 도용했으며, 에르메스 상표로 이익을 얻으려 한다며 미국 뉴욕 법원에 고소장을 제출해 제동을 걸었다. 이 NFT는 약 10억 원어치가 팔릴 정도로 인기를 끌었다.

현실 세계에서는 다양한 창작물에 대한 권리자가 이미 존재한다는 점에서 가상세계에서의 지식재산권 분쟁 역시 불가피하다. 새로운 유형의 창작물인 NFT가 기존의 상표권, 저작권 등에 대한 법적 쟁점이 더욱 복잡하고, 역동적으로 변해가고 있다는 점을 시사하고 있는데, 향후 NFT와 메타버스의 결합은 더 가속화될 가운데 이러한 유형의 분쟁을 유념해서 봐야 한다.

또 하나의 플랫폼 전쟁, NFT 거래소

오픈마켓 거래소

NFT 거래 시장은 오픈씨, 니프티게이트웨어, 파운데이션 등 NFT 전문 마켓플레이스가 시장을 이끌고 있지만 향후 후발주자들의 진입으로 경쟁이 한층 치열해질 전망이다. NFT 거래 장소 제공에 대한 대가로 수수료 2.5%를 받아온 오픈씨는 점유율 97% 이상으로 NFT 거래 시장을 사실상 독점하고 있지만, 그 아성을 위협할 만한 자본과 기술력을 갖춘 대형 경쟁자들이 속속 진입하고 있다.

NFT 전문 마켓플레이스가 아닌 코인베이스, FTX, 레딧 등도 NFT 거래소 플랫폼 사업을 시작했다. 미국 최대 가상자산 거래소 코인베이스는 NFT 거래소를 2022년 5월 출시했고, 단순한 NFT 거래를 넘어서 커뮤니티 구축을 목표로 세웠다. 이 거래소 플랫폼은 코인베이스 지갑 외에 모든 종류의 지갑을 연동할 수 있도록 준비중이고, 앞으로 신용카드와 법정통화 결제도 가능할 예정이다. 코인베이스는 사용자들이 블록체인에 NFT를 등록하는 데 필요한 가스비Gas fee, 트랜잭션 수수료 등 거래수수료 이외에 NFT 생성이나 상장, 홍보 등에 대한 비용을 일체 받지 않는 전략으로 고객들을 끌어들이고 있다.

글로벌 가장자산 파생상품 거래소 FTX는 솔라나SOL 기반의 NFT 마켓 플레이스 FTX NFT를 출시했다. 월간 4억 3,000만 명의 방문자를 보유한 커뮤니티 사이트 레딧은 NFT 거래 플랫폼을 구축중이다. 이처럼 NTF 거래 플랫폼이 늘면서 수수료 경쟁도 발생할 것으로 예상된다.

게임사 자체 거래소

게임 NFT의 거래는 다른 자산의 NFT 거래와 달리 해당 게임에서 독자적으로 거래소를 갖는 형태로 구축되고 있다. 게임사 또한 초기 NFT를 판매할 때 오픈마켓 거래소를 이용할 수밖에 없었지만, 캐릭터·아이템 등게임 NFT 거래를 위해 자체 거래소 시장을 형성하는 추세다. 자체 거래소가 아닌 외부 오픈마켓 거래소를 이용하면 유저가 거래하는 데 번거로움이발생하는데, 이에 따른 유저 이탈의 위험이 있기 때문이다.

게임사는 탈중앙화 거래소DEX, Decentralized Exchange를 직접 운영하면서 블록체인 게임 플랫폼을 구축해 게임 간의 시너지 효과를 낼 수 있다고믿는다.대형 게임사 중에는 자신들이 기반을 두고 있는 블록체인이나 가상자산 플랫폼에 중소게임사들을 포섭하려는 움직임도 있다. 중소게임사에관련 기술 기반을 이용할 수 있게 해주는 대신, 자신들의 게임과 동일한 가상자산을 사용하게 만드는 것이다. 이렇게 되면 NFT 게임 기업들은 스스로 새로운 형태의 게임 유통 플랫폼이 될 수 있는 좋은 기회를 얻는 셈이다.

게임으로 돈 버는 시대, P2E

NFT와 결합된 게임의 플랫폼화는 'P2E^{Play to Earn}' 광풍을 만들어내며 폭발적인 성장세를 보이고 있다. P2E란 '놀면서 돈을 벌 수 있다'는 뜻으로, 블록체인 기반으로 만들어진 게임에서는 플레이를 통해 NFT로 된 재화를 얻거나 가상자산으로 보상을 얻을 수 있다. 탈중앙화 거래소 또는 중앙화 거래소CEX, Centralized exchange를 통해서 수익화할 수 있다.

기존 게임 시스템에서는 게임 내 얻은 재화는 게임 내에서만 존재하고 쓸 수 있었다. 법적으로 게임 내 아이템은 계정 소유자가 아닌 게임사의 소유이기 때문이다. 개인들은 자신의 노가다의 산물, 시간과 노력의 산물임에도 게임사에 종속될 수밖에 없는 구조다. 그러니 할 수 없이 수익화를 위해 아이템베이, 아이템매니아 등 온라인게임 아이템 중개서비스 업체를 통해서 계정과 아이템을 판매해왔다. 아이템 거래라는 합법도 불법도 아닌 애매한 마켓이 형성된 것, 이런 곳에서 피해를 보면 결국 개인만 손해를 보게 된다. 그러나 NFT가 도입되면 문제가 달라진다. 아이템 소유권이 게임사가 아닌 아이템 구매자에게 있게 된다. 말 그대로 게임 체인저가 된다.

NFT는 개발사, 퍼블리셔의 서버가 아닌 블록체인 퍼블릭 데이터베이스에 저장되어 가치의 이전이 자유롭게 된다. 아이템의 NFT화를 통해 유저들은 아이템의 진정한 소유권을 획득하고 단일 게임이나 단일 지역에 국한되지 않는 자유로운 아이템 거래가 가능해진다.

베트남 스타트업 기업 '스카이마비스Sky Mavis'가 만든 게임 '엑시인피니티Axie Infinity'는 대표적인 NFT 기반 P2E이다. 게임의 내용은 '엑시'라는 게임 내 몬스터를 구입해 던전을 돌고 플레이어들의 다른 엑시들과 배틀해서 이기면 된다. 엑시는 포켓몬스터 크립토키티처럼 귀여운 캐릭터 모습으로 전투, 수집, 양육을 할 수 있다는 특징을 지녔다. 엑시는 이더리움으로 구입할 수 있고, 눈·입·귀·뿔·등 껍데기·꼬리 등을 모두 다르게 조합할 수 있다. 500개가 넘는 파트들을 어떻게 구성하나에 따라 엑시의 능력치가 달라진다. 엑시들이 하나의 NFT가 되며, 각 엑시는 헬스health, 모랄morale, 스킬skill, 스피드speed의 네 가지 스탯 값으로 전투에 참여하는 방식이다.

던전을 돌기 위한 팀을 꾸리려면 최소 세 마리의 엑시가 필요한데, 이를 구매하려면 적어도 100만~150만 원 정도의 비용이 든다. 물론 자기 계정을 타인에게 빌려주고 수익을 나누는 스콜라십 제도가 있어 초기 비용 부담을 더는 방법도 있다. 이기면 스무스러브포션SLP이라고 하는 자산을 얻게 되는데, 이걸 모아 거래소에서 현금화해 돈을 벌 수 있다.

최근에는 블록체인과 NFT를 활용해 특정 활동에 보상을 주는 X2EX to Earn, X 하면서 돈 벌기 비즈니스도 등장하고 있다. X는 일종의 'N가지'의 개념으로 문자 그 자체에 의미가 있는 것이 아니라 운동, 게임, 창작, 수면 등 다양한 활동들을 대입할 수 있다. 이용자가 많아진다는 건 해당 토큰을 사용하는 사람들이 많아진다는 뜻인데, 토큰의 가치는 수요가 늘어날수록 안정적으로 상승한다. 보상을 주는 측과 받는 측 모두에게 윈윈이다. 대표적인 X2E는 운동하면서 돈을 버는 M2EMove to Earn다. 선두 업체로는 오스트

레일리아의 파인드 사토시 랩이 제작한 스테픈이 있다. NFT로 발행된 150만 원 정도의 운동화를 구매해 정해진 운동량을 달성하면 대가로 토큰을 받는다. 신발 레벨과 스테픈 토큰의 시장 가치에 따라 하루 10분을 걸을 경우 최대 5만 원까지 보상받을 수 있다.

다만 X2E 서비스가 활성화되려면 규제 완화에 대한 논의도 필요하다. 현재 국내에서 X2E 서비스가 사행성 때문에 불법이라 P2E 요소를 제거해야 서비스를 출시할 수 있기 때문이다. 우리나라는 '게임산업진흥에 관한 법률' 제32조 제1항 7호를 통해, '게임 내 결과물을 현금으로 환전하는 행위'를 금지하고 있다. 오락적 요소가 있다면 게임물로 분류될 가능성이 있고, 가상자산을 대가로 얻고 이를 환전하는 X2E의 사행성은 문제가 될 수밖에 없다. 가상자산 시장의 변동성도 큰 변수다. X2E가 블록체인 기술을 기반으로 NFT와 가상자산으로 보상·거래·커뮤니티 형성 등이 가능한 구조이기 때문이다. 시장에 대한 신뢰를 기반으로 가상자산 보유자와 투자자, 이용자가 건강한 거래와 투자를 통해 안정성을 확보하는 것이 미래로 향하는 올바른 길이다.

기업이 NFT에 주목해야 하는 이유

지금까지는 NFT 관련 뉴스 이슈가 좋게 표현하면 투자, 나쁘게 말하면

투기성으로 표현되어왔다. 나쁘게만 볼 것은 아닌 것이 코인 대란이 일어난 몇 해 전후로 블록체인은 일반적인 서비스로 보편화되었다. 투기의 관점을 떠나 이면의 기회를 노리는 기업들은 이미 발빠르게 시장을 대비하고 있다.

삼성전자와 LG전자는 NFT 작품을 스마트 TV에 연계해서 디스플레이하거나 NFT 스토어를 탑재하는 제휴를 추진하고 있다. 제일기획과 현대카드는 NFT 전담팀을 구성해 자체적으로 보유한 콘텐츠와 각종 IP들을 기반으로 NFT화하는 사업을 추진중이다. 또한 SK스퀘어는 코빗과 SK플래닛과의 제휴를 기반으로 토큰 비즈니스에 뛰어드는 등 전통 기업들이 블록체인 기반의 사업 혁신에 공을 들이고 있다.

대형 포털사인 네이버와 카카오도 NFT 사업을 강화하고 있다. 네이버의 관계사 라인은 글로벌 NFT 생태계를 본격적으로 구축하기 위해 NFT 전문 계열사인 '라인넥스트'를 한국과 미국에 각각 설립하고 글로벌 NFT 플랫폼을 준비중이다. 이 플랫폼에서 기업, 창작자는 자기 지식재산권[IP]을 활용해 쉽게 NFT를 제작하고 각자의 브랜드 스토어를 통해 이용자에게 판매할 수 있다. 라인넥스트는 이 플랫폼에 콘텐츠, 결제수단 등을 제공할 파트너사 26곳을 공개했는데, 포털 네이버뿐 아니라 네이버웹툰, 메타버스 '제페토' 운영사인 네이버제트가 포함됐다. 가상자산·NFT 구매를 위한 결제수단으로 네이버페이도 지원한다. 엔터테인먼트 분야의 NFT 서비스 제공을 위해 웹툰에 등장하는 IP 등을 NFT 작품으로 발행할 것으로 보인다.

앞서 라인은 2018년 블록체인 전문 계열사 '라인 블록체인 랩'을 설립했다. 이후 라인 블록체인 메인넷을 오픈하고 가상자산 '링크LINK'도 발행했다. 일본 가상자산 거래소 라인 비트맥스, 미국 기반의 글로벌 가상자산 거래소 비트프론트도 운영 중이다. 네이버제트는 일본에서 라인과 손잡고 제페토의 맵 중 하나인 '벚꽃정원'을 주제로 만든 디지털 아트를 NFT 작품으로 발행한 바 있다.

카카오의 계열사 그라운드X는 카카오톡 안에서 이용할 수 있는 NFT 플랫폼 '클립드롭스'를 운영하고 있다. 카카오엔터테인먼트의 웹툰·웹소설 IP를 NFT로 발행하는 협업도 진행중이다. 카카오엔터테인먼트는 인기 웹툰 〈나 혼자만 레벨업〉이하 〈나혼렙〉, 〈빈껍데기 공작부인〉 IP를 클립드롭스에서 NFT로 발행했다. 〈나혼렙〉의 경우 100개 한정판 발행 1분 만에 개당 가상자산 500클레이KLAY, 당시 약 80만 원에 완판됐다. 카카오의 기업 간 거래 전문 자회사 카카오엔터프라이즈도 NFT 진출에 나선다. NFT 발행에 필요한 블록체인 기술을 공급하는 B2B 사업을 벌이겠다는 것이다.

그렇다면 기업 비즈니스 측면에서 안정적으로, 계속해서 확장하기 위해서는 어떻게 해야 할까. 미국에서는 메이저리그MLB, 미국 프로농구NBA 선수들의 NFT 카드가 인기를 끌고 있어 미국 블록체인 스타트업인 '대퍼랩스Dapper Labs'는 NBA 스타의 실제 경기 장면이 담긴 디지털 카드를 판매하는 'NBA TOP SHOT'을 출시했는데, 한 달간 1억 6,365만 달러^{한화 약} ^{1,941억 원}의 거래금액과 529만 건의 거래량을 기록하기도 했다. TOP SHOT 은 현재까지 6,000억 원이 넘는 거래가 일어나는 등 안정적인 흐름을 보여 준다. 시즌마다 계속 발행될 수 있는 구조이므로 발행과 거래의 명분이 분명하고, 소재도 고갈되지 않으며, 거래를 원하는 팬들도 꾸준히 존재하는 산업인 셈이다.

비슷한 IP 활용 사례로는 연예인, 유명 엔터테이너, 웹툰 등의 크리에이티브 콘텐츠를 활용한 IP와 브랜드의 자체 IP를 활용하는 방법이 가장 주목된다. 현재 SM, YG, HYBE 등 국내외 유명 엔터테인먼트사는 이미 NFT와 메타버스로 사업 범위를 확장하겠다고 계약 체결을 맺고, IP 고도화에 힘을 쓰고 있다.

웹 3.0으로의 전환을 대비한 NFT 전략을 짜는 것도 중요하다. 지금까지 웹 2.0시대에서는 구글 등 '플랫폼'을 통해 콘텐츠를 업로드하고 소비했지만 아무리 좋은 콘텐츠를 올려도, 궁극적으로는 플랫폼을 통해 붙는 광고와 조회수 등으로밖에 이익을 얻지 못한다. 반면 탈중앙화를 핵심 개념으로 설계되는 웹 3.0에서는 거대한 플랫폼 사업자가 아닌, 개별 크리에이터와 콘텐츠에 따른 보상이 돌아간다. 이때, 디지털상에서의 개별 콘텐츠가 누구의 것인지 확실히 증명해주는 NFT 기술이 매우 중요한 역할을 할 전망이다.

마이데이터로
금융 유목민을 사로잡아라

① 결혼을 앞둔 A씨는 갖고 있는 돈 5억 원으로, 자신의 직장이 위치한 서울 종로구 광화문과 예비 배우자의 회사가 있는 서울 강남구 선릉과의 중간 입지에 집을 매매하길 원했다. A씨는 한 빅테크 마이데이터 플랫폼에 위의 조건을 입력했다. 이 플랫폼은 최적의 아파트 매물 추천을 위해 플랫폼에서 확보하고 있던 시세 정보를 결합하기 시작했다. 이 플랫폼에서 제공하는 지도와 부동산 서비스를 결합해 개개인에게 맞춤형 집을 알선해주는 것이다. 또 예비부부의 소득 수준과 대출 조건 등을 자동으로 분석해 가능한 주택담보대출액을 제시하고 가장 유리한 조건의 금리 상품을 소개했다. 나아가 이들이 갖고 있는 중고차의 시세를 자동으로 분석해 중고차를 팔고 주택매매시 내야 하는 세금 마련을 위한 방법도 안내해줬다.

② 주부 B씨는 한 은행의 마이데이터 서비스를 통해 자산관리 스타일을 분석하고 지출 진단 및 맞춤 혜택을 받는다. 자산과 지출을 집중 관리할 수 있는 가계부 서비스도 이용 중이다. 아파트 관리비, 통신비, 정수기 임대비, 넷플릭스 정기구독비, 주택자금대출 원리금 상환 등 지출 내역을 한꺼번에 볼 수 있다. 또 각종 투자 상품에 분산돼 있는 내 돈이 얼마나 있는지도 한눈에 확인할 수 있다. 내 자산이 얼마의 비율로 예금, 주식, 외화 등에 투자돼 있는지도 알 수 있고, 주식의 경우 얼마나 떨어졌는지도 볼 수 있다. 또래와 비교해 목돈 마련이 부족한지, 대출을 많이 쓰고 있는지 비교한 맞춤 자산 분석 보고서도 받았다.

금융 플랫폼 시대로 전환

본인신용정보관리업, 마이데이터는 은행, 카드, 보험사 등에 흩어진 개인신용정보를 한눈에 보여주고, 이를 토대로 금융상품을 추천하는 사업이다. 쉽게 말해 다음 달 결제할 카드값, 은행 예금 잔액과 대출, 증권 투자자금, 자동차 중고값 시세까지 모든 자산 내역을 한 번에 보여주는 서비스다. 이미 금융사뿐만 아니라 빅테크로 불리는 네이버, 카카오 등 ICT 기업도 이 같은 마이데이터 서비스를 제공하고 있다.

금융업과 비금융업 간 경계가 모호해지는 빅블러Big Blur 현상이 심화되고 스마트폰과 함께 성장한 밀레니얼 세대가 핵심 소비자로 부상하면서, 금융 플랫폼 기반 비즈니스 경쟁이 본격적으로 시작될 것으로 보인다.

전통 금융사들뿐 아니라 ICT 기업들은 금융 플랫폼 경쟁에서 성공하기 위해 빅데이터 확보와 분석에 사활을 걸 수밖에 없다. 마이데이터의 주요 경쟁력은 고객 데이터를 통해 신속하게 고객니즈를 파악하고 이에 맞는 맞춤형 상품이나 서비스를 제공하는 것이기 때문이다.

이같은 변화는 기업들에게 기회이자 위기로 작용할 것이다. 마이데이터 사업은 정보주체인 개인이 요청하면 기업은 보유한 개인 데이터를 제3자에게 제공해야 한다. 지금까지 기업 중심이었던 개인 데이터 활용이 고객 중심으로 전환되는 것이다. 기업 입장에서는 핵심 경쟁력인 고객 데이터를 광범위하게 확보할 수 있는 기회이자, 반대로 고객의 선택을 받지 못하면 제3자에게 제공해야 하는 위기이기도 하다.

시장 성장 가능성은 무궁무진해보인다. 신용정보법 개정으로 도입된 금융 마이데이터 산업은 고객이 동의하면, 여러 기관에 흩어져 있는 다양한 개인신용정보를 수집·통합해 조회하는 서비스를 제공할 수 있으며, 거기에 더해 데이터 분석 및 컨설팅, 신용정보관리, 개인정보자기결정권 대리행사, 투자자문·일임업 등의 부수적인 업무도 가능하다. 마이데이터 사업은 비대면 문화 확산과 디지털 전환 가속화 등과 맞물려 본격적인 금융 플랫폼 시대로의 전환을 촉발하는 계기가 될 것으로 전망된다.

마이데이터 탄생의 배경 '신용정보법 개정'

　한국정부는 데이터 경제 활성화를 촉진하고 개인정보보호를 강화하기 위해 이른바 데이터 3법을 개정했다. '신용정보의 이용 및 보호에 관한 법률' 개정을 통해 금융 분야 마이데이터 사업의 근거인 본인신용정보관리업에 관한 규정을 신설한 점이 주요 포인트이다.[5] 마이데이터 개념은 EU가 '개인정보보호 일반 규정GDPR, General Data Protection Regulation'을 공표하면서 실질적인 제도로서 구체화됐는데, 국내는 GDPR의 개인정보이동권에 해당하는 개인신용정보의 전송 요구권을 포함한 점이 특징이다.

　신용정보법 제33조의 2에 명시된 개인신용정보의 전송요구권은 신용정보 주체인 개인이 금융회사, 공공기관 등에 제공한 본인의 개인신용정보를 본인이나 본인신용정보관리회사, 개인신용평가회사 등에게 전송하여 줄 것을 요구할 수 있는 권리를 규정한 것으로 2021년 2월에 시행되었다. 적용 대상이 되는 정보는 컴퓨터 등 정보처리장치로 처리된 개인신용정보를 의미한다. 기업은 개인이 신용정보의 전송을 요구할 경우 컴퓨터 등 정보처리장치로 처리가 가능한 형태로 개인신용정보를 제공해야 한다.

　기존의 방식은 기업이 제3자에게 정보를 제공할 의사를 가지고 요청하면, 고객은 단지 동의 여부만 결정할 수 있었던 데 반해, 전송요구권은 개

5　노현주 연구원, 〈금융 마이데이터 도입 현황과 시사점〉, 보험연구원, 2021. 4.

인이 의지를 가지고 기업에게 정보제공을 실행하도록 요구하는 것으로, 전송 정보, 제공받는 대상 등을 스스로 결정할 수 있다.

GDPR의 정보이동권은 개인정보 전체를 대상으로 하는 반면 우리나라는 일반적인 '개인정보 처리 및 보호에 관한 법률^{개인정보보호법}'이 아닌 신용정보법에 전송요구권을 두어, 개인신용정보에 한해서 이동권을 적용한다.

개인신용정보는 개인의 신용도와 신용거래 능력을 파악하기 위해 필요한 정보로, 성명, 주민등록번호 등을 통해 개인을 식별할 수 있는 정보를 의미한다. 다른 정보와 결합 시 개인을 알아볼 수 있는 정보를 포함한다. 일반법이 아닌 금융 관련 개별법인 신용정보법으로 개인정보 이동권이 제한되기 때문에 정보주체 권리 측면보다 금융 서비스 산업의 데이터 유통 활성화 측면이 강조된다는 아쉬움이 있다.

국내 정책당국은 개정 법에 그간 모호했던 가명정보 개념을 명확히 하고 산업적 목적으로 이용하는 것을 허용했다. 데이터 결합의 법적 근거를 마련하되, 안전장치로 국가지정 전문기관을 통한 결합만 허용하고, 재식별 금지 및 추가정보 분리 보관 등을 명시했다.

마이데이터 서비스 종류

현재 시장에서 제공되는 마이데이터 주요 서비스는 크게 △본인 신용정보 통합조회 재무분석 △신용·정보관리 지원 △금융상품 비교 △추천 서비스 등 네 가지이다.

본인 신용정보 통합조회는 분산되어 있는 개인의 금융거래 등의 정보를 일괄 수집해 정보주체가 알기 쉽게 하나의 플랫폼에서 통합해 보여주는 것이다. 재무분석은 일괄 수집된 개인 금융정보 등을 기초로 신용도, 재무위험, 소비패턴 등 개별 소비자의 재무현황을 분석한다.

신용·정보관리 지원은 금융소비자의 재무분석 현황을 기초로 신용 상태의 개선을 위한 맞춤형 재무 컨설팅을 제공한다. 주거래로 쓰는 은행 앱이나 네이버, 카카오에서 로그인만 하면 이미 구현된 사용자 환경UI을 볼 수 있을 것이다. 예컨대, 부채 비율이나 지출 비중 등 재무행태 조정뿐 아니라, 개인신용평가 기초자료를 분석해 신용평점 개선에 필요한 정보 제출, 잘못 등록된 정보 삭제 등을 권고하는 방식이다. 필요시 신용조회사나 금융회사에 긍정적 정보 제출, 부정적 정보 삭제 및 정정 요청 등 본인정보 관리 업무도 수행한다. 최근에 푸시 알림 형식으로 특정 금융앱이 수시로 신용등급에 변화가 있다는 내용을 알려주는데 그 일환이다.

마지막으로 맞춤형 금융상품 정보를 제공하고 추천한다. 현재 신용상태나

재무현황에서 이용 가능한 금융상품 목록을 제시하고, 상품별 가격이나 혜택을 상세하게 비교해 개인에게 최적화된 금융상품을 추천한다. 예컨대 특정 개인의 신용상태 등을 감안해 최저 금리 대출상품을 추천하는 방식이다. 또 소비패턴을 분석해 최고로 혜택을 받을 수 있는 카드상품을 알려준다. 거래 중인 상품에 대해서도 유사상품과 비교해 더욱 유리한 조건의 상품을 권한다.

'금융 유목민 시대' 도래

2023년은 마이데이터가 금융뿐 아니라 의료, 공공, 제조 등 다양한 분야에서 성장하며 '금융 유목민 시대'가 도래할 전망이다. 금융사뿐 아니라 다양한 ICT기업들이 마이데이터를 접목하면서 본격적인 이종산업이 결합한 혁신적 서비스가 나올 것으로 기대된다.

2022년 1월 마이데이터가 본격적으로 시행됐고 초기 적응 단계를 거쳐 2023년 비로소 도약기를 맞이할 것으로 보인다. 여러 정보가 공개되고 이동하면서 마이데이터의 폭발적 성장이 예상된다. 더 좋은 금융상품과 서비스로 이동하려는 유목민 고객을 붙잡기 위해서는 차별화한 데이터 분석 능력이 승부처가 될 것이다.

금융시장은 정보 비대칭이 허물어지는 등 어느 때보다 급변하고 있는데, 마이데이터 서비스가 고도화하면 소비자 요구사항을 더 잘 해결해 주는 곳을 찾아 헤매는 '금융 유목민' 시대가 본격적으로 열릴 것이다.

또한 금융 패러다임 자체가 바뀔 것으로 전망된다. 예컨대 보험은 과거에 가족이 추천한 설계사를 통해 가입했지만 이제는 데이터 분석에 따른 맞춤형 보험 설계가 가능하기 때문에 향후에는 소비자가 원하는 경험을 주는 사업자만 살아남을 수밖에 없다. 특히 금융사 경쟁을 넘어 빅테크, 핀테크, 커머스, 시스템통합 기업까지 마이데이터를 매개로 경쟁적인 데이터 기반 사업에 뛰어들면서 데이터 무한경쟁 시대가 도래할 것이다.

소비자 성향과 상황을 고려한 디테일한 금융 분석 제공이나 '지금의 나'와 '미래의 나'를 연결하는 금융 로드맵 제안과 금융 액션 아이템 추천이 성패를 가를 요인이다. 또 변화하는 환경과 시장 상황을 끊임없이 분석하며 로드맵을 계속 챙겨 주는 사후관리 등도 중요하다. 금융소비자는 취업, 결혼, 출산, 이직, 질병 등 다양한 생애주기별 변화를 겪게 되는데, 마이데이터 사업자는 이러한 변화를 감지해서 분석하고 부동산, 주식, 가상자산 등 장기적인 맞춤형 자산관리 전략까지 제공할 수 있어야 한다.

네이버·카카오, 2023년부터 은행 데이터 유료?

전통 금융권이 아닌 타 산업군은 마이데이터에 진출 시 수수료를 고려해 대비해야 한다. 마이데이터 정보 제공 수수료는 제도 시행 1년 동안 무료로 운영됐지만 2023년부터 유료 운영으로 전환되기 때문이다. 금융 당국은 당초 마이데이터 산업 활성화를 위해 1년 동안 무료 수수료라는 초강수를 꺼낸 바 있다. 전 세계에 유례없는 산업인 만큼 핀테크 기업들에 진입장벽을 낮춘 후 실제 운영을 통해 쌓인 통계를 기반으로 수수료를 산정하겠다는 뜻이었다.

금융위원회와 금융사, 핀테크 기업 등은 마이데이터 산업에 대해 1년 무료 수수료라는 대전제에 합의한 것인데, 마이데이터 시행 초기 수수료를 산정할 근거 자료가 없기 때문에 1년 동안 무료로 진행한 다음 업계 간 협의를 통해 정하기로 했다.

핀테크 기업은 마이데이터 서비스를 제공할 경우 금융사에 계좌, 대출, 카드, 보험 등 금융 정보를 요구할 수 있다. 단 신용정보법 개정안에 따르면 핀테크 기업은 이 정보를 받을 때 정보 대가인 수수료를 금융사에 내야 한다.

금융 당국이 마이데이터 수수료 1년 무료 카드를 꺼낸 가장 큰 이유는 중소형 핀테크 기업의 마이데이터 진입 문턱을 낮추기 위함이었다. 다양한 사업자들의 진입을 촉진하겠다는 의도인데, 이 같은 정책 배경에는 금융사와 핀테크 업계가 마이데이터 산업 진흥에 동참했고, 결국 수수료 장사보다는 소비자에게 혜택을 환원할 생태계 마련에 초점이 맞춰졌다.

현재 사전에 표준화한 전산상 정보 제공 방식인 마이데이터 표준 응용 프로그램개발환경API, Application Programming Interface에 의한 데이터 전송이 실행되고 있는데, 금융 당국은 2022년 1월부터 12월까지 1년 동안 마이데이터를 무료로 진행한 후 수수료 산정 체계를 만들어 2023년부터 적용한다는 구상이다.

은행, 카드 등 기존 금융사는 한시적 무료 수수료 정책에 합의는 했지만 속내는 복잡하다. 마이데이터 활성화라는 대의적 측면에는 동의하지만 금융사는 정보 의무 제공자로서 핀테크 기업에 정보를 많이 내줘야 하는 상황이기 때문인데, 정보 의무 제공자는 은행, 금융지주사, 카드사, 보험사, 금융투자업, 증권사, 통신사 등을 칭한다.

2023년 금융사와 빅테크 간 수수료를 둘러싼 갈등이 수면 위로 올라올 가능성도 있는 만큼 기업들은 대비할 필요가 있다. 금융사는 네이버·카카오 등 거대 정보통신기술 기업을 각각 모회사로 둔 네이버페이, 카카오페이 등 빅테크에 날을 세우고 있다. 이들이 자본 여력이 되는 만큼 마이데이터 정보기술 설비 구축, 서버 안정화, 운영, 데이터 제공 등에 들어가는 비용을 부담해야 한다고 보고 있기 때문이다. 이에 관련 업계는 마이데이터 정보 제공 수수료가 어느 정도 수준으로 책정될지 주목하고 있다.

마이페이먼트_종합지급결제업에 주목하라

국내 금융 분야의 마이데이터 관련 정책은 금융사 금융결제망 인프라를 개방한 오픈뱅킹 시스템, 개인신용정보 전반을 공유하는 마이데이터 사업, 앞으로 신설될 지급지시 서비스업인 마이페이먼트^{MyPayment}와 종합지급결제업 사업 신설 등으로 추진되고 있다. 금융 당국은 전자금융거래법 개정을 통해 마이페이먼트 산업과 종합지급결제업 도입을 추진하고 있고 2023년 본격적으로 시행할 가능성이 크다.

마이페이먼트 산업은 EU의 지급결제서비스지침^{PSD2, Payment Services Directive2}에서 정의된 지급지시 서비스 제공자^{PISP}와 유사하다. 고객이 마이페이먼트 사업자에게 자신의 은행계좌에 대한 지급지시 권한을 허용하면, 사업자가 고객과 가맹점의 은행계좌 간 이체 거래를 진행하는 방식이다.

즉, 마이페이먼트는 결제자금을 보유하거나 사전 충전을 하지 않아도 고객의 계좌 정보만으로 결제, 송금 등에 필요한 이체를 지시할 수 있다. 현재의 신용카드 중심의 지급결제 네트워크가 '은행계좌-마이페이먼트 사업자-소비자'로 재편되는 것이다. 카드발급이나 전표매입 과정이 생략되면서 수수료 인하와 고객접점 이동이 가능하다.

종합지급결제업은 은행에만 허용된 계좌 발급이 비은행 결제사업자에도 허영된 사업 인허가다. 급여 이체, 카드 대금, 보험료 납부 등 계좌 기반 서비스를 원스톱으로 제공할 수 있어 사실상 준準 은행의 기능을 할 수 있다. 과거 은행권의 고유 영역으로 불렸던 지급결제 관련 서비스가 스몰라이센스 형태로 허용하는 셈인데, 핀테크 기업이 대규모 자본이 없어도 새로운 금융 서비스에 진입할 수 있는 여건이 마련되고 있다는 의미다.

오픈 파이낸스의 정점, 마이페이먼트

코로나19 사태 이후 금융 디지털화가 빠르게 진행되고 있다. 온라인 소비 확산과 언택트 금융에 대한 선호도가 높아지면서 지급결제 시장을 중심으로 변화 양상이 빠르게 나타나고 있다. 마이데이터와 함께 주목받는 산업은 마이페이먼트이다. 마이데이터 산업이 이종 영역 간 데이터 융합을 통한 컨버전스 사업이라면, 마이페이먼트는 지급결제 인프라를 혁신한 간편결제사업이 확대된 버전이다.

디지털 금융 관점에서 마이페이먼트가 시사하는 점은 오픈뱅킹, 마이데이터와 연계해 총체적인 오픈 파이낸스Open Finance 환경을 구축된다는 것이다. 오픈 파이낸스 환경이 가동되면 은행 및 핀테크 업체 계좌간 자금 이동이 훨씬 용이하게 된다. 금융소비자는 오픈뱅킹과 마이데이터를 통해 모든 금융기관의 데이터를 조회하고 사용 현황을 파악할 수 있다. 또한 편리하고 혁신적인 재무설계를 제공받게 된다. 여기에 마이페이먼트가 더해지면 송금과 결제까지 완료할 수 있다.

마이데이터는 정보 주체가 개인신용정보 전송요구권 행사함에 따라 일정한 방식으로 본인 정보를 통합해 제공하는 사업이다. 이를 통해 개인은 소비·지출 관리는 물론 저축·투자, 금융상품 비교, 생애재무설계, 투자자문 및 일임 등의 서비스를 종합적으로 받을 수 있다.

마이페이먼트는 고객자금을 보유하지 않고도 금융회사에 고객의 지급지시만 전달해 결제 및 송금서비스를 제공하는 전자금융거래업으로 이해할 수 있다. 기존 전자금융업자를 거치지 않고 금융회사 간 직접 송금·결제가 가능해 전자상거래 등 수수료와 거래리스크가 절감되는 효과가 있다. 기존 결제수단과 결합할 경우 복합 결제 플랫폼 구축이 가능해져 지급결제 산업에서 혁신과 경쟁을 촉진할 서비스로 꼽힌다.

핀테크 기업의 경우 직접 고객계좌를 보유하지 않고도 자산관리 플랫폼을 제공하고 결제자금 지급지시가 가능하기 때문에 다양한 신규 사업 기회를 추구할 수 있다. 이 서비스가 도입되면 개인이 로그인 한 번만으로 모든 계좌를 활용해 결제·송금이 가능해진다. 종전 전통 금융사에 높은 수수료를 내지 않아도 다양한 결제·송금 서비스 등을 이용할 수 있다. 금융산업 전체로는 조회·이체·결제로 이어지는 모든 과정에서 효율성 제고와 비용절감 효과가 예상되고, 과거와는 차별화된 고도의 디지털 금융 서비스 창출을 기대할 수 있다. 특히 환전과 송금, 결제 서비스가 모바일 기반으로 가능해져 종전 금융사가 제공하던 다양한 수수료 체계가 붕괴될 수도 있다.

정부는 마이페이먼트 사업 확대를 위해 PISP 라이선스 제도 도입을 추진하고 있다. 이 시장을 누가 선점하느냐에 따라 막대한 금융 소비자 정보와 플랫폼 장악력을 쥘 수 있다. PISP가 도입되면 계좌이체 방식도 신용카드 결제처럼 간편해진다. 소비자 입장에서는 편의성이 커지고 선택지가 넓어진다는 장점이 있다.

PISP는 금융소비자가 동의할 경우 소비자 은행 계좌에서 타인 은행 계좌로 직접 자금을 이체해주는 개념이다. 핀테크 업체가 금융소비자 계좌 정보에 접근할 수 있을 뿐 아니라 자동이체까지 맡아서 할 수 있게 된다. 예컨대 현재는 소비자가 온라인 쇼핑에서 계좌이체 방식으로 물건을 구매할 때, 직접 판매자 계좌로 돈을 보낸다. 만약 PISP가 도입되면 소비자는 PISP에 자신의 계좌에 대한 지급지시 권한을 허용하면 PISP가 소비자 대신 계좌이체를 한다. 선불 충전 서비스같이 미리 돈을 충전하지 않아도 바로 자동으로 계좌이체가 되는 구조이기 때문에 한국 금융 인프라를 완전히 뒤엎는 지급결제 2막이 예고된 셈이다.

마이데이터의 끝판왕, 종합지급결제업

종합지급결제 사업자는 하나의 플랫폼에서 공과금 납부뿐만 아니라 급여 이체, 카드 대금, 보험료 납부 등 계좌 기반 서비스를 일괄 제공할 수 있다. 종합지급결제업은 은행에게만 허용된 계좌발급이 비은행 결제사업자에게도 허용한 사업 인허가다. 해당 계좌를 활용해 급여 이체, 카드 대금·보험료·공과금 납부 등 계좌기반 결제서비스를 제공한다는 점에서 비은행 결제 사업자들이 큰 관심을 보인다. 단 지급·결제 목적으로 용도가 한정되는 지급 계좌를 기반으로 금융 서비스를 제공하기 때문에 기존 은행과 달리 예금과 대출 업무는 제한된다.

지금껏 은행과 비은행 업권이 독점해온 계좌 발급 권한이 다른 금융권과 비금융권에도 확장되는 것으로, 지급·결제 시장의 경쟁이 촉발될 것으로 전망된다. 또한 종합지급결제 사업자는 다양한 금융 서비스와 플랫폼과의 결합을 통해 수익모델을 만들 수 있다. 특히 강력한 플랫폼을 보유한 빅테크들이 전자상거래나 유통기업들과 제휴해 편의성, 저렴한 수수료, 비금융 혜택 등을 무기로 시장에 진입할 경우, 기존 은행권 고객들이 대거 이탈해 옮겨갈 가능성이 크다.

해외의 경우 이미 종합지급결제사업과 비슷한 서비스가 도입된 상황으로 국내 사업자들이 눈여겨볼 필요가 있다. 영국의 EMI^{Electronic Money Institution} 인가를 받은 핀테크 기업들과 싱가포르에서 지급계좌 발급이 가

영국·싱가포르의 유사 사업자 사례

회사명	국적	온라인 계좌 개설 이외의 서비스
TransferWise	영국	온라인 송금, 환전, 지출내역 분석 및 자산관리 등
Modulr	영국	간편결제 및 송금, 회계 솔루션 서비스 등
Revolut	영국	간편결제, 주식 및 가상자산 투자, 보험가입, 자산관리 등
MycashMoney	싱가포르	-표준지급서비스기관Standard Payment Institutions에 해당 -간편결제 및 송금, 공과금 관리, 보험가입 등
AFEX	싱가포르	-주요지급서비스기관Major Payment Instituti ons에 해당 -해외 송금, 온라인 결제, 자산관리AFEXdirect, 재무상담 등

출처: 서정호 선임연구위원, <종합지급결제업 도입과 향후 과제>, 한국금융연구원

능한 사업자들은 다양한 비즈니스 모델을 운영하고 있다.

싱가포르의 경우 2019년 'The payment Service Act' 제정에 따라 표준지급서비스기관Standard Payment Institutions과 주요지급서비스기관Major Payment Institutions이 새로 도입됐다.

마이데이터로 파생될 신산업, 데이터 전문기관

마이데이터로 촉발된 데이터 생태계는 민간 금융 데이터 전문기관으로 확대될 전망이다. 데이터 전문기관은 기업이 결합을 신청한 데이터를 안전하게 결합한 후 정보 주체를 알아볼 수 없도록 익명·가명 처리해 전달하는 역할을 한다.

금융위원회가 2022년 말 민간 금융 데이터 전문기관을 처음으로 선정할 예정으로, 2023년 마이데이터와 함께 데이터 제조와 판매가 분리된 시장이 본격적으로 형성될 예정이다. 정부로 한정됐던 데이터 전문기관의 빗장이 민간기업으로 확대되기 때문이다. 데이터 전문기관 사이에 경쟁이 많이 발생할 경우 정보보호 부실 우려 등을 감안해 적격 데이터 전문기관을 선별한다는 것이 금융위원회 입장인데, 금융위원회가 민간 데이터 전문기관 활성화를 위해 진입 장벽을 낮추자 시중은행과 카드사 등 기존 금융사가 경쟁에 뛰어들었다.

빅테크와 경쟁 구도에 놓인 기존 금융사는 금융과 비금융 분야 간 데이터 개방과 결합을 통해 신성장 동력을 마련하겠다는 포석이다. 데이터 전문기관이 되면 금융+비금융 정보를 직접 결합해 분석에서 활용까지 원스톱으로 가능하다. 신한은행, 신한카드, BC카드, 삼성카드, 삼성SDS, LG CNS, SK㈜ C&C, 통계청 등 총 12개사 등 금융사부터 비금융사까지 다양한 기업이 도전장을 내민 상황이다.

신용정보법에 따라 금융과 비금융 데이터 결합을 할 수 있는 곳은 정부기관인 신용정보원, 금융보안원, 국세청, 금융결제원 등 네 곳이다. 민간기업은 사업전략 유출 등의 이유로 정부 주도 데이터 결합에 소극적이었지만 앞으로 민간기업이 데이터 전문기관 자격을 얻게 되면 데이터 결합 사업 규모는 크게 확대될 가능성이 높다.

기업들이 금융 데이터 전문기관 라이선스를 원하는 이유는 그룹사 내 '데이터 플랫폼 인프라'를 구축하기 위해서다. 금융과 비금융을 망라하는 데이터베이스 구축 관련 노하우를 선제적으로 확보하겠다는 전략이다. 가명정보를 서비스 개발과 연구에 활용하고, 빅데이터 분석과 시너지를 창출하겠다는 것이다. 예컨대 삼성그룹의 경우 삼성증권·삼성카드 등 금융 데이터와 함께 삼성전자·삼성물산 등 다양한 비금융 데이터 결합을 시도할 수 있다.

KT는 BC카드를 통해 데이터 허브 구축을 목표로 내세웠다. BC카드는 KT그룹 내 케이뱅크 등 금융 데이터를 비롯해 KT그룹사 등의 다양한 비금융 데이터 결합을 시도할 것으로 보이는데, KT그룹 내 통신, 금융, 커머스, 엔터, 부동산 등 이종 간 데이터 결합으로 데이터 분석 역량을 고도화해 나갈 것으로 보인다.

가명 데이터를 직접 다루는 만큼 금융 당국은 해당 업체를 꼼꼼하게 조사할 계획인데, 금융위는 금융분야 가명정보 결합·활용이 가속화될 수 있도록 결합 관련 제도를 개선할 방침이다.

우선 신용정보법 감독규정 개정을 통해 '자가 결합' 허용을 확대한다. 자가 결합은 데이터 전문기관이 자신이 보유한 데이터와 제3자 데이터를 결합하는 것을 뜻한다. 현행법으론 결합된 데이터를 제3자에게 제공하는 경우만 자가 결합이 가능했다. 쉽게 말해 자사의 데이터를 다른 회사의 데이터와 직접 결합해 활용할 수 없었다. 그러나 제도 개선을 통해 자사 데이터를 직접 결합해 활용할 수 있도록 할 방침이다.

업계는 자가 결합 허용 확대를 주장해왔다. 자가 결합이 가능해지면 데이터를 외부로 반출하는 데 대한 보안 우려가 완화될 뿐 아니라, 데이터에 대한 이해도가 높은 데이터 보유기관이 결합함에 따라 신속한 활용이 가능한 이점이 있다는 것이다. 자가 결합 확대 등을 통해 금융과 비금융, 민간·공공 등 다분야·이종 데이터 간 결합과 개방이 활성화될 것으로 기대된다.

이와 함께 샘플링 결합 절차를 도입한다. 현행 결합 데이터 일부만 샘플링해서 활용하려고 해도 전체 데이터를 전문기관에 제공하고 결합해야 하는 불편함이 있다. 향후 샘플링한 데이터만 결합할 수 있도록 해 효율적으로 결합이 이루어지도록 개선함으로써 소요되는 기간이 대폭 단축될 것으로 보인다.

금융사는 데이터 전문기관 라이선스 획득을 통해 '데이터 기업'으로 변화를 꾀한다는 전략을 펼칠 것으로 예상된다. 은행, 카드 업계는 빅테크, 인터넷전문은행의 약진에 따라 경쟁력 약화를 겪고 있다. 기존 금융사에게는 탈금융을 통한 신사업 확장 시도는 필연적인 상황이다. 민간 데이터 전문기관 라이선스 획득을 둘러싼 기업들의 도전은 이에 대한 고민에 따른 것으로 해석된다.

마이데이터 사업자의 유의사항은 정보 유출!

마이데이터 사업자 또는 마이데이터 사업에 뛰어들 예비 사업자가 가장 유의할 점은 정보 유출 사고이다. 마이데이터는 금융 시장을 송두리째 바꿀 혁신 산업으로 주목받지만 정보 유출 등 보안이 취약하면 데이터 주권 사회에 진입할 수 있는 취지가 무색해질 수 있으므로 업계에서 주의해야 할 필요가 있다. 마이데이터로 데이터 경제 시대가 열리고, 통합 자산관리가 가능해지고, 사용자 편의가 아무리 향상되어도 대대적으로 정보 유출 사고가 일어나면 마이데이터는 물거품이 되기 때문이다.

마이데이터가 시범적으로 시행되던 시기에 정보 유출 사고는 이미 일어났다. 2021년 12월, H 금융계열사의 은행, 금융투자, 카드 등 금융 서비스를 한데 모은 마이데이터 서비스에서 본인 정보가 아니라 타인의 개인정보가 조회되는 유출사고가 발생했다. 고객 카드 사용 내역, 투자 정보, 대출 내역, 입출금 내역, 전화번호 등이 타인에게 보여진 것이다. 대응도 미숙했다. 유사한 정보 유출 사고는 같은 달 빅테크 N사 마이데이터 서비스에서도 발생했다. 고객 은행·증권 계좌번호뿐만 아니라 송금 내역 등이 불특정 다수에게 그대로 노출됐다.

마이데이터 업계는 2014년 카드사 정보 유출 사태를 반면교사로 삼아야 한다. 당시 1억 건 이상의 개인정보가 유출됐다. 사실상 국민 대다수 정보가 새어 나갔다고 봐도 무방하다. 이 사건은 모든 금융권의 신뢰를 바닥으로 끌어내렸다. 뱅크런·카드런이란 초유의 사태가 일어났고 농협, 국민, 롯데카드는 가장 강력한 금융제재인 영업정지를 받았다. 금융권에선 당시 "창립 이래 최대 위기"였다고 말한다.

금융 당국도 정보 유출에 대해선 엄중한 잣대를 적용해야 한다. 서비스가 정상화됐다고 문제가 해결된 것은 아니다. 과거 카드 정보 유출사태 때 추가 유출은 없다고 단언하다 외부로 정보가 팔려 악용된 사실이 밝혀지고 더 큰 뭇매를 맞았다. 보안 취약점을 방치할 경우 개인의 금융자산 내역과 거래 정보, 의료 데이터 등 민감한 개인 정보가 집중된 마이데이터 사업자의 IT 인프라가 고도화된 사이버 범죄의 표적이 될 수 있다. 물론 신용정보법에 따른 제재안이 있다. 개인정보 분실 및 도난·누출·변조 시 부과되는 과징금은 전체 매출액의 3%다. 금융 당국은 마이데이터 업계에 강력한 시

그널을 줘야 한다. 사업자는 정보 유출 사태를 일으키면 문을 닫는다는 각
오로 임해야 한다.

마이데이터 사업자, 무엇을 준비해야 하나

그야말로 데이터의 홍수 시대이다. 아침 출근길 지하철 이용시간, 스마
트폰 소셜미디어 검색어, 편의점 카드 결제 내역 등 우리 일상에는 데이터
가 끊임없이 생산되고 있다. 현재 데이터 대부분은 기업·정부·공공기관이
거의 독점적으로 관리하고 있다. 구글, 페이스북, 아마존, 에어비앤비, 우버
등 글로벌 대형 ICT 기업은 데이터 중심 플랫폼을 기반으로 데이터를 통합
해 그들의 비즈니스에 반영하고 있다. 그러나 데이터 제공자인 사용자에게
이들 기업의 데이터 활용 전략은 불공평하고, 비대칭하며, 불평등하다는
지적이 나온다. 이러한 문제의식에서 생겨난 산업이 바로 '마이데이터'라
고 보면 된다.

마이데이터를 통해 빅테크나 핀테크 등 새로운 플레이어들이 플랫폼
경쟁력을 앞세워 금융시장에 진입하고 있다. 빅테크·핀테크도 기존 대형
금융회사들이 독식하고 있던 데이터에 대한 접근이 가능해졌기 때문이다.
그동안 기존 금융회사들이 주도해온 고객과의 접점인 판매채널이 상당 부

분 플랫폼으로 이동할 가능성이 커진 것이다. 여러 앱을 사용할 필요없이 앱 하나에서 여러 곳에 흩어진 금융자산을 통합 조회하고 개인에 최적화한 서비스를 제공받을 수 있어 사실상 슈퍼 금융플랫폼 경쟁이 열렸다고 볼 수 있다. 마이데이터가 활성화되면 합리적인 가격에 높은 금융가치를 제공하는 기업만이 살아남을 것으로 전망된다.

해외 사례를 참고하면 '크레딧 카르마Credit Karma'는 2006년에 출범한 미국의 대표적인 핀테크 유니콘 기업이다. 미국에선 신용평가 등급을 열람하기 위해선 비싼 수수료를 지급해야 한다. 크레딧 카르마의 서비스는 신용정보 업체와 제휴해 무료로 신용정보를 열람할 수 있게 한 것이 핵심이다. 이외에도 회원의 신용 이력을 기준으로 자격이 되는 대출 및 기타 금융상품을 추천하고, 더욱 간편한 신청과정을 제공해 수익을 낸다. 또한 미국 3대 신용평가 기관인 트랜스유니온과 협업하고 있고 신용등급에 영향을 미치는 항목을 분석해 적합한 개선방안을 제시한다.

영국의 '고컴패어GoCompare'도 성공적인 마이데이터 서비스를 제공한다. 타 기업과 달리 차별화한 분석 알고리즘이 성공 요인으로 꼽힌다. 1년 치 계좌 거래 내역을 업로드하면 가장 이율이 높고 혜택이 많은 은행과 금융상품을 추천해주는 방식이다. 고컴패어의 분석 알고리즘은 1,500가지 이상의 계산을 수행하는 것으로 알려져 있다. 상품을 추천할 때 계좌별 연회비, 이자율, 은행 전환 시 혜택 등에 대한 정보를 비교해서 알려준다. 개인 고객들은 자신의 데이터를 기반으로 합리적인 금융 상품을 선택할 수 있고 혜택도 받을 수 있다.

과거처럼 더이상 금융사 브랜드로는 살아남을 수 없다. 해외 마이데이터 기업을 참고하면 국내에서도 데이터 규모, 인공지능 활용 역량 등이 마이데이터 사업자의 핵심 경쟁력이 될 것이다. 고객의 요구사항을 적시에 발굴하고 맞춤형 솔루션을 제공할 수 있는지 여부에 따라 금융시장 판도가 크게 달라질 것으로 기대된다.

금융회사들은 이미 확보하고 있는 자산인 개인 데이터를 기반으로 새로운 사업 기회를 창출할 수 있도록 자사의 비즈니스 모델과 개인 데이터 활용 체계를 재편할 필요가 있다. 개별 금융회사 중심의 폐쇄적 영업 방식에서 벗어나 내·외부 자원을 적극 활용할 필요가 있다. 또 마이데이터는 얼마나 개인 맞춤화된 서비스를 제공하느냐가 승부처인 만큼 빅데이터 분석 역량을 강화하는 것이 관건이다.

TREND 3

당근마켓·토스가 성공한 이유, 원앱의 전략

① 인도네시아에 사는 A씨는 아침에 일어나 고젝^{Gojek} 6 앱을 켜고 앱 내의 고푸드를 열어 아침 식사를 주문하니, 고젝 오토바이 드라이버가 배달해준다. 식사 후 다시 고젝 앱에서 고라이드^{GoRide}로 택시를 불러 출근한다. 출근한 사이에 앱 내 고클린^{GoClean}에 들어가 집 청소 서비스를 신청한다. 주말 공연 관람을 위해 또 고젝 앱 내 고틱스^{GoTix}를 통해 티켓을 구매하고, 간편결제 서비스 고페이^{GoPay}로 빠르게 결제했다. 쉬는 시간엔 다시 고젝 앱을 열어 고플레이^{GoPlay}로 영화를 감상했다. 고젝 앱 하나에 20여 개가 넘는 서비스가 연결되어 있어 사실상 앱 하나로 모든 생활이 가능한 셈이다.

---

6   인도네시아의 차량 공유 및 배송 서비스를 제공하는 애플리케이션.

② *'Paytm Available'* 페이티엠 결제 가능

인도에선 작은 상점까지도 인도 간편결제 시스템인 페이티엠으로 결제가 가능하다. 현금 사용이 보편적이었던 인도에서 2016년 정부의 화폐개혁이 시작됐고, 신용카드 도입보다 모바일 기반 결제 시스템인 페이티엠이 대세로 자리 잡았다. 인도에서 페이티엠은 미국의 페이팔*Paypal*로 불린다. 페이티엠 앱 하나만 있다면, 온오프라인 상점에서 물건을 구매할 수 있고 집 수리비도 결제 가능하다. 간편결제에서 더 나아가 다양한 기업을 인수하며 금융 서비스, 차량 호출, 음악, 세금, 티켓 예매 등 많은 서비스를 하나의 슈퍼 앱에서 제공하며 인도 내 생활 서비스 플랫폼으로 자리 잡았다. 또한 소액 대출 서비스를 제공하고, 채팅으로 송금과 결제를 동시에 할 수 있는 메시징 플랫폼 인박스*inbox*를 출시했다. 페이티엠 자체적으로 회원 모집을 위해 다양한 쿠폰이나 캐쉬백 서비스 등 프로모션을 실시해 젊은 도시 거주자를 공략했고, 제대로 먹혀들었다.

애플리케이션 하나로 메시징, 예약, 쇼핑, 금융, 차량 호출 등 다양한 생활 서비스를 이용할 수 있는 '슈퍼앱*Super App*' 간 경쟁이 갈수록 더욱 치열해질 전망이다. 슈퍼앱은 완벽한 사용자 경험을 통해 다양한 소비자 맞춤형 서비스를 제공하는 단일 디지털 플랫폼이다. 슈퍼앱은 그 자체가 하나의 생태계로, 택시 호출에서부터 전기요금 지불까지 다양한 상거래를 할

수 있는 단일 창구를 제공한다. 소비자와 다수의 공급업체 간의 교환을 위한 플랫폼으로서의 역할을 하는 셈이다. 한 ICT 기업의 슈퍼앱을 예로 들면, 단일 앱에서 호텔 예약, 영화 티켓 구매, 중고 명품 거래 등 서드 파티third party7 기업이 개발한 100만 개 이상의 다양한 서비스를 제공하는 식이다.

국내 대형 인터넷 포털 기업인 네이버와 카카오뿐 아니라, 글로벌 기업과 유니콘 기업까지 핵심 서비스를 중심으로 사업 전반을 확장하며 슈퍼앱으로 진화하고 있다. 슈퍼앱 등장은 필연적이라 볼 수 있다. 모바일 환경에서 성장을 추구하는 기업과, 수많은 앱이 넘치는 시대에 피로를 느낀 소비자 욕구가 맞아떨어진 결과인 셈이다. 앞으로 개인의 자격증, 인증서, 신분증까지 모바일로 인증할 수 있게 되면 그야말로 슈퍼앱의 위력은 더욱 강해질 것으로 예상된다.

슈퍼앱 국내·외 성공기업

토스

"플랫폼 은행이 세계를 지배할 것이다"

-Will Beeson, Allica Bank 공동창업자

---

7 다른 회사 제품에 이용되는 소프트웨어나 주변 기기를 개발하는 회사.

"시중 은행 두 곳과 간편 계좌이체 서비스인 토스 기반 금융 서비스를 2월에 정식 론칭할 예정입니다. 기존 뱅크월렛카카오 등의 플랫폼보다 더욱 간편하고 쉬운 원클릭 결제가 등장할 겁니다."

-전자신문, 2015. 1. 27일자 이승건 비바리퍼블리카 대표 인터뷰 中

2015년 토스를 세상에 내놓은 토스의 운영사 비바리퍼블리카의 창업자인 이승건 대표는 일찌감치 금융의 언·리번들링을 통한 강력한 슈퍼 플랫폼이 세상을 바꿀 것이라고 미리 내다봤다.

이승건 대표는 그간 한국의 금융 업계에는 없었던 슈퍼 애플리케이션을 최초로 만들었다. 간편송금 서비스로 출발해 은행·증권·보험·결제 등을 한군데로 모은 말 그대로 슈퍼 플랫폼을 핵심 경쟁력으로 내세웠다.

기존에는 하나의 은행에서 통합적·종합적으로 금융 서비스를 제공하는 번들링bundling8 현상이 지배적이었다. 토스는 결제, 송금, 대출 등 전통 은행의 고유한 역할에 기술과 민첩성, 혁신적인 아이디어를 접목해 기존 서비스에 대한 편의성, 접근성 등을 크게 개선했다.

토스를 시작으로 뒤이어 등장한 여타 뱅크샐러드, 핀다 등 여러 핀테크 기업 또한 다양한 금융 서비스를 하나의 앱에 한꺼번에 제공하는 슈퍼앱 방식을 적용하는 메기 효과9가 일어났다. 이에 따라 최근 몇 년 동안 핀테

---

8   여러 상품을 하나로 결합하거나 묶어서 싼 가격에 공급하는 서비스.
9   기업의 경쟁력 향상을 위해서는 적절한 자극이 필요하다는 의미.

크 기업과 은행 간 경쟁이 치열해졌고, 은행 업무의 각 영역이 핀테크 기업들에 의해 대체되고 잠식당하는 언번들링unbundling10 현상이 발생했다.

해외뿐만 아니라 국내에서도 언번들링을 넘어 경쟁에서 살아남은 가장 최적의 금융 서비스가 슈퍼앱이라 명명되는 강력한 단일 플랫폼을 중심으로 통합되는 리번들링rebundling11 현상이 대세로 자리 잡은 것이다. 그 중심에는 핀테크 기업의 선두로 꼽히는 토스가 있다. 토스는 간편송금 서비스를 제공하는 핀테크 스타트업에서 은행·증권·보험을 갖춘 디지털 금융사로 진화했다. 토스코어와 토스증권, 토스페이먼츠, 토스인슈어런스, 토스뱅크, 토스씨엑스 등 다양한 서비스가 토스라는 하나의 앱에 입점해 있다. 여러 서비스를 하나의 플랫폼에 집대성했지만 상품군을 간소화했고 직관적인 사용자 환경을 강점으로 내세웠다.

핀테크 분야 최대 경쟁사인 카카오의 경우 결제·증권 업무 등을 카카오페이가, 은행 업무를 카카오뱅크가 맡는 등 이원화돼 있고 대출·송금 등은 일부 겹치기도 한다. 반면 토스는 이를 하나의 앱에 담는 슈퍼앱 전략으로 이용자 편의성을 높였다는 평가를 받는다.

인터넷전문은행인 토스뱅크의 경우 수신, 여신, 카드 등 세 가지 금융 상품만 출시하는 파격 선언을 했다. 이전 은행과 비교해 단순하고 직관적

---

10 번들링의 반대. 하나로 통합되어 있던 것을 여러 개로 나누는 것.
11 차별화되어 경쟁력을 갖추고 장악한 서비스를 바탕으로 그 분야에서 점차 주변 사업모델로 사업을 확장하는 것.

인 것이 강점이다. 각종 수수료도 무료다. 토스뱅크는 수신상품으로 '조건 없는 2% 이자' 통장을 선보였다. 가입 기간이 자유롭고 예치 금액에 한도도 없다. 시중은행이 특판을 통해 고금리 상품을 한정 판매하고, 높은 금리를 받기 위해 수많은 부대 조건을 충족하도록 하는 불편을 없앴다. 여기에 토스는 증명서, 본인 확인 등 다양한 인증 사업들로 영역을 점차 확대하고 있다.

당근마켓

당근마켓은 중고거래로 시작해 지역기반 커뮤니티 슈퍼앱으로 도약했다는 평가를 받는다. 당근마켓의 창업자인 김용현 대표는 2015년 당근마켓의 전신인 판교장터를 선보였다. 판교장터는 판교테크노밸리 전체 1,000여 개 기업 IT 종사자가 IT 제품을 거래하는 앱으로 시작했다. 2주 만에 만든 판교장터 앱을 공개하자 주간활성이용자가 1,000명까지 급증하며 성공 가능성을 나타냈다. 서비스 지역 확장도 고민했지만 판교와 같은 IT 밸리는 구로·가산, 테헤란로 정도뿐이라 한계가 있다고 판단했다. 그러다가 IT 종사자뿐 아니라 아이를 키우는 판교지역 주부 사이에서 판교장터 앱 수요가 급증하고 있음을 알게 됐고 동네인증을 거쳐 판교지역 누구나 가입할 수 있도록 '당근마켓'으로 리브랜딩했다. 당근마켓은 동네주민과 직거래하는 콘셉트인 만큼 사기당할 확률이 낮다는 점이 소비자에게는 큰 장점이 됐다. 동네 주민끼리 서로 매너온도를 확인하고 과거 판매 내역도 알아보며 신뢰를 바탕으로 거래가 가능해 다른 기존 중고 플랫폼과 차별화했다. 판매자와 구매자 모두 거래 후 만족도가 높아 입소문이 나고 재거래율이 높아졌다.

당근마켓은 맘카페 육아맘들이 육아용품을 중고거래하며 급성장했다. 이후 초기 판교장터 때처럼 남성 사용자도 늘어났고 30~40대를 넘어 10~20대, 50~60대 이상 등 고객 연령대도 다양해졌다.

거래되는 물건도 연령·성별·지역별로 다양하다. 패션잡화뿐 아니라 자전거·골프 등 취향 기반 중고거래가 많아졌고, 코로나19로 재택근무를 하면서 의자·책상 등 가구 거래량도 크게 늘었다. 지역 특성을 반영한 거래도 앱을 성장시켰다. 강남에서는 명품 거래가 증가했고 제주도 같은 바닷가에서는 선박을 거래하기도 했다. 지역 특성을 살린 농산물, 수산물 직거래도 생겨나며 플랫폼으로서 입지를 다졌다.

당근마켓은 단순 중고물품 거래가 아니라 지역 커뮤니티로 확장해 슈퍼앱으로 변모한 케이스이다. 지역 중고물품 거래 앱에서 지역 채용과 모임, 행사를 아우르는 동네 슈퍼앱으로 성장한 것이다.

최근 당근마켓은 '걸어서 10분' 서비스를 출시했다. 이용자 거주지를 기반으로 근처에 채용 중인 아르바이트 자리를 소개해주는 서비스다. 이뿐 아니라 중고차, 카페, 과외·클래스, 부동산 등 카테고리가 확대되고 우리동

네 가게소식 등 단골 추천 가게 기능도 하나의 앱에서 이용할 수 있다. 단골·추천 가게부터, 먹거리, 생활, 건강, 미용, 교육 등 분야별 동네 가게를 소개한다. 여기에 송금 수수료 부담 없이 이웃과의 편리한 당근 거래를 도와줄 지역기반 간편결제 '당근페이'도 앱에 탑재됐다.

당근페이는 크게 '송금'과 '결제' 두 가지 기능이 있다. 먼저 이웃과 중고거래 상황에서 당근페이를 이용하면 별도의 은행, 송금 앱을 사용할 필요 없이, 당근 채팅 한 곳에서 실시간 송금이 가능하다. 판매자도 채팅 화면에서 즉시 송금 결과를 확인할 수 있다. 더이상 현금을 준비하거나, 길거리에서 계좌번호나 예금주 등 거래 당사자간 개인정보를 주고받지 않아도 된다. 당근페이 중고거래 송금 수수료는 100% 무료다. 당근페이 결제 기능도 있다. 당근마켓 '내 근처' 탭에서 만날 수 있는 지역 상점과 생활 밀착형 서비스 이용시 당근페이를 통해 편리하게 결제할 수 있다.

당근마켓은 '당근배송' 시범 서비스를 도입해 다양한 서비스를 시도하고 있다. 구매자가 물건 수령 주소를 입력하면 당근맨이 판매자의 물품을 수령해 배송하는 서비스다.

당근마켓은 당근채팅에서 바로 음성 통화가 가능한 '당근전화' 기능도 선보인 바 있다. 당근전화를 통한다면 개인 전화번호 노출 없이 거래 상대방과 실시간 음성 소통이 가능하다. 연락처와 주소지 등을 대신해 거래 상대방의 당근 아이디가 표시된다. 이 역시 이용자간 불편함을 해소함과 동시에 개인정보를 보호하며 신뢰도를 높였다.

앞으로 당근마켓은 청소, 반려동물, 교육, 편의점 등 전문 업체들과 함께 O2O^{Online to Offline} 영역을 다양하게 넓혀 나가고, 기존의 부동산, 중고차, 일자리와 같은 지역 서비스도 고도화해 나간다는 방침이다.

그랩

그랩^{Grab}은 차량호출 서비스로 첫 출발을 했다. 2012년 말레이시아에서 40명의 택시 기사들과 '마이택시^{Myteksi}'로 택시 승차 공유 서비스를 시작, 이후 사명을 '그랩 택시'로 변경하며 2013년 7월 필리핀, 10월 싱가포르와 태국에 진출, 2018년에는 우버의 동남아 부문을 인수하며 동남아시아 모빌리티 시장을 지배했다.

미국에서 탄생해 북미, 중남미, 유럽 등 전 세계 700여 개 도시에 진출한 차량공유서비스 '우버^{Uber}'는 예상외로 동남아 지역에서는 고전을 면치 못했다. 계좌 보급률이 낮아 현금 사용률이 높은 동남아의 특수성을 고려하지 못하고 우버는 입력된 신용카드로만 결제하도록 했기 때문이다. 현금 결제가 가능해 현지화에 유리했던 그랩은 결국 우버의 동남아 사업부문을 인수하며, 인도네시아, 말레이시아, 필리핀, 싱가포르, 태국, 베트남, 미얀마, 캄보디아 8개국의 사업 운영권을 얻었다.

그랩은 대중교통이 발달하지 않은 동남아에서 저렴한 요금, 친절한 기사, 운행 기록 보관을 통한 안전한 운행을 바탕으로 관광객과 현지인들에게 큰 인기를 끌었다. 시작은 차량호출 서비스였지만, 음식 배달, 공유주방, 퀵서비스, 전자상거래, 결제·보험과 같은 금융 서비스 등 다양한 분야로 서비스를 확대하며 슈퍼앱으로 성장해 나갔다.

거기에 더해 그랩은 정액제 및 기업 전용 서비스, 대중교통 연계 서비스 등 다양한 경험을 제공하며 모빌리티 영역을 확대했다. 월별 200달러 상당의 크레딧을 100달러로 구입할 수 있는 월정액 서비스를 출시, 안정적인 수익창출은 물론 기존 사용자를 잡아두는 락인효과[12]를 이끌어냈다. 또한 탑승시각이나 이용 이유, 출발지·도착지, 차량정보 파악 가능, 비용 청구 문제 해결 등을 위해 기업 임직원의 업무용 차량 서비스를 추가했다.

동남아 주요 도시는 한정된 대중교통 노선만 운영되는 한계가 있는데, 대중교통과 승차공유 서비스 간 조합을 통한 시스템이 필요하다고 판단, 신규 서비스인 '트립 플래너Trip Planner'를 만들었다. A에서 B로 이동할 때 구글은 대중교통과 도보, 차량을 이용했을 때 정보를 각각 별도로 제공하는데 반해, 트립 플래너는 그랩과 대중교통의 최적 조합을 제공한다.

여기서 더 나아가 그랩은 물류 인프라 부족으로 교통체증이 심각한 동남아 주요도시 내 직장인들을 위해 오토바이 음식배달 서비스인 그랩푸드GrabFood를 출시했다. 구글 지도와 GPS를 이용해 근처에 있는 추천 맛집,

---

12 소비자가 일단 어떤 상품 또는 서비스를 구입·이용하기 시작하면, 다른 유사한 상품 또는 서비스로의 수요 이전이 어렵게 되는 현상.

24시간 배달 식당 검색, 패스트푸드, 국적별 음식점, 디저트점, 커피 등 다양한 식당과 제휴해 배달 서비스를 한다.

슈퍼앱에 가장 필요한 기능인 금융 서비스도 탑재했다. 그랩은 2017년에 모바일 간편결제 서비스인 그랩페이GrabPay를 출시했다. 앱에 카드 정보를 입력하면 온·오프라인에서 결제가 가능하다. 카드나 은행계좌가 없는 고객을 위한 선불충전식 결제서비스 '그랩페이 크레딧츠GrabPay Credits'도 선보였다.

일본 신용카드 회사 크레딧세존Credit Saison과 합작사 그랩파이낸셜 서비스아시아Grab Financial Service Asia를 설립, 그랩페이를 통해 확보된 데이터를 기반으로 운전사와 차량 이용자에게 대출상품을 만들었다. 그랩 기사뿐 아니라 그랩페이 가맹점을 대상으로 소액 운영자금대출, 스마트폰이나 노트북 등 할부대출 등을 제공한다. 글로벌 손해보험사 처브Chubb와 제휴해 운전습관, 주행거리, 주행속도 등 다양한 개별 행동 데이터를 활용해 정확한 리스크를 측정하고 운전자맞춤형 보험상품을 만들어 판매했다. 시작은 택시였지만, 기존 사용자 네트워크를 기반으로 차량 공유 외에 배달, 금융 등 다양한 분야로 다각화를 추진하는 노력으로 슈퍼앱으로 자리매김했다.

텐센트

텐센트는 전 아시아 기업 중 시가총액 1~2위이다. 기업가치는 2022년

5월 28일 기준 525조 6,900억 원을 넘어섰다. PC용 메신저로 시작해 게임, 핀테크, 음악 스트리밍 등 모바일 전 분야 서비스로 혁신을 거듭했다. 중국 3대 거대 인터넷 기업 중 마윈의 알리바바는 전자상거래, 바이두는 검색에 집중했다면 텐센트는 여러 분야로 서비스를 확장해 나갔다.

1998년, 마화텅馬化騰과 장즈둥張志東등 5명이 창업한 텐센트의 초기 성공은 모방에 기반했다. 2003년 텐센트가 내놓은 PC메신저 '큐큐QQ'는 이스라엘 벤처기업이 개발한 메신저 'ICQ'를 따라했다는 일각의 지적을 받았다. 게다가 아바타 서비스인 'QQ쇼'는 당시 한국의 인터넷 메신저 세이클럽의 아바타, QQ공간은 싸이월드를 보고 따라했다는 지적도 있다.

텐센트의 차별점은 소프트웨어의 부피를 줄여 다운로드 시간을 타사 메신저보다 절반 이상 감소시킨 점이다. 당시 통신 속도가 느리던 중국 인터넷 환경에서 빠른 구동 덕분에 순식간에 중국 전역에 퍼질 수 있었다. 또한 경쟁사의 게임·포털 사이트를 유사하게 따라한 QQ게임게임 플랫폼·QQ닷컴포털을 잇따라 출시했고 성공을 거뒀다.

텐센트는 2011년 모바일 채팅 앱 '위챗'을 출시하면서 슈퍼앱으로 본격적인 변신을 시작했다. 위챗은 문자뿐 아니라 이미지·파일 공유가 가능한 기능을 추가했고 음성 채팅 기능과 기업·공인 계정 개설도 할 수 있게 했다. 출시 2년 만에 위챗은 가입자 3억 명을 넘겼다. 거기에 '위챗페이'라는 모바일 결제를 조기에 안착시키면서 모바일 시장을 독점해 나갔다. 텐센트의 위챗은 성공적으로 자리 잡았고, 이 플랫폼을 중심으로 검색·광고·쇼핑·금융·게임·결제 등 다양한 서비스를 붙이면서 슈퍼앱으로 거듭났다.

무엇보다 온라인 게임은 텐센트의 폭발적 성장을 도왔다. 2008년 한국 스마일게이트의 '크로스파이어', 네오플의 '던전앤파이터'가 중국판을 서비스하며 중국 게임 분야의 최강자로 부상했다.

2017년에는 블루홀에 투자하고 배틀그라운드의 중국 판권을 확보해 배틀그라운드 모바일을 공개하면서 게임시장을 장악했다. 투자에도 적극적으로 나섰다. 텐센트는 2011년 미국 대표 게임사인 라이엇게임즈에 4,700억 원을 투자한 것을 시작으로, 미국 에픽게임즈, '클래시 오브 클랜'으로 유명한 핀란드 수퍼셀 등 글로벌 게임사를 사들였다. 미국 전기차 회사 테슬라와 SNS 스냅에 지분투자도 단행했다.

중국 내에서도 중국판 배달의민족인 '다중디엔핑현 메이퇀', 중국 2위의 전자상거래 기업 '징둥닷컴', 구직 사이트 '58퉁청'에 대규모 투자를 했다. 더 나아가 한국의 카카오, 넷마블, 파티 게임즈, 블루홀 등에도 투자했다. 적극적인 인수합병과 지분 투자를 통해 시장에서 경쟁력을 높여나가는 전략을 펼쳤다.

슈퍼앱의 전제조건, 세금 알림·납부 원스톱

카카오·네이버vs은행, 이번엔 전자 고지전

공인전자문서중계 시장은 빅테크·이동통신사가 장악하고 있었다. 전자문서중계자는 타인을 위해 전자문서를 송수신 또는 중계하는 자를 말한다. 네이버, 카카오 등 대형 포털 앱에서 세금 알림을 받고 납부까지 원스톱으로 가능한 건 전자문서중계 라이선스 덕분이다. 이 시장에 주요 5대 은행까지 도전장을 던지면서 전자 고지 전쟁이 시작됐다.

ICT 기업과 은행이 앞다퉈 이 시장에 뛰어드는 이유는 뭘까. 바로 슈퍼앱으로의 전환을 준비하기 위해서다. 각종 공과 알림을 받고 결제까지 가능하게 하면 종합플랫폼으로서 시장을 선점할 수 있기 때문이다.

전자문서중계 시장의 성장세는 가파르다. 과학기술정보통신부에 따르면 전자문서중계자를 통한 전자문서 유통 건수는 지난 2019년 1,379만 6,069건에서 2020년 4,292만 9,364건으로 급격히 늘었다. 시장 규모로는 3조 원이 훌쩍 넘는다.

은행은 신사업 확대 차원에서 전자문서중계 시장에 눈독을 들이고 있다. 네이버·카카오 등 빅테크 플랫폼이 막강해지면서 금융 분야에서도 몸집을 불리자 은행권도 고객을 더 뺏길 수 있다는 절박함도 작용하고 있는 것으로 보인다. 전자문서중계 시장엔 네이버, 카카오페이, 토스, NHN페이코, SK텔레콤, KT, 더존비즈온, 국민은행 등 12개 사업자가 이미 진출했다.

전자문서중계자를 활용한 대표 서비스는 '모바일 전자고지'다. 국민이 공공·민간기관의 종이고지·안내문을 종이 우편 대신 모바일로 받아볼 수 있는 것이다. 은행권은 지금껏 대출 연체 등 금융 청구서, 계약서 등 다양한 금융 알림을 고객에게 종이 우편을 통해 전달했다.

그러나 소비자는 공과금을 종이 우편으로 받고 은행 애플리케이션에 따로 들어가서 납부하는 것보단, 빅테크 서비스를 이용해 원스톱으로 확인하고 납부하는 걸 선호한다. 빅테크는 이미 재산세·주민세 등 각종 지방세와 교통과태료, 범칙금 등을 플랫폼으로 알려주고 간편결제로 납부까지 할 수 있도록 연결했다.

'카카오페이 청구서'를 출시한 카카오페이는 7,300만 건의 전자문서를 발송하며 시장을 주도하고 있다. 네이버는 서울시^{지방세 청구, 민방위}·국민연금공단 등에 대한 서비스를 제공한다. 은행권도 전자문서중계자가 되면 모바일 뱅킹을 통해 고객에게 각종 알림서비스를 제공하고 납부까지 연결해서 대출 연체 방지 등 고객 편의성을 높일 수 있다. 전통 금융권도 빅테크가 주도하는 전자문서 시장에 침투할 기회를 만들고 있는 것이다.

전자문서중계 시장이 커지면서 사설 인증서 시장도 덩달아 주목받고 있다. 전자문서를 보려면 공인·사설 인증서나 비밀번호 등이 필요하기 때문이다. 빅테크·이통사는 자체 인증서를 활용해 고지서를 확인한 후 납부까지 원스톱으로 제공한다. 이를 통해 고객을 플랫폼에 가두는 '락인 효과'를 톡톡히 누리고 있다. 은행도 자체 사설인증서 구축을 하고 있는 만큼 전자문서중계자 라이선스 획득을 통해 시너지를 노리고 있다.

은행이 공인전자문서중계자에 뛰어드는 데는 2023년 본격 성장할 마이데이터 시장 선점을 위한 포석도 깔려 있다. 모바일 전자고지를 마이데이터 서비스에 접목해 다양한 서비스를 하나의 앱에서 제공하는 맞춤형 서비스를 만들어낼 수 있기 때문이다.

금융 슈퍼앱의 끝판왕, 금융 월렛

금융 서비스는 쇼핑 결제나 예적금, 대출 등에서 그치지 않는다. 세금과 공과금 분야는 반드시 납부해야 하기 때문에 고객을 유치할 수 있는 가장 용이한 금융 서비스이다.

예컨대, 네이버에서 세금 알림을 받고 네이버페이로 세금 납부를 하는 경험을 하고 나면, 앞으로 고객이 세금을 내는 일은 정기적으로 네이버에서 이루어질 가능성이 크다. 한 번 세금 간편 납부 서비스를 경험한 고객은 각종 공과금 알림과 결제까지 네이버에서 진행하게 된다. 이렇게 유입된 고객은 네이버란 생태계에 익숙해져 쇼핑, 게임, 검색 등도 네이버로 하게 되고 다른 앱은 사용하지 않을지도 모른다. 여기서 전통 은행권은 위기 감을 느꼈다. 결제나 납부만큼은 본인들의 주된 영역이라 자신했기 때문에 빅테크를 상대로 느끼는 위기감은 더욱 클 수밖에 없다.

빅테크에 더이상 금융 고객을 빼앗길 수 없다는 절박한 심정으로 5대 시중은행은 세금, 백신 접종 등 각종 공공기관 고지서뿐만 아니라 통신요 금·카드연체 등 민간 알림까지 모바일로 받아볼 수 있는 전자문서중계 시 장에 진출하는 것이다. 금융권이 전자문서중계 시장에 진출한 적은 유례가 없다.

KB국민, 우리, 신한, 하나, 농협 등 주요 5대 시중은행이 공인전자문서 중계 시장 진출에 도전장을 내민 건대, 전자문서중계자는 전자문서를 유통 할 수 있는 서비스를 갖춘 회사를 온라인 등기우편 사업자로 인증하는 제 도이다. 인증 담당 기관은 과학기술정보통신부다.

은행들 중에서도 KB국민은행이 가장 적극적이다. 국민은행은 2021년 12월 과학기술정보통신부로부터 공인전자문서중계자로 인정받았다. 이후 금융을 넘어 각종 청구서·알림 서비스 등까지 단일 플랫폼에서 이용할 수 있는 생활금융 플랫폼으로 도약하는데 속도를 내고 있다. 빅테크와의 플랫 폼 주도 경쟁이 전자문서중계 시장으로 옮겨붙은 셈이다.

국민은행은 모바일 뱅킹 앱을 통해 카드, 보험 등 계열사 알림을 제공 할 계획이다. 각종 금융 청구서, 계약서 등 기존 우편 등기로 해야 했던 알림을 모바일로 제공한다. 재산세, 자동차세, 예비군 통지서, 통신 요금, 백신 및 재난지원금 등 생활 속 공공·민간 알림을 모두 모바일 뱅킹 앱에서 한꺼번에 제공해 슈퍼앱을 만들겠다는 구상이다.

우리·신한·하나은행은 전자문서중계자 라이선스 획득을 준비하고 있다. 농협은행도 진출을 검토하고 있다. 은행권은 하나의 슈퍼 금융앱 플랫폼에서 각종 고지서를 받고 결제까지 원스톱으로 가능한 금융 월렛 구축을 목표로 한다. 은행이 공인전자문서중계자에 뛰어드는 배경엔 데이터 시장 선점을 위한 배수진도 깔려 있다. 전자문서를 중계하면 마이데이터 서비스에 접목할 수 있기 때문이다. 신용정보 기반의 맞춤형 금융 서비스를 제공하면서 동시에 일상생활에서 챙겨야 할 각종 고지서를 알아서 해결해 주는 금융 슈퍼앱을 만든다는 복안이다.

현재 전자문서중계 시장은 빅테크·이동통신사가 주도하고 있다. 빅테크·이통사가 전자문서 중계로 플랫폼 영향력이 막대해지자 은행들이 대응에 나선 것인데, 빅테크·이통사는 200여 개 기관·기업 전자문서 수천만건을 중계하면서 플랫폼 영향력을 키우고 있어 앞으로 은행권과 빅테크·이통사간 슈퍼앱 경쟁은 더욱 치열해질 전망이다.

슈퍼앱의 추가된 조건, 백신·재난지원금 등 행정 서비스

코로나19 백신 접종이나 교통 과태료 등을 알려주는 행정안전부의 대표적인 행정서비스인 국민비서 알림서비스 '구삐'가 은행·카드·이통사 등 민간 플랫폼으로 확대된다. 구삐를 품은 민간 플랫폼은 슈퍼앱이 되기 위한 주요 기능을 탑재한 격이다. 슈퍼앱은 그야말로 앱 하나로 모든 생활이 가능하도록 해야 한다. 코로나19 팬데믹을 겪으며 사람들은 앞으로 백신 접종 여부와 재난지원금 등 행정서비스를 수시로 챙겨보는 생활습관이 생겨났다. 쇼핑, 모빌리티, 메신저뿐 아니라 다양한 행정서비스까지 제공한다면 슈퍼앱으로 자리매김하는데 유리하다.

구삐는 건강·주택, 세금·고지·미환급금, 주민등록, 내 정보조회 내역 확인, 교육, 자동차·교통, 보수교육 등 7개 분야 20여 종 이상을 안내하고 있다. 백신접종부터 재난지원금, 교통범칙금, 운전면허 갱신, 국가장학금, 운전면허 적성검사, 어린이 통학버스, 건강검진일까지 자주 사용하는 앱을 통해 알림 서비스를 받을 수 있다. 인공지능 챗봇 서비스를 통해서는 경찰 민원과 사이버범죄 등의 상담도 가능하다.

지금까진 네이버, 카카오, 토스 등 3개 대형 빅테크에서만 제공됐지만 민간 사업자가 구삐를 통해 대국민 서비스를 크게 늘리기로 했다. 신한은행, 신한카드, KB국민은행, KB국민카드 등 4개 금융기관이 2022년 5월 행정안전부와 협약을 맺고 나섰고, 다른 시중은행과 카드사, 통신사와 핀테크 기업들도 참여를 타진하고 있다.

행정안정부는 국민비서 참여 기업 평가 기준으로 플랫폼 영향력, 높은 보안 수준 등을 꼽았다. 애플리케이션 다운로드 수, 이용자 수 등을 고려해 대중이 많이 사용하는 플랫폼을 우선 채택할 것으로 전망된다. 보안력, 개발 능력 등도 살펴본다는 입장이다.

특히 금융사 등 다양한 플랫폼이 참여할 수 있도록 국민비서 알림 제공을 표준 응용프로그램개발환경 형식으로 전환한다. 표준 API를 통한 데이터 전송의 경우 신규 플랫폼 진입이 용이해진다는 장점이 있다. 기존 네이버, 카카오, 토스 등은 행정안전부와 정보 송·수신 환경 개발을 각각 진행했다. 백신 접종일 변경 등 급변하는 정부 알림도 신속하게 국민비서 서비스에 반영되도록 유관 부서·기관과 협의한다. 과거 백신 2차 접종일이 앞당겨지는 등 정부에서 사전 협의되지 않은 알림 내용이 추가된 경우 알림이 지연되던 불편함 등을 개선하기 위한 조치다.

행정안정부는 30종 이상 서비스를 지속적으로 추가할 계획이다. 국민비서 서비스는 2021년 3월 시작되었다. 구삐는 생활에 필요한 교통, 건강, 교육 등 생활정보를 플랫폼을 통해 편리하게 제공하는 개인 맞춤형 행정정보 알림 서비스로, 코로나19 확산으로 백신 접종 등 관련 정보 필요성이 커지면서 서비스 이용이 크게 증가했다. 국민비서 가입자는

1,400만 명을 넘어서 국민 4명 중 1명이 이용하고 있다. 앞으로 은행과 카드사의 앱으로 백신접종 예약 알림, 국민지원금 안내 등으로 익숙한 국민비서 구삐 서비스를 이용할 수 있게 되면 기업 입장에서는 고객 유인에 상당히 유리해질 것으로 전망된다.

'마이데이터-전자문서중계-행정알림' 슈퍼앱의 삼박자

국민비서 서비스는 정부부처에서 발송하는 안내문이나 고지 등 개인에게 필요한 행정 정보를 받을 수 있어 국민적 관심이 높은 서비스로 꼽힌다. 백신 접종, 국민지원금, 교통범칙금 등 생활에 필수적인 정보를 제공하는 플랫폼은 고객 유입 확보에서 압도적으로 유리할 수밖에 없다.

2023년 본격화할 마이데이터, 공인전자문서중계와 시너지도 기대된다. 종합 금융 플랫폼으로서 입지를 다질 수 있는 절호의 기회이기에 빅테크뿐만 아니라 금융사, 이동통신사까지 앞다퉈 뛰어드는 이유다.

은행 앱에서 교통범칙금 같은 정부 알림을 제공하면 결제까지 한번에 연결할 수 있기 때문에 구삐는 금융권이 눈독들이는 서비스다. 향후 마이데이터, 공인전자문서중계, 사설인증서 등과 시너지를 일으킬 수 있기 때문이다. 또 월간 활성 이용자 수를 대폭 늘려 플랫폼 규모를 키울 수 있다.

현재 국민비서 서비스를 제공하는 플랫폼은 네이버·카카오·토스 등 3개사지만 앞으로 금융권뿐 아니라 통신사, 핀테크 기업 등 다양한 플랫폼 기업으로 확대될 전망이기 때문에 이종산업 기업들은 주목해야 할 필요가 있다. 생활 밀착형 서비스를 집대성한 슈퍼앱이 대세가 될 것으로 이에 대한 사업기회를 엿봐야 한다.

코로나19가 장기화하면서 빅테크 영향력은 날로 커졌다. 백신 접종과 국민지원금 지급과정에서 국민들에게 빠르고 쉽게 정보를 전달할 수 있는 창구 역할을 톡톡히 했기 때문이다. 반면 기존 은행들은 발등에 불이 떨어졌다. 모든 금융사가 플랫폼 기업 전환을 외쳤지만, 빅테크·핀테크와의 생존 경쟁에서 뒤떨어져서다.

기존 금융사는 억울하단 입장이다. 정부가 올해 초 국민비서 서비스 제공기업을 선정하면서 애초 금융사를 거론하지 않았다는 것이다. 금융권에선 '기울어진 운동장'을 지적해왔다. 금융사는 지금이라도 반드시 행정 알림 서비스를 적용하겠다는 의지가 강하다.

은행권은 하나의 금융앱 플랫폼에서 각종 고지서를 받고 결제까지 한 번에 가능한 금융 월렛 구축을 목표로 한다. 은행이 국민비서 서비스에 뛰어드는 배경엔 데이터 시장 선점을 위한 배수진도 깔려 있다. 국민비서 서비스를 제공하면 내년에 개화할 마이데이터 서비스에 접목할 수 있기 때문이다.

신용정보 기반 맞춤형 금융 서비스를 제공하면서 동시에 일상생활에서 챙겨야 할 각종 고지서를 알아서 해결해 주는 금융 슈퍼앱을 만든다는 속셈이다. 특히 금융사들은 국민비서와 함께 생활 밀착형 서비스 확보에 주목하고 있다. 주요 은행들은 음식 배달, 택배, 라이브커머스, 축산물 구매 등 생활 서비스를 자체 모바일 앱에 탑재하는 추세다.

궁극적인 목표는 플랫폼 금융으로의 변신이다. 금융사들은 대형 ICT 기업처럼 소비자들의 생활 데이터와 결제 정보 등을 활용해 새로운 금융 결합 상품 제공 등을 준비중이다.

슈퍼앱의 핵심, 본인확인 시장

본인확인기관은 '슈퍼 금융앱'을 완결하는 핵심으로 불린다. 방송통신위원회는 2022년 6월 국민은행, 카카오뱅크, 신한은행, 하나은행 등 4사에 대한 본인확인기관 지정을 의결했다. 본인확인기관은 정보통신망법 제23조의2에 따라 온라인 상에서 주민등록번호가 아닌 아이핀, 휴대폰, 신용카드, 인증서 등 대체수단을 이용해 본인 여부를 확인해주는 기관을 뜻한다. 지정 담당 기관은 방송통신위원회다.

핀테크 등 신규 IT 서비스가 활성화되면서 본인확인 수요가 크게 증가함에 따라 최근 기관 지정 신청이 늘었고, 시중은행들뿐 아니라 NHN페이코 등 핀테크 기업이 본인확인기관 신규 지정을 받는 데 도전장을 내민 상태다.

그동안 통신사가 사실상 독점했던 본인확인 시장 지형이 깨지면서 경쟁구도가 형성된 것인데, 전자상거래 업체들의 비용 부담이 줄어들 수 있다는 분석이 나온다. 또한 아직 공동인증서 등을 발급받지 않은 이들이 향후 금융거래를 시작할 때 각 은행 플랫폼으로 끌어들일 수 있는 유인으로도 작용할 수 있다. 2021년 은행권에서 국민은행이 유일하게 도전했지만 고배를 마신 뒤 2022년 전 은행권이 뛰어들었고 4개 은행이 지정을 받는 데 성공했다. 농협은행, 우리은행 등 타 금융기관들도 본인확인기관 획득을 준비 중이다.

본인확인 서비스는 공인인증서 의무화 폐지로 치열해진 사설인증서 시장과 맞닿아 있다. 사설인증서 사용에 앞서 거쳐야 하는 관문이 본인확인 서비스다. 금융 거래를 포함해 대부분 비대면 서비스에선 본인확인이 필수기 때문이다.

금융사와 핀테크가 앞다퉈 본인확인 서비스에 주목하는 배경에는 슈퍼 금융앱 선점을 위한 배수진도 깔려 있다. 신용카드사, 신용평가사 등 수십 곳이 본인확인기관으로 지정돼 있지만 이통 3사 패스가 90% 이상 본인확인 시장을 독점하고 있다. 본인확인 기관이 아닌 곳은 최초 서비스 가입 단계부터 다른 플랫폼에 의지할 수밖에 없는 구조다.

하나의 앱에서 본인확인부터 금융상품 가입까지 원스톱으로 제공한다면 금융 플랫폼 경쟁에서 우위를 점할 수 있다. 은행은 본인확인기관 획득을 통해 회원 가입이나 비밀번호 변경·탈퇴 등 본인인증이 필요할 때 패스 등 다른 앱을 거치지 않고 자사 플랫폼에 고객을 묶어 두는 락인 효과를 노리고 있다.

금융사는 본인확인기관 지정을 통해 모바일 인증서 관련 신사업 확대를 본격화할 것으로 전망된다. 디지털 신분증, 공공행정 서비스 등 정부 사업에 입찰할 때도 유리한 고지를 점할 수 있다. 핀테크 등 기존 서비스와 연계하거나 정식 출범한 마이데이터에서 시너지를 낼 것으로 기대된다.

본인확인기간 진출 배경은?

은행과 핀테크 기업이 본인확인기관에 사활을 거는 배경에는 이동통신 3사에 종속되지 않고 벗어나려는 일과 수수료 문제 등이 얽혀 있다. 이통 3사가 운영하는 '패스PASS' 애플리케이션은 전체 본인확인 서비스 시장의 90% 이상을 차지한다. 은행과 핀테크 기업이 본인확인기관으로 지정되면 이통 3사가 운영하는 패스 앱에 의존하지 않고 여러 분야에서 다양한 서비스를 제공할 수 있게 된다.

금융사뿐만 아니라 전자상거래, 인터넷·포털 기업, 게임 업계, 공공기관 등 2만 개가 넘는 기관이 패스 앱을 쓰고 있다. 패스 가입자는 3,500만 명이 넘는다. 이는 통계청이 2020년 인구주택총조사에서 밝힌 생산연령 인구로, 3,575만 명 수준이다. 결국 대다수 국민이 인증 수단으로 패스를 쓰고 있는 셈이다. 코로나19 사태로 비대면 수요가 늘면서 온라인상의 본인확인 서비스 수요도 덩달아 급증하고 있다.

이통 3사가 패스 본인인증으로 벌어들이는 수익은 최근 5년간 3,000억 원이 넘는다. 상황이 이렇자 기업들은 이통 3사에 지불해야 하는 수수료가 부담스럽다고 호소한다. ICT 기업은 건당 30~40원의 수수료를 이통사에 지급하는데 이는 연간 100억 원 이상이다. 금융사도 20억~30억 원을 통신사에 수수료로 내고 있다. 은행 관계자는 "패스 종속화가 된 상황에서 만약 이통 3사가 수수료를 올리면 타격이 불가피하다"면서 "다수 은행이 연대해 본인확인기관 문을 두드려서 이통 3사 독점체제에 균열을 내야 한다"고 말한다.

은행권은 본인확인기관 자격을 획득해 대포폰 사기 등 각종 금융사기를 줄이겠다는 목적도 있다. 은행 측은 실명확인과 동시에 본인확인을 할 경우 대포폰, 신분증 탈취 등 각종 디지털 사기가 줄어들 수 있다고 보고 있다. 빅데이터 확보라는 이점도 있다. 고객이 어느 웹사이트에서 본인확인을 하는지에 대한 정보를 얻을 수 있다. 무엇보다 본인확인기관은 슈퍼 금융 플랫폼이 되기 위한 마지막 과제다. 본인확인은 금융 서비스를 완결하는 핵심으로 꼽힌다.

독자 인터넷전문은행으로 슈퍼앱 돌파구를 찾아라

대형 금융지주사들이 인터넷전문은행 독자 설립을 위한 검토에 착수했다. 기존의 무거운 전통은행 모바일 뱅킹 앱으론 MZ세대를 아우르는 서비스가 불가능하다는 판단이다. 완전 새로운 개념의 인터넷전문은행을 세우고, 이 플랫폼을 중심으로 여러 서비스를 붙이는 슈퍼앱 전략을 내세울 가능성이 크다.

지금까지 기존 금융사는 카카오 및 KT 등 정보통신기술 기업이 주도하는 인터넷은행에 일부 지분을 얹는, 발만 담그는 형태였다. 그러나 디지털 채널 부상 등으로 금융 서비스도 플랫폼 기반으로 급변하자 금융사가 직접 인터넷은행을 설립하자는 의견을 모으고 내부 협의를 시작했다. 카카오뱅크, 케이뱅크, 토스뱅크에 이어 제4의 인터넷전문은행 영역에 기존 금융사의 참여도 확실시되고 있다.

국내 금융지주사들의 인터넷전문은행 도전에는 중국의 거대 인터넷 기업인 텐센트와 알리바바의 성공이 영향을 미친 것으로 보인다. '위뱅크'

와 '마이뱅크'는 2015년 출범한 중국의 민영 인터넷은행으로 텐센트와 알리바바가 각각 지분을 보유하고 운영중이다.

2023년 시중 대형 지주사의 인터넷전문은행 독자 설립이 본격화될 전망이다. 이미 별도의 인터넷전문은행 설립 추진을 위한 논의는 2021년부터 시작됐다. 기존 레거시 금융인 지주사 및 은행을 중심으로 인터넷전문은행 설립을 추진하기 위해 금융사와 은행연합회가 함께 움직이고 있다.

ICT 기반 인터넷전문은행에 비하면 기존 금융사의 경우 판관비, 인건비 등 비용 수준이 현저히 높다. 몸집 줄이기에 사활을 거는 이유다. 경쟁력이 급속도로 약해지면서 이에 대한 타개책으로 내부 인터넷전문은행 설립을 통해 자체 혁신을 내재화하겠다는 전략이다.

대형 지주사와 은행들은 빅테크에 대응해 별도의 인터넷전문은행을 독자적으로 설립할 수 있도록 정부의 제도 개선이 필요하다고 말한다. 금융 당국도 전통 금융사의 진입에 문제가 없다는 의견이다. 디지털 금융 부문에서 공정한 경쟁 생태계 조성에 더 큰 도움이 될 수 있다는 판단에서다.

기존 금융사에서 인터넷전문은행 독자 설립을 추진한다면 긍정적인 검토가 가능하다는 입장이다. 인터넷전문은행은 라이선스 사업이어서 금융 당국의 허가가 필요하다. 지금까진 ICT 기업이 주도해서 인터넷은행을 이끌었다면 이제부터는 기존 금융사 주도로 이커머스, 통신사 등을 끌어들

여서 혁신할 수 있다는 기대감이 들고 있다. 전통 지주사, 은행이 인터넷전문은행을 설립할 경우 100% 자회사로 설립할 공산이 크다.

현재 국민은행은 카카오뱅크 지분을 9% 보유하고 있다. 우리은행도 케이뱅크 지분 26%를 보유했다. 그러나 경영 참여가 없는 지분 투자로는 한계가 있는 만큼 금융사가 주도하는 형태의 인터넷전문은행을 구상하고 있다.

일각에선 기대감과 함께 우려의 목소리도 나오고 있다. 기존 금융사는 이미 자사 모바일뱅킹을 운영하고 있어 신규 인터넷전문은행 추가 설립으로 차별화하기가 어렵다는 것이다. 또한 카카오뱅크, 케이뱅크, 토스뱅크 등 이미 시장에 나온 인터넷전문은행이 있어 기존 금융사가 혁신에 크게 뒤질까 걱정이 많지만 과거에 비해 은행들도 자사 모바일뱅킹 수준을 많이 끌어올린 상황으로, 추가 인터넷은행 설립은 전력 분산이 될 수도 있다는 것이다.

과거 하나금융그룹이 주도해 SKT와 함께 인터넷전문은행 설립을 시도했지만 실패한 전력도 있다. 그러나 기존 금융사가 인터넷전문은행을 독자 설립할 경우 현재 빅테크가 주도하는 금융업계의 판도를 뒤집을 수 있다는 긍정적 기대감이 크다.

기존 레거시 금융사가 인터넷전문은행을 설립하면 디지털 인력을 70% 이상 채우는 등 기존 금융사가 진행하는 모바일뱅킹과는 전혀 다른

개념의 은행이 탄생할 수 있다. 기존 자사의 모바일뱅킹과 신규 인터넷전

문은행을 경쟁시켜서 자체 혁신을 끌어내는 효과도 낼 수 있다.

막 오르는 디지털 화폐 시대, CBDC에 주목하라

최근 현금 이용 감소세가 가팔라지고 경제의 디지털 전환이 가속화되는 한편, 빅테크의 시장지배력과 데이터 집중, 글로벌 스테이블코인의 등장 등으로 금융·경제 여건이 빠르게 변화하고 있다. 현금 이용 감소가 지속되는 상황에 대응해 편의성과 안전성 그리고 신뢰성을 갖춘 저비용의 새로운 보편적 지급수단을 제공하는 디지털 기반의 공공화폐인프라 구축에 대한 사회적 요구가 커지고 있다. 현금 이용 감소는 일부 취약계층에게 큰 불편을 초래할 뿐 아니라 중앙은행 실물화폐를 중심으로 구축된 기존 통화시스템에 대한 신뢰 약화를 초래할 수 있단 우려가 제기된다.

경제 및 금융 전반의 디지털 전환을 뒷받침할 수 있도록 기술 변화에 발맞추어 공공 화폐 인프라를 고도화할 필요성이 커지고 있다. 디지털화에 따른 역사적인 화폐 전환기를 맞아 빅테크 주도로 선불지급수단, 가상자산, 스테이블코인 등 다양한 민간 화폐가 등장하고 있다. 그러나 빅테크의 시장지배력 강화와 개인정보 집중 심화 우려에 대한 대응의 일환으로 개방적 공공화폐 인프라의 중요성도 대두되는 상황이다.

가령 빅테크가 영향력을 키우면 높은 수수료에 대한 부담이 커질 수밖에 없다. 빅테크가 초기 빠른 성장을 위해 무료로 서비스를 제공하면서 이용자를 빠르게 늘려나가다가, 이후 시장지배력이 높아지면 이용자에게 높은 수수료를 부과해 감춰진 비용을 전가함으로써 수익을 극대화하고 진입장벽을 형성할 수 있다는 우려인 셈이다.

예를 들어 최근 구글과 애플 등 앱마켓 사업자가 애플리케이션 및 컨텐츠 구매시 자사 결제시스템을 사용하도록 강제하고 약 15~30%의 높은 수수료를 부과하는 인앱 결제 강제 관행이 큰 논란을 야기한 바 있는데, 이런 방식의 일이 민간화폐와 결제 시장에서 똑같이 반복될 수 있다는 것이다. 이뿐 아니라 개인정보의 상업적 이용, 데이터 사일로화silo, 데이터가 한 곳에 갇혀 있는 현상로 인한 혁신 저해, 독과점 구조 고착화 등을 유발할 수 있다. 민간 스테이블코인 확산 가능성에 대한 정책 대응의 일환으로 CBDC 도입 필요성이 제기된다.

CBDC란 무엇인가

가상자산 약세장과 함께 스테이블코인 시장의 안정성에 대한 의구심이 확산되고 있는 가운데, 세계 105개 주요 국가들이 일제히 중앙은행 디지털화폐CBDC 연구에 속도를 내면서 CBDC에 주목하고 있다.

CBDC는 중앙은행이 발행하는 디지털 형태의 화폐를 뜻한다. 중앙은행이 금융기관 이외 일반 국민에게 계좌를 제공하는 방안은 예전부터 논의됐지만 중앙은행 디지털화폐 용어가 등장하고 관련 연구가 본격화된 것은 최근이다.

2019년 6월 세계 최대 소셜미디어인 페이스북이 민간 주도 글로벌 결제통화 '리브라' 발행 계획을 발표하면서 각국 중앙은행과 감독당국이 비상한 관심을 보인 바 있다. 특히 핀테크가 발달하고 비트코인 등 가상자산의 지급결제 수단 대안 가능성이 거론되는 가운데 일부 국가에서 현금 사용이 감소하면서 CBDC가 더욱 주목받고 있다. 최근 국제결제은행BIS 등 국제기구와 각국 중앙은행을 중심으로 CBDC 발행에 대한 연구개발 및 관련 사업이 활발히 진행되고 있다.

페이스북이 촉발한 CBDC 이슈, 그 결과는?

페이스북은 높은 가치변동성 등 기존 가상자산의 한계를 개선하기 위해 주요국 통화가치에 연동된 글로벌 스테이블코인 '리브라^{Libra}'를 2020년 상반기 중 발행할 계획이라고 2019년 6월 최초 발표했다.

리브라는 인증된 구성원만이 네트워크 운영에 참여할 수 있는 허가형 블록체인 기반 스테이블코인으로, 이를 발행하기 위해 23개 글로벌 기업이 참여한 독립기관인 '리브라 협회'를 설립했다. 비허가형으로 점차 전환해 완전한 탈중앙화를 목표로 삼았다.

페이스북의 자회사가 준비중인 전자지갑 '칼리브라^{Calibra}'를 통해 송금, 결제 등 리브라 기반 지급서비스 제공을 구상했다. 그러나 이러한 계획은 주요국 중앙은행과 규제 감독당국의 비판에 부딪혔다. 규제당국은 리브라 발행 이용 확산이 각국의 통화·금융시스템을 위협하고 자금세탁, 테러자금조달 등 불법거래를 촉진할 수 있다는 우려를 강력하게 제기했다.

2020년 4월 페이스북은 결국 미달러화, 유로화 등 각국의 법정화폐 가치와 1:1로 연동되는 개별통화 리브라를 발행하는 것으로 계획을 수정했다. 국가간 지급과 리브라 발행 대상국이 아닌 국가에서의 지급 등에 이용될 수 있도록 각 개별통화 리브라를 기초자산으로 하는 '리브라코인^{Libra Coin}' 발행계획을 발표했다. 불법 거래 등 리스크 관리를 위해 리브라 네트워크 도입 후 비허가형 블록체인으로 전환하려던 기존의 계획을 철회했다.

같은 해 10월 페이스북은 사명을 '메타Meta'로 하며 대대적인 이미지 변신에 나섰다. 페이스북과 인스타그램, 왓츠앱 등은 애플리케이션은 명칭은 그대로 유지하지만 무한대를 뜻하는 수학 기호$^{\infty}$ 모양의 새로운 회사 로고를 선보였다.

사명 변경과 함께 12월 리브라와 디지털 지갑을 개발하는 자회사 '칼리브라'의 명칭도 각각 '디엠diem' 과 '노비novi'로 변경했다. 그러나 결론적으로 사업은 성공하지 못했다. 메타는 가상자산 디엠을 2020년 중 출시하겠다고 했으나 2022년 1월 이 사업을 정리했다. 메타는 2021년 10월 가상자산 거래소 코인베이스와 손을 잡고 노비의 시험 서비스를 시작했다. 하지만, 불과 9개월 만인 2022년 7월 이 사업도 접기로 했다.

미국 정보기술 전문 매체 테크크런치TechCrunch에 따르면 메타는 전자지갑 서비스 노비를 9월 종료하기로 했다고 전했다. 메타는 앞으로 노비 전자지갑에 가상자산을 입금할 수 없다며 서비스가 중단되기 때문에 디지털지갑에 보관된 코인을 빨리 인출하라고 알렸다는 것이다. 메타는 노비의 전자지갑 기술을 향후 3차원 가상 공간인 메타버스 사업에 활용하겠다고 밝혔으나 외신들은 메타의 가상자산 프로젝트가 잇따라 좌초하고 있다고 지적하고 있다.

디엠은 달러, 유로화 등 다양한 통화로 구성된 통화 바스켓에 그 가치를 연동시키는 가상자산 프로젝트로 전 세계에서 스테이블코인과 CBDC의 관심을 촉발하는 중요한 계기가 됐다. 가상자산은 매일 가격이 급변하는 탓에 지불 수단으로 쓰기에는 안정성이 떨어진다. 이 단점을 보완하기 위해 법정 화폐 혹은 실물 자산과 가격이 연동되도록 만든 것이 스테이블코인인데, 더 나아가 아예 중앙은행이 보증을 서고 현금과 같은 가치로 발행하는 디지털화폐가 CBDC다.

여기서 더 나아가 디엠은 단일 법정화폐와 직접 연동되는 복수의 스테이블코인을 발행하고, 이 스테이블코인들을 '통화 바스킷' 안에 담아 가치를 담보하는 자체 가상자산을 만들겠다는 심산이었다. 디엠은 각 법정화폐 연동 스테이블코인으로 향후 중앙은행 디지털화폐로 대체 가능하기 때문에, 결과적으로 CBDC를 디엠 네트워크에 포용하기 쉬운 구조를 구상했던 것으로 보인다.

중간에 은행을 끼지 않고도 빠른 사용자 간 송금과 결제가 가능한 '글로벌 디지털화폐'를 목표로 한건데, 페이스북을 통해 새로운 금융인프라를 구축하겠다는 것이다. 예컨대 페이스북은 이용자가 디엠을 구매해 전자지갑 '칼리브라'에 저장하고, 이를 페이스북 메신저에 등록한 친구에게 전송할 수 있도록 하겠다고 했다.

메타는 이 코인을 통해 수수료 없는 상품 결제·송금 서비스를 제공하고자 했다. 디엠의 특징은 누구나 사용하기 쉬운 글로벌 통화 리브라가 기존 해외송금에서 걸리는 시간을 대폭 줄일 수 있으며, 복잡한 결제망을 거치지 않는 만큼 수수료도 거의 없다는 것이었다. 게다가 디엠은 은행 계좌가 없어 기존의 금융 서비스 시스템을 사용할 수 없는 수십억 명의 사람들에게 새로운 금융 서비스를 제공하는 것을 목표로 했다. 또 리브라는 비트코인이나 이더리움과 달리 주요국의 법정통화와 채권 등을 담보로 하는, 가치가 안정된 스테이블코인이라는 강점을 내세웠다.

20억 명의 사용자를 보유한 페이스북과 블록체인·가상자산을 결합한다면 은행 계좌가 없는 사람들도 안전하고 저렴하게 자금을 이동할 수 있을 것으로 기대됐다. 리브라 발표 이후 공개된 '리브라 관련 의문에 대한 답변' 페이지에도 "리브라를 활용한 금융포용Finacal Inclusion을 통해 개발도상국 등에서 기본적 금융서비스 접속 문제가 해결되어, 누구나 사용할 수 있다"고 밝힌 바 있다.

그러나 스테이블코인과 CBDC에 대한 전 세계 관심을 유발한 리브라, 즉 디엠이 실패한 이유는 뭘까. 미국 등 주요국 정부와 금융감독 기관의 반대에 부딪히며 사업을 지속하지 못한 것으로 보인다. 메타, 즉 페이스북은 이용자 데이터를 독점하다시피 한 대형 ICT 기업으로서 국가 고유 권한인 통화 시스템까지 장악하려 한다는 비난을 피하기 어려웠다.

메타가 대내외적인 환경 등의 이유로 가상자산에 대한 사업에 대해 한 발짝 물러섰지만 메타가 메타버스를 주력 사업으로 삼은 만큼, 블록체인과 가상자산에 대한 관심은 놓지 않을 것으로 예상된다. 자체적인 글로벌 결제 네트워크를 구축하겠다는 메타의 시도는 끝나지 않을 것으로 예상된다.

벌써 메타가 페이스북과 인스타그램에서 사용할 수 있는 새로운 코인 사업을 준비하고 있다는 소식도 조금씩 흘러나오고 있다. 외신들은 메타가 최고경영자인 마크 저커버그의 이름을 딴 가상자산, '저크벅스^{Zuck Bucks}'를 개발하고 있다고 보도했다.

메타는 자사의 SNS 사용자 수가 정체되자 새로운 사업으로 메타버스를 내세우고 있는데, 관계자들은 '저크벅스'는 일반 비트코인과는 달리 메타버스 공간에서 결제 수단을 대신할 게임머니와 같은 것으로 전망했다.

메타는 또 이와 별개로 인앱^{in-app} 토큰을 도입해 이용자들이 인스타그램에서 좋아하는 크리에이터에게 보상으로 지급하거나, 페이스북 그룹에서 공헌도가 높은 사람에게 대가를 지불하는 데 이용하도록 할 계획으로 알려졌다.

스테이블코인, CBDC의 적수?

"스테이블코인과 CBDC는 공존도 가능하지만 장기적으로 둘 중 하나만이 살아남을 수도 있다."

〈*"Although a solid case can be made for the coexistence of stablecoins and CBDCs, plausible scenarios could also lead to the long-term preeminence of either instrument,"*〉 Bode et al.McKinsey, 2021

글로벌 컨설팅 업체 맥킨지McKinsey & Company는 CBDC와 스테이블코인의 공존 가능성에 대해서 인정하면서도 장기적으론 둘 중 하나만이 살아남을 수 있다고 내다봤다. 스테이블코인이란 기존 가상자산의 변동성을 줄이기 위해 법정화폐 가치에 연동하도록 설계된 통화다.

2021년 10월 발표된 맥킨지는 연례 글로벌 페이먼츠 리포트Global Payments Repore를 통해 CBDC와 스테이블코인이 도입 초기에 공존할 가능성이 있다고 전망했다. 현재 가상자산 시장에선 CBDC는 미래를 예측하기에도 이른 초기 단계인 반면, 스테이블코인의 경우 이미 상당수 유통이 이루어지고 있는 상황이다.

최근 가상자산 시장의 빠른 성장을 배경으로 테더USDT, USD코인USDC 등 1,200억 달러 이상의 스테이블코인이 발행되어 가상자산 거래와 탈중앙화금융 등의 결제수단으로 활용되고 있다. 맥킨지가 CBDC와 스테이블코인이 공존할 수 있다고 보는 이유는 시장유통의 시간 격차 때문이다. 중앙은행들은 CBDC의 도매·소매 사용, 국내 거래, 국가 간 외환 거래 등의 지원 여부를 결정하지 않았다. 아직 공식적으로 세계에서 단일 CBDC를 발

주요 스테이블코인 개요

구분	발행연도	발행국발행사	담보
Tether	2014	홍콩테더리미티드	미달러화 예금 등
USDC	2018	미국서클	미달러화 예금 등
BUSD	2019	홍콩바이낸스, 미국팩소스	미달러화 예금 등
DAI	2017	- MakerDAO	이더리움, USDC 등

출처: 코인마켓캡CoinMarketCap

행하는 국가는 없다.

맥킨지가 CBDC와 스테이블코인이 공존할 수 있다고 보는 이유는 시장유통의 시간 격차 때문이다. 중앙은행들은 CBDC의 도매·소매 사용, 국내 거래, 국가 간 외환 거래 등의 지원 여부를 결정하지 않았다. 아직 공식적으로 세계에서 단일 CBDC를 발행하는 국가는 없다.

동카리브해에서 발행된 CBDC의 경우 중앙은행에 예금 계좌를 보유한 사람만 이용할 수 있다. 중국에서 발행되고 있는 디지털 위안eCNY도 민간 은행을 통해 소비자들에게 유통하고 있다.

스테이블코인은 은행을 거치지 않고 자체 발행해 독자적으로 활용이 가능하다. USDC 같은 스테이블코인은 허가 없이 블록체인을 통해 발행이 가능하고 월렛만 있으면 전 세계 어디서든 거래할 수 있어 수요도 늘고 있다.

결국 스테이블코인이 급속도로 성장하며 중앙은행에게 도전장을 내밀었다고 해석할 수 있고, 그에 대한 중앙은행의 대응이 CBDC인 셈이다. 미국 중앙은행인 연방준비제도를 이끄는 제롬 파월Jerome Powell 의장은 미국이 CBDC를 발행할 경우 스테이블코인 등의 가상자산이 필요없어질 것으로 보기도 했다. 연준이 현재 검토 중인 CBDC, 즉 디지털 달러를 발행하기로 결정한다면 민간 가상자산과 스테이블코인의 필요성이 크게 줄어들 것이라는 뜻으로 풀이된다.

앞으로 스테이블코인과 CBDC가 공존할지 경쟁할지 쉽게 예측하긴 어렵다. 다만 민간에서 자유롭게 유통되던 스테이블코인이 불안정한 흐름을 보이면서 스테이블코인에 대한 규제를 강화할 듯한 분위기는 급물살을 탈 것으로 보여 예의주시할 필요가 있다.

스테이블코인의 폭락, 규제동향은?

스테이블코인은 비트코인 등 기존 가상자산의 높은 가격 변동 문제를 해결하기 위해 통화, 상품 등의 자산을 담보로 가치의 안정을 추구하는 것이 특징이다.

스테이블코인은 가격 안정 방법에 따라 크게 세 가지로 분류된다. 첫 번째로는 법정화폐를 담보로 하는 스테이블코인이다. 가장 사용하기 쉽고 실제로 가장 많이 발행되어 있다. 그 중에서도 미국 달러 가격에 1대 1 가치 연동이 되어 있는 것은 테더, USD코인 등이다.

두 번째는 가상자산을 담보로 하는 스테이블코인으로 다이^{DAI} 등이 대표적인 예다. 세 번째는 무담보 알고리즘형 스테이블코인으로 테라^{UST}, 테라KRT 등이 있다. 문제는 종류와 무관하게 스테이블코인의 문제점들이 드러나고 있다는 점이다.

2021년 6월 스테이블코인으로 발행됐던 '타이탄^{TITAN}'이 65달러에서 0달러대로 폭락하는 사건이 있었다. 타이탄은 1코인이 1달러와 가격이 연동되도록 폐깅돼 있었지만 미 프로농구단 댈러스 매버릭의 구단주 마크 큐반이 이 코인을 사들이면서 시세가 급격히 상승했다. 하지만 과매수라고 판단한 투자자들이 타이탄을 시장에 내다팔기 시작하자 지급불가 상황이 올 것을 우려한 투자자들이 대거 탈출하면서 일종의 '뱅크런' 사태가 발생했다. 스테이블코인 발행기관의 지급 능력에 대한 의구심이 발생한다면 언제든 뱅크런 현상이 나타날 수 있고, 스테이블코인 시장이 충분히 크다면, 이는 전체 금융시스템에 충격을 줄 수 있다는 뜻이다.

최근엔 2022년 5월 벌어진 루나-테라 폭락사태가 시장에 큰 타격을 줬다. 루나와 테라의 폭락으로 인한 파장이 국내를 넘어 전 세계 가상자산

시장 전체로 확산했다. 루나와 테라는 2022년 5월 초까지만 하더라도 시가 총액 기준으로 전 세계 가상자산 중 8위까지 올랐었다. 그러나 국내거래소에서 10만 원이 넘는 가격에 거래되던 인기 가상자산 루나는 단 6일 만에 그 가치가 1원 미만의 휴지 조각이 됐다. 루나는 고점 대비 무려 99%가, 테라는 고점 대비 57%가 폭락했다. 불과 5개월 사이 약 50조 원 넘게 사라진 셈이다.

파장은 국내를 넘어 전 세계 가상자산 시장에까지 악재로 작용했다. 시가총액 규모로 스테이블코인에서는 1위, 가상자산 시장 전체에서는 비트코인, 이더리움에 이어 3위였던 스테이블코인 테더는 루나-테라 사태의 영향으로 1주일 새 약 100억 달러^{12조 6,400억 원}가 인출되기도 했다.

법정화폐 담보 코인은 발행사의 은행 계좌에 스테이블코인 발행량과 동일한 액수의 현금이 항상 보관돼야 하지만 2021년 5월 테더에 따르면 USDT를 담보하는 자산 가운데 현금이 차지하는 비중은 3.87%에 불과했다. 즉, 단기간에 USDT 상환 요청이 몰려들면 법정화폐를 제때 인출해주지 못한다는 것이다.

세계 금융 당국은 스테이블코인 투자 위험성에 대해 경고하고, 관련 규제를 준비하는 상황이다. 이런 논의 과정에서 CBDC를 스테이블코인이 안고 있는 문제를 극복할 수 있는 대안으로 주목하는 모습이다.

스테이블코인 시장이 급성장하며 다양하게 활용되고 있는데, 한편에선 자금세탁의 수단으로 활용될 가능성이나 지급결제 시스템의 위험, 보안 문제 등에 따른 이용자 보호를 위한 규제가 필요한 시점이라는 지적이 나오고 있다.

담보가치가 제대로 유지되지 않아 지급 불능 가능성으로 인해 뱅크런 위험에 취약할 수 있고 자금세탁에 이용되거나 테러자금 조달, 사이버보안 등의 위험 문제가 있어 이를 감독하기 위한 규제를 마련해야 한다는 것이다.

미국은 이미 이런 문제점들을 인지하고 스테이블코인에 대한 규제 법안을 의회에 제출했다. 국내 코인 공개가 허용될 경우 원화 기반 스테이블코인이 다수 발행될 것으로 전망되는 가운데 국내의 경우에도 스테이블코인의 발생 가능한 위험요인을 검토해 해외 규제 방향을 고려한 규제 마련이 필요하다.

왜 CBDC에 집중하나

민간이 발행하는 각종 가상자산뿐 아니라, 가치가 경제 내 통화 또는 자산에 연동되도록 설계되는 스테이블코인이 활성화되면서 각국 중앙은행의 CBDC 연구가 탄력을 받기 시작했다.

법정화폐에 가치를 연동해 가상자산의 취약점으로 지목됐던 가치 변동성을 낮췄다는 의미에서 안정적이라는 의미의 '스테이블' 수식어가 붙었지만 타이탄, 루나, 테라 등 폭락사태가 일어나며 스테이블코인 역시 안전지대가 될 수 없다는 사실이 드러났다. 이에 따라, 각국 중앙은행이 발행하는 디지털화폐인 CBDC 연구개발을 서둘러야 한다는 목소리가 힘을 얻고 있다. 가격 변동성이 큰 민간이 발행하는 가상자산과 스테이블코인 등으로 불안감이 커지며 국가가 발행하는 CBDC가 보안책으로 부상한 것이다.

주요국 중앙은행들은 글로벌 스테이블코인이 초래할 수 있는 잠재적 리스크에 대비해 적절한 규제 체계가 마련될 필요성이 크다고 인식한 것이다. 중앙은행은 최근 급성장하고 있는 민간 스테이블코인의 부작용을 방지할 책임이 있으며 이에 대한 정책 대응의 일환으로 CBDC 도입 필요성을 거론했다.

국제결제은행은 스테이블코인이 은행 예금을 담보로 발행되는 경우 금융 및 경제에 미치는 영향이 크지 않을 수 있으나, 글로벌 스테이블코인은 빅테크 기업이 주도한다는 점에서 시장지배력과 데이터 집중 등의 문제를 초래할 수 있다고 지적하기도 했다.

현금 이용이 지속적으로 감소하고 있는 현상도 각국 중앙은행들이 CBDC 도입을 적극 검토하게 된 직접적인 이유 중 하나다. 최근 현금 없는 사회, 즉 캐시리스 사회로 전환이 가속화되며 현금 이용은 급격하게 줄고 있다. 캐시리스 사회로 진입하면서 편의성과 안전성, 신뢰성을 갖춘 저비용의 새로운 보편적 지급수단을 제공하는 디지털 기반 공공화폐에 대한 필요성이 커지고 있다.

캐시리스는 일부 취약계층에게 불편을 초래한다. 현금을 받지 않는 상점이 늘고 ATM이나 은행 지점 수가 빠르게 감소하는 추세로 가며, 현금 이용과 접근성이 빠르게 하락하고 있다. 이럴 경우 중앙은행 실물화폐를 중심으로 구축된 기존 통화시스템에 대한 신뢰가 떨어질 수 있다. 경제, 금융 전반이 디지털 전환에 돌입하면서 공공 화폐도 이에 맞춰 전자 형태로 바뀌어야 한다는 사회적 요구가 커졌다. 게다가 코로나19는 캐시리스를 앞당기고 온라인 비대면 경제활동 비중을 키웠다.

현금을 대신해 금융권의 모바일 뱅킹, 신용·체크카드, 빅테크 기업의 선불충전금 등 다양한 민간 디지털 지급수단이 확산되어 온라인 상거래와 함께 실제 대면거래에도 폭넓게 활용된다. 실제 금융권과 빅테크 기업 등 민간 주도로 새로운 지급결제서비스가 등장해 디지털 경제 활동을 만들어 내고 있다. NFT와 디파이Defi, 탈중앙화금융 등에서는 스테이블코인이 주된 결제수단으로 활용되고, 사물인터넷, 메타버스 등을 위한 새로운 결제서비스가 모색되고 있다.

국내외 대형 빅테크들이 선불 지급수단을 앞 다투어 내놓고, 가상자산, 스테이블코인 등 다양한 민간 화폐가 나온 가운데 중앙은행에서도 신뢰할 수 있는 디지털 형태의 화폐를 만들어야 한다는 필요성이 제기되는 것이다. 빅테크는 시장 지배력을 키우고 있고 이에 따른 개인정보 집중 심화 우려도 함께 커지고 있어 이에 대응하기 위한 개방적 공공화폐 인프라의 중요성이 대두됐다.

민간 스테이블코인 확산 가능성에 대해서도 중앙은행 차원의 대응전략이 CBDC인 셈이다. 글로벌 스테이블코인이 발행되면 빅테크 기업의 플랫폼 등을 기반으로 실물과 금융 전반으로 빠르게 확산되고, 이는 금융시스템과 중앙은행 책무에 부정적 영향을 미칠 수 있는 등 금융 여건이 급변하면서 CBDC는 중앙은행들의 주요 정책 과제로 부상했다.

2023년 CBDC를 주목하라

CBDC는 두 가지로 나뉘는데, 이용 목적에 따라 모든 경제 주체의 일반적인 거래에 사용되는 소액 결제용 CBDC와 은행 등 금융기관 간 거래에 사용되는 거액 결제용 CBDC로 구분한다. 현재 주요국 중앙은행의 연구는 주로 소액 CBDC 중심으로 이루어지고 있는 상황이다. CBDC는 전자적 방식으로 구현됨에 따라 현금과 달리 관련 거래의 익명성을 제한할 수 있을 뿐만 아니라 정책 목적에 따라 이자 지급, 보유한도 설정, 이용시간 조절도 가능하다.

CBDC 구현 방식은 중앙은행 또는 은행이 CBDC 계좌 및 관련 거래 정보를 보관·관리하는 단일원장방식^{계좌방식}과 다수의 거래참가자가 동일한 거래기록을 관리하는 분산원장방식으로 분류할 수 있다.

분산원장방식은 복원력, 보안성 부문에서 우수하고, 미래에 지급 결제 환경이 변화할 때 탄력적으로 대응할 수 있다는 장점이 있지만 오직 초기 단계 기술로서 확장성과 효율성, 상호운용성 측면에서 아직은 근본적인 한계가 있다는 지적이 있다.

분산원장방식은 거래 참여자 중 누구나 원하면 거래검증 및 원장기록에 참여 가능한 비허가형과 거래검증 및 원장기록 권한을 신뢰할 수 있는 일부 참여자에 한해 부여하는 허가형으로 다시 분류할 수 있다.

익명성과 관련해 CBDC가 불법 자금 세탁, 조세회피 등의 수단으로 활용돼서는 안된다는 공감대는 형성된 상태다. 일정 수준의 익명성을 제공하거나 개인정보보호를 위한 기술적, 제도적 안전장치가 필요하다는 의견도 있다.

2023년 CBDC를 주목해야 하는 이유가 있다. 현재 주요국 중앙은행들의 CBDC 관련 연구개발은 개념검증 또는 모의실험 단계다. 그러나 중국과 일부 신흥국이 실제 환경에서 시범 운영을 실시하거나 계획을 앞두고 있어 2023년엔 일부 국가에선 본격적으로 상용화될 것이란 기대감이 커지고 있다.

해외 주요국의 CBDC 개발 현황

2015년 이후 학계와 민간에서 CBDC 논의가 시작됐다. 10년 가까이 주요국 중앙은행들은 CBDC 도입의 필요성이 크지 않고 관련 연구도 CBDC를 발행하는 일과는 무관한 순수 연구 목적이라며 선을 그었다. 또한 소액 및 범용 CBDC보다는 주로 금융기관들이 참여하는 증권 결제나 거액 결제 시스템에 분산원장기술을 적용해 효율과 안전성 등을 제고할 수 있을지 여부에 더 큰 목적을 두는 듯 보였다.

그러나 2019년 페이스북이 글로벌 스테이블코인 계획을 발표하면서 상황은 바뀌었다. 빅테크 주도의 지급결제 시장 혁신 가속화 등으로 금융 여건이 급변하면서 CBCD가 중앙은행들의 주요 정책 과제로 떠오르기 시작했다.

최근 들어 중남미, 아프리카 등 일부 신흥국에서 CBDC를 실제 도입하면서 주요국 중앙은행들도 CBDC를 중요한 과제로 인식하고 관련 연구뿐 아니라 실제로 도입할 준비에 착수했다.

특히 중국은 실제 환경에 시범운영을 확대 실시하면서 최근 디지털위안화e-CNY를 일부 도입했다. 유럽중앙은행ECB도 CBDC 도입 여부를 검토하기 위헤 2021년 7월부터 2023년 7월까지 디지털 유로Digital Euro 프로젝트에 공식 착수했다.

국가별 CBDC 연구 및 도입준비 현황

도입	바하마, 동카리브, 나이지리아
시범 운영	중국, 우크라이나, 우루과이
모의실험	한국, 유럽연합, 일본, 스웨덴, 러시아, 터키
기초 연구	미국, 영국, 캐나다, 호주, 노르웨이, 태국

출처: 디지털화폐연구팀, <중앙은행 디지털화폐CBDC 주요 이슈별 글로벌 논의 동향>,
한국은행, 2022. 01.

해외에서는 이미 CBDC에 대한 연구가 상당부분 진행 중이다. 그동안 에콰도르, 우루과이 등 주로 개발도상국에서 금융포용 제고를 목적으로 CBDC 시범 발행을 추진해왔다. 최근에는 스웨덴, 중국 등이 현금 이용 감소, 민간 디지털화폐 출현에 대응해 발행 준비에 적극 나서고 있다.

중국은 2020~2021년에 선전과 쑤저우, 베이징 등 주요 도시에서 순차적으로 CBDC를 시범 운영했고, 2021년 3월에는 홍콩 주민을 대상으로 테스트를 실시하기도 했다.

스웨덴 중앙은행의 'e-크로나e-Krona 프로젝트'가 대표적이다. 크로나는 스웨덴 통화로, 계정형, 토큰형 모두 발행 가능하다는 전제 하에 연구를 진행했다. 스웨덴은 2020년 분장원장기술DLT, Distributed Ledger Technology기반 소매용 CBDC인 e-크로나 시범 사업을 실시했고 여론 수렴 후 발행 여부를 결정할 방침이다. CBDC를 검토한 이유는 현금 사용 감소 때문이다. 스웨덴 소매부문 현금 결제 비중은 2010년 40%에서 2016년 15%로 떨어졌다.

캐나다는 도매용 CBDC인 CADcoin 개념을 도입하고 분산원장기술을 기반으로 한 실시간 총액결제시스템[RTGS] 등을 실험적으로 구축하는 Jasper 프로젝트를 진행중이다.

싱가포르는 통화청[MAS]도 캐나다와 유사한 방식으로 디지털 싱가포르달러를 발행하고 실시간총액결제시스템을 구축하는 우빈[Unin] 프로젝트를 수행하고 있다. 우루과이는 2017년 11월 국영 이동통신사 앤텔 이용자 1만 명을 대상으로 디지털화폐 'e페소'를 발행해 6개월간 시범 운용했다.

동카리브해 통화동맹[ECCU] 지역도 2021년 파일럿 프로그램 형태로 역내에서 공동으로 사용 가능한 소매용 CBDC인 'DCash'를 발행했다. ECCU 역내 국가 간의 지급 결제와 송금의 편의성을 높이기 위해 국경간 거래가 가능한 형태로 도입됐다.

가까운 장래에 CBDC 발행 계획이 없다고 밝혔던 미국, 일본 등도 관련 연구를 강화하겠다는 입장을 발표했다. 미국은 보스턴 연방준비제도가 MIT 대학과 CBDC 관련 연구를 진행했다. 유럽중앙은행은 2021년 연구를 공식화하고 2022년 하반기부터 향후 2년에 걸쳐 디지털유로 발행을 위한 프로젝트를 시작한다.

바하마는 2020년 10월 20일 최초로 소매용 CBDC인 '샌드달러^{Sand} ^{Dollar}'를 발행했다. 30여 개의 도서 지역으로 구성된 국토 특성에서 비롯한 거래의 불편을 해소하고자 하기 위함이다. 국내용으로만 사용되고 국경간 거래는 허가되지 않았다. 캐나다, 영국, 일본, 유럽연합, 스웨덴, 스위스 등 6개 중앙은행은 CBDC 연구그룹을 구성하기도 했다.

한국은행 CBDC 발행할까

한국은행도 CBDC 열풍에 동참하기로 했다. 한국에선 한국은행이 2021년부터 CBDC 모의실험을 진행하고 있고, 올해 1차 테스트를 진행하고, 시중은행 등 주요 금융기관과 확대 실험에 나선다는 계획이다.

한국은행은 코로나19로 비대면 결제가 늘어나며 현금 사용이 줄어드는 것을 계기로 디지털화폐 도입에 속도를 내고 있다. 물론 CBDC는 디지털 형태의 중앙은행 화폐가 되기 때문에 CBDC에 대한 법정화폐성 부여와 관련 한국은행법 개정이 필요하다. 한국은행이 CBDC 추진에 속도를 내면서 지급수단이 변화하는 환경에 대응하면서도 한편으로는 지급수단의 중심축이 디지털화폐로 옮겨가는 것인데, 현금 사용이 어려워져 불편을 겪는 새로운 소외계층이 생기는 부작용에도 미리 대응할 필요가 있다.

CBDC 발행이 구체화되면서 긴장하는 곳은 지급서비스 산업이다. CBDC가 도입될 경우 우선 송금서비스 부문에서는 CBDC와 은행의 인터 넷뱅킹 및 모바일뱅킹, 전자금융업자의 간편송금 서비스 사이에 경합이 불 가피할 것으로 예상된다. CBDC 시스템의 단순한 결제 프로세스 등을 배경 으로 직접적인 경합관계에 있는 은행 및 전자금융업자의 송금서비스 수수 료 인하 및 서비스 개선 압력이 커질 가능성이 있다.

CBDC 발행은 중앙은행 업무뿐 아니라 금융시장 전반에도 영향을 미 칠 수 있어서 CBDC 발행을 검토할 때 얼마나 영향을 미치는지와 관련 법 적 쟁점사항을 종합적으로 검토할 필요가 있다. CBDC 발행 시 신용리스크 가 줄어들고 현금에 비해 거래 투명성이 높아지며 통화정책 여력이 확충되 는 등 장점이 있을 수 있다. 특히 CBDC 도입이 미 달러화 중심의 국제통 화질서에 변화를 초래하거나 일부 신흥국 통화가 달러화 등 주요국 통화로 대체될 요인으로 작용할 수 있다는 견해가 있다.

그러나 은행의 자금중개 기능이 약화되고 금융시장의 신용배분 기능 이 축소되는 부작용이 발생할 수 있다는 분석도 나온다. 이와 함께 중앙은 행으로의 정보 집중에 따른 개인정보보호 및 마이너스금리 부과 시 재산권 침해 문제 등 법적 이슈가 제기될 수 있다. 예금과 대체관계에 있는 CBDC

가 도입됨으로써 은행의 자금중개 기능이 약화되고 금융기관 및 시스템의 건전성 저하 등이 유발될 소지가 있어 제도설계 단계에서 이러한 점을 면밀히 살펴볼 필요가 있다.

구글클라우드는 왜 54억 달러로
맨디언트를 인수했나

① 세종특별자치시는 시정, 교통, 관광 등 연간 약 48만 건의 세종시 관련 단순 문의 및 민원 안내를 콜센터를 통해 상담원이 직접 전화로 처리하고 신규 전입 인구가 증가하면서 단순·반복 민원이 지속해서 증가하는 추세였다. 민원 콜센터 단순 상담을 경감시킬 수 있는 시스템 도입을 검토하던 중 클라우드 기반 AI 챗봇서비스 '카카오 i 커넥트 톡'을 도입했다. 이 서비스의 강점은 별도의 시스템 구축이나 앱 개발이 필요 없다는 점이다.

기존에는 각 기업의 전산실 서버에 직접 고객센터를 개발·구축하는 온프레미스*On-Premise, 구축형* 형태가 주가 됐지만 클라우드 기반의 서비스를 이용하면 신속하게 도입할 수 있고 효율적으로 운영할 수 있다. 메뉴 방식, 자연어 질의 등 단계적 챗봇 서비스 운영으로 행정 신뢰성이 높아졌고, 약 37% 비용 절감이 예상돼 지자체 클라우드 전환의 성공 사례로 꼽힌다.

② 코로나19로 모집병 선발 과정 중 대면 면접이 일시 중단되었다. 따라서 행정안전부는 '온-나라 PC영상회의'를 활용해 모집병 영상 면접을 시범 운영했다. 그러나 '온-나라 PC영상회의'는 접속자가 많을 시 최대 1,800명까지만 접속이 가능하면서 그 이상 접속하게 될 경우 면접이 중단되었다. 또한 모바일 환경을 지원하지 않아 불편을 초래했다. 모집병 선발을 진행할 때 14개 지방병무청 면접관이 연간 약 8만여 명의 면접을 실시하고 있으며, 면접 인원은 계속 증가하는 추세로 행정안전부는 안정적인 영상면접 환경이 필요했다.

이에 병무청 현역모집과의 모집병 선발 영상면접을 민간기업 새하컴즈의 클라우드 기반 영상회의 솔루션인 '보다^{BODA}'를 도입하기로 했다. '보다'는 자바^{Java}, 암호화, 보안 업데이트 등 다양한 최신 기술 지원으로 접속이 쉽고, 장소에 구애받지 않는 모바일 면접이 가능한 것이 강점이다. 클라우드 기반 영상면접 실시로 지원자 이동 경비 비용 약 8억 6,000만 원의 국가 예산이 절감됐다.

이제 '클라우드'가 대세다

지메일, 구글 드라이브, 카페24, Office 365, 아마존 웹 서비스, 쇼피파이^{Shopify}, 줌 비디오^{Zoom video}, 넷플릭스. 이들의 공통점은 뭘까? 바로 클라우드를 기반으로 이루어지는 애플리케이션 서비스라는 점이다.

클라우드 서비스 혹은 클라우드 컴퓨팅은 하드웨어·소프트웨어 등의 정보자원을 직접 구축하거나 운영하지 않고 네트워크에 접속해 이용하는 기술을 뜻한다. 예컨대 사용한 만큼 이용료가 과금되는 전기·수도와 같이, 클라우드는 이용자가 요청할 경우 자원이 할당되고 사용한 만큼 과금되는 구조다. 클라우드는 대용량의 데이터를 수집·저장·처리해 인공지능 기반 산업 혁신을 촉발하는 디지털 경제의 핵심 인프라로 급부상했다.

2020년 소프트웨어 기업 시스코^{CISCO}는 세계 데이터 유통량은 연 61% 성장할 예정이며, 2025년 175제타바이트^{zetabyte}로 늘 것이라고 예측했다. 이 중 94% 이상의 데이터가 클라우드에서 처리될 것으로 전망했다.

최근 클라우드는 타 기술 및 산업과 융합해 온·오프라인에서 대부분의 서비스가 클라우드화되며 XaaS[13]로 개념이 확장되고 있다. 클라우드의 1세대가 컴퓨팅 파워, 스토리지 등 클라우드 인프라, 2세대는 클라우드 인프라·플랫폼·서비스라면 3세대는 서비스화되는 인공지능, 증강현실·가상현실, 블록체인, 사물인터넷 등 모든 것으로 확대된 개념이다.

특히 초창기 스타트업에게 클라우드는 큰 기회로 작용했다. 빅데이터의 수집, 저장, 분석을 위한 방대한 컴퓨터 자원과 인공지능 개발을 위한 슈

---

13 Everything as a Service의 약어로, '모든 것을 서비스로'라는 의미.

퍼컴퓨터를 개별 기업이 자체적으로 구입하는 것은 비용적으로 큰 부담이기 때문이다.

자본이 부족한 초창기 벤처기업은 이러한 자원을 독자적으로 구입하기 어려운데, 클라우드 도입을 통해 적은 비용으로 서비스를 제공할 수 있게 되었다. 클라우드를 도입한 기업의 경우 시스템 구성, 운영, 유지보수 등에 인력을 투자하지 않고, 핵심 비즈니스 개발에 집중할 수 있다는 장점이 있다. 클라우드는 시간, 장소, 접속기기 등에 따른 사용 제약이 없고 급격한 이용량 증가에도 유연하게 대응할 수 있다는 점도 강점이다. 인터넷이 연결되면 PC뿐 아니라 모바일 기기 등 다양한 기기에서 클라우드 서비스를 이용할 수 있다.

당초 클라우드는 컴퓨터 서버에서 사용되지 않는 자원을 활용해 효율성을 높이거나 비용을 절감할 목적으로 시작됐지만, 최근에는 인공지능과 빅데이터 중요성이 증가하면서 클라우드가 급부상했다.

인공지능·자율주행 핵심 인프라, 클라우드

데이터, 인공지능 등 신기술, 자율주행이나 스마트 공장 등 신산업이 클라우드를 기반으로 쉽고 빠르게 이루어지고 있어, 클라우드는 4차 산업의 기초 인프라로 떠올랐다. 클라우드는 IT관리 효율성이나 비용절감을 넘어, AI시대에 새로운 가치를 창출하는 기본 인프라이자 플랫폼, 그리고 서비스로 활용되는 중이다.

'데이터 경제' 시대에는 양질의 데이터를 많이 확보하고, AI를 통해 다양한 산업의 혁신 성장에 데이터를 활용하는 능력을 보유한 기업이 시장을 주도할 수밖에 없다. 클라우드는 인공지능 시대를 견인하는 핵심 인프라다. 국가와 기업의 경쟁력을 높이기 위해서는 먼저 클라우드 경쟁력을 확보하는 것이 중요하다. 양질의 데이터를 대량으로 수집·저장·처리하고, 이를 활용한 혁신적인 AI 서비스의 제공을 위해서 데이터 가치사슬 속 클라우드는 중요한 매개체다. 글로벌 시가총액 상위 5위권의 미국기업 MS, 아마존, 애플, 구글, 페이스북이 모두 대규모 데이터와 클라우드 기반 플랫폼을 가진 AI 기업으로 변화하며 성장한 것을 보면 알 수 있다.

코로나19 팬데믹과 같은 재난 상황에서 기존 사회 시스템이 파괴되는 경험 이후, 다시 일상으로 복귀하면서 2023년 포스트 코로나 시대에는 사회 시스템이 크게 변화되는 '뉴노멀'로의 전환이 예상된다. 재난 상황 속에서도 산업과 사회 시스템의 연속성을 보장할 수 있는 대안을 미리 준비하는 것이 필요하고, 그 가운데 클라우드가 효과적인 수단으로 주목받고 있다.

특히 코로나19로 인한 국가적 재난 상황에서 클라우드를 통해 신속하고 효율적인 대국민 서비스가 제공되기도 했다. 역학조사, 질병정보 공시, 온라인 교육 등으로 인한 데이터 폭주에 대응하기 위한 인프라로 클라우드를 활용, 코로나19 관련 대국민 서비스를 클라우드 기반으로 신속하게 개발해 제공할 수 있었다.

예컨대, '코로나맵'은 확진자 동선 정보를 제공해줬고, '마스크앱'은 마스크 재고를 조회할 수 있는 서비스를 내놓았다. 마스크앱은 기업에서 클라우드 인프라를 제공하고 정부가 마스크 유통 정보를 공개하는 등 민간 협력에 대해 논의한 지 4일 만에 2020년 3월 10일 서비스가 시작됐다. 클라우드 서비스 기업은 네이버 비즈니스 플랫폼, KT, NHN 등 국내 클라우드 기업과 한국정보화진흥원의 협의체인 파스-타PaaS-TA 얼라이언스가 참여했는데, 이들은 마스크앱 개발과 운영에 필요한 서비스 인프라를 제공했다.

앞으로 기업 위기 및 업무환경 변화 대응 수단으로 클라우드가 적극 활용될 전망이다. 재택근무, 화상회의 등 비대면·비접촉 상황에도 지속가능한 업무 환경 마련을 위한 원격 서비스는 대부분 클라우드에 기반하기 때문이다.

클라우드 서비스에도 유형이 있다

클라우드 서비스는 그 범위에 따라 IaaS^{Infrastructure as a Service}, PaaS^{Platform as a Service}, SaaS^{Software as a Service}로 구분된다.

IaaS는 CPU, 메모리 등의 하드웨어 자원을 제공하는 클라우드 서비스이다. 고객에게 서버, 스토리지, 네트워크 등 하드웨어 자원을 서비스 형태로 임대·제공하는 방식으로 자체 인프라 투자가 어려운 중소기업이 주요 고객이다. 아마존의 아마존 웹 서비스^{AWS, Amazon Web Service}, 마이크로소프트의 애저^{Azure}, 구글의 GCP^{Google Cloud Platform} 등이 대표적이다.

PaaS는 운영 체제와 소프트웨어 개발이나 데이터 분석을 위한 도구까지 제공하는 서비스다. 애플리케이션 제작에 필요한 OS, DB 등의 개발환경, SDK^{Software Development Kit} 등 플랫폼을 임대·제공하는 방식이다. 소프트웨어 개발자를 위한 다양한 응용프로그램개발환경을 제공해 개발 환경을 개선시켜주는 역할을 한다. 통상적으로 IaaS 서비스 사업자가 PaaS를 함께 제공하는 경우가 많다. 고객은 장비, 개발 툴을 구매하지 않아도 이용할 수 있다. 구글의 앱엔진^{AppEngine}, 코스콤의 K 파스타^{K PaaS-TA} 등이 포함된다.

SaaS는 하드웨어와 OS뿐만 아니라 응용 소프트웨어까지 제공하는 서비스를 말한다. 고객이 원하는 소프트웨어 또는 서비스를 구매해 단말에 직접 설치하는 것이 아니라 웹을 통해 임대하거나 제공하는 방식이다. 설치

또는 업그레이드 없이 바로 이용할 수 있기 때문에 시스템 구축에 드는 비용을 줄이고 시간을 단축할 수 있다. 대부분의 일반 소비자가 접하게 되는 서비스로 구글독스Google Docs나 지메일, 마이크로소프트 Office365 등이 대표적인 예다.

클라우드 서비스는 구축 유형에 따라 퍼블릭public, 프라이빗private, 하이브리드hybrid로 분류할 수도 있다. 퍼블릭은 서비스를 사용하는 대상을 제한하지 않는다. 인터넷망을 통해 불특정 다수에게 서비스를 제공한다. 마이크로소프트, 아마존 웹 서비스, 구글과 같이 외부의 클라우드 컴퓨팅 사업자가 IT 자원을 소유하고 서비스를 제공하는 것이다. 누구든지 자리만 비어 있다면 사용할 수 있고, 사용한 양에 따라 비용을 지불한다. 네덜란드 중앙은행위험요소 분석용, 스페인의 은행 뱅킨터Bankinter, 모바일 뱅킹의 업무 지원용, 코스콤 등이 대표적이다.

프라이빗은 서비스를 사용하는 대상을 제한하는 방식으로, 주로 특정 조직 또는 기업 내부 이용자에게 클라우드 서비스 환경을 구성해 제한적으로 제공하는 것이다. 개별 기업이 자체 데이터 센터 내에서 클라우드 컴퓨팅 환경을 구축하는 것으로 고정석에 비유할 수 있다. 사용자가 배타적으로 좌석을 사용하게 된다. 예를 들면 금융기관인 크레디트 스위스Credit Suisse, 물리서버 통합, 커먼웰스 뱅크CommonWealth Bank, 분산 DB 통합 등이다.

하이브리드는 퍼블릭과 프라이빗 클라우드를 조합한 개념으로 비즈니스 보안이 필요한 영역은 프라이빗을 이용하고, 그 외 영역은 퍼블릭을 이용하는 방식이다. 독일 도이체 뱅크Deutsche Bank, 금융사기 및 데이터 분석, 영국 바클리즈Barclays, 빅데이터 분석 등이 하이브리드 클라우드를 활용한다. 가트너에 따르면 2024년 국내외 클라우드 시장에서 특히 IaaS와 PaaS가 가장 빠르게 성장할 것으로 보이며, 시장 규모는 2018년 대비 각각 388%, 409% 증가할 것으로 전망했다. 기업들의 하이브리드 및 멀티 클라우드에 대한 수요 증가로 IaaS와 PaaS의 통합서비스에 대한 수요가 확대되고 있어서다.

클라우드의 강점은 접속이 쉽다는 점이다. 시간과 장소에 상관없이 인터넷을 통해 클라우드 서비스를 이용할 수 있고, 클라우드에 대한 표준화된 접속을 통해 모바일, PC 등 다양한 기기에서 사용할 수 있다. 브라우저 하나면 어느 기기로든 언제 어디서든 일할 수 있게 된 셈이다. 유연함과 확장성은 클라우드의 또 다른 강점이다. 증권사 앱에 청약 접수를 하려는 접속자가 갑자기 몰리거나, 온라인 쇼핑몰에서 갑작스럽게 주문이 폭주하는 경우에도 필요한 만큼의 컴퓨팅 자원을 쉽게 추가할 수 있어 대응에 유리하다.

무엇보다 합리적인 비용도 이점이다. 기업은 자체 데이터 센터를 구축할 경우 발생하는 대규모 투자지출을 클라우드 서비스 이용을 통해 소규모의 영업비용으로 대체할 수 있다. 클라우드 컴퓨팅은 사용량에 비례한 과금 체계를 가지고 있기 때문에 기업들이 초기 비용을 절감하고 핵심적 업무에 역량을 집중할 수 있다.

구글은 왜 맨디언트를 인수했나

구글은 2022년 3월 사이버 보안 회사 맨디언트Mandiant를 54억 달러약 6조 6,400억 원에 인수했다. 구글의 역대 인수 가운데 지난 2012년 모토로라 모빌리티125억 달러에 이어 둘째로 큰 규모를 기록했다. 구글이 이렇게 대규모 투자를 단행한 이유는 구글의 미래 사업 방향성과 맞닿아 있다.

맨디언트는 설립 후 20년 가까이 사이버 보안 인텔리전스 전문으로 성장한 기업이다. 구글은 "맨디언트는 금융, 헬스케어, 소매 업체까지 서로 다른 산업군에 있는 구글 클라우드 고객에게 맞춤형 보안 서비스를 제공할 것"이라고 밝혔다. 구글이 맨디언트를 인수한 배경에는 클라우드 보안을 강화하겠다는 뜻이 담겼다고 볼 수 있다. 미국 CNBC는 "아마존 웹 서비스나 마이크로소프트 같은 클라우드 시장 리더를 넘어서기 위한 구글의 승부수"라고 표현했다.

글로벌 빅테크들의 클라우드 시장 경쟁은 심화되고 있다. 클라우드 시장의 톱3로 꼽히는 아마존 웹 서비스와 마이크로소프트, 구글은 2021년 4분기 각각 전년 대비 39.5%, 32%, 45%의 클라우드 사업 매출 성장을 나타냈다. 아마존 웹 서비스는 지난해 아마존 전체 매출에서 차지하는 비율이 13.2%에 불과하지만 영업이익은 74.4%이다. 클라우드가 아마존의 본업인 쇼핑을 넘어 핵심 수익원으로 자리 잡은 것이다. 마이크로소프트는 지난해 클라우드 소프트웨어 업체 누언스^{Nuance}를 200억 달러^{한화 약 26조} ^{5,400억 원}에 인수하며 클라우드 부문을 신성장 동력으로 삼았다.

클라우드 시장이 급성장하고 있는 것은 코로나 사태를 계기로 전 세계 기업들이 앞다퉈 디지털 전환에 나서고 있고 인공지능, 메타버스, 자율주행차 같은 미래 기술 구현에도 클라우드가 필수적인 인프라이기 때문이다. 유통, 물류, 제조뿐 아니라 금융 등 다양한 사업군에서 서버를 기업이 직접 유지·보수하고 주기적으로 교체하는 것보다, 일정한 금액을 주고 최고의 서버와 소프트웨어까지 빌려 쓰는 쪽이 경제적이고 효율적이라는 인식이 확산된 영향도 있다.

전 세계 기업들의 클라우드 전환율이 15~20% 수준으로 추정되는데, 앞으로 성장 여력이 크기 때문에 글로벌 기업들이 열을 올리고 있는 이유기도 하다. 글로벌 시장조사업체 가트너에 따르면 전 세계 클라우드 시장 규모는 2022년 4,820억 달러^{약 593조 원}에서 2025년 8,375억 달러^{약 1,032조} ^원로 2배 가까이 커질 전망이다.

최근 기업들은 여러 클라우드 업체를 동시에 활용하는 '멀티 클라우드'를 선호한다. 한 업체에 의존하기보다는 여러 클라우드를 사용해 위험성을 낮추는 전략이다. 이로 인해 클라우드 시장 규모는 더 커질 가능성이 크다.

국내 기업들도 클라우드 사업을 새로운 수익원으로 적극 키우고 있다. 네이버와 카카오는 클라우드 서비스를 위한 초대형 데이터 센터를 국내에 구축했다. KT와 NHN은 클라우드 사업을 분사해 사업을 확장했다. 삼성 SDS는 클라우드 컨설팅부터 인프라 구축, 개발, 운영 등 클라우드와 관련된 모든 서비스를 한꺼번에 지원하는 시스템을 구축했다. LG CNS는 영업·제조·구매·인사·품질 등 기업의 비즈니스 소프트웨어를 클라우드로 제공하는 플랫폼 '싱글렉스'를 출시했다.

땡큐, 클라우드! 넷플릭스와 노바티스

2000년대 초반 아마존의 경영진은 엔지니어들의 생산성 향상을 고민한 결과, 개발자가 어떤 일을 시작할 때 서버 구매부터 소프트웨어 설치, 각종 컴퓨터 환경 세팅 등 개발을 위한 부수적 작업에 너무 많은 시간을 들이고 있는 것을 발견했다. 개발자의 핵심 업무는 말 그대로 콘텐츠, 시스템 개발이었으나, IT인프라 환경 조성에 너무 많이 낭비되고 있었다. 아마존은 만약 개발자가 이런 부가적인 작업에 신경 쓰지 않고 온전히 개발에만 집중하게 된다면 생산성이 높아질 것이라고 판단했고, 이런 아이디어로부터 아마존 웹 서비스라는 클라우드 서비스가 탄생하게 된 것이다. 초기에는 아마존 내부에서 사용하던 서버나 스토리지 등의 잉여 컴퓨터 자원을 외부에 서비스 형태로 판매하며 시간 기준으로 사용료를 받는 형태였는데, 정식 서비스 출시 이후 수요는 빠르게 증가하기 시작했다.

아마존 웹 서비스 초기 고객사로 유명한 넷플릭스Netflix는 이렇게 개발된 클라우드 컴퓨팅을 가장 잘 활용한 기업이다. 넷플릭스는 지난 2009년 아마존 웹 서비스 도입을 시작으로 2016년에는 마지막 자체 데이터 센터까지 폐쇄하고 클라우드 컴퓨팅으로의 이전을 완료했다. 넷플릭스는 콘텐츠 스트리밍 업체이기 때문에 데이터 센터 운영 능력에 자신이 있음에도 불구하고 IT인프라를 100% 클라우드로 전환한 이유가 무엇일까?

넷플릭스가 추구하는 핵심 가치인 콘텐츠 제작에 집중하기 위해서였던 것으로 해석된다. 이후 넷플릭스는 IT인프라 환경 조성에 시간을 추가적으로 할애하지 않으면서, 최대한의 회사 자원을 핵심 비즈니스인 오리지널 콘텐츠 개발에 집중했다. 온라인 동영상 서비스의 특성상 트래픽접속시간이 몰리는 시간대가 다르기 때문에 넷플릭스가 클라우드 서비스를 이용하는 것은 비용 측면에서도 훨씬 유리했다.

예컨대 평일 오전이나 오후, 직장인들의 업무 시간보다는 저녁 시간대나 주말에 온라인 동영상 사용량이 급증하는 경향이 있는데, 클라우드 서비스를 이용하게 되면 컴퓨팅 자원을 필요한 시간에 필요한 만큼 사용하는 것이 가능하기 때문에 자체 데이터 센터를 구축하는 것에 비해 내부 자원을 더욱 효율적으로 사용할 수 있다. 덕분에 100% 클라우드 이전을 완료한 2016년부터 넷플릭스의 매출액과 시가총액은 본격적으로 상승하며 급속히 성장했다.

넷플릭스의 성공을 이끈 '콘텐츠 추천 기능'은 클라우드가 없다면 불가능한 서비스였다. 빅데이터 분석을 위해서는 높은 사양의 컴퓨팅뿐 아니라 빅데이터, 그리고 소프트웨어 플랫폼이 필수다. 그리고 기업이 이를 직접 갖추려면 상당한 비용과 시간을 들여야 한다. 그러나 클라우드 서비스를 적용하면 기업은 이러한 컴퓨팅 자원들을 원하는 시간에 원하는 비용을 지불하고 손쉽게 활용할 수 있다.

빅데이터 분석을 위해 클라우드 서비스를 활용하는 대표적인 사례는 넷플릭스의 '사용자별 콘텐츠 맞춤 추천 시스템'이다. 넷플릭스가 처음 클라우드 컴퓨팅을 도입했을 때는 비용 절감, 엔지니어의 생산성 향상 등의 효과를 얻는 데서 그쳤지만 현재는 약 25페타바이트[1페타바이트 = 1,024테라바이트]에 달하는 데이터를 아마존 웹 서비스의 머신러닝Machine Learning에 학습시켜 고객 취향에 맞는 콘텐츠 추천 시스템을 구축했다. 이 추천 시스템은 넷플릭스의 성공 비결 중 하나로 이야기될 만큼 그 중요성이 커지고 있다.

이와 같이 클라우드의 활용 목적은 최초의 경제적 요인인 비용 절감에서 시작했지만 이제는 머신러닝, 인공지능을 통한 빅데이터 분석으로 점차 고도화되고 있으며, 데이터가 증가하고 5G에 따른 데이터 처리 속도가 빨라질수록 이러한 클라우드 컴퓨팅의 활용도는 더욱더 증가할 전망이다.

또 하나의 대표적인 클라우드 도입 성공 사례는 글로벌 제약사인 노바티스Novartis다. 노바티스는 신약연구, 임상실험 분석과 모델링에 엄청난 컴퓨팅 리소스가 필요했다. 그러나 연구 진행 상황에 따라 필요한 양이 불규칙하다는 어려움을 겪었다. 2013년에 이 회사가 진행했던 한 프로젝트는 약 1천만 개의 화합물 조합 중에서 특정 암 치료에 효과가 있는 조합을 찾는 것이었다. 이 분석을 회사 자체 설비로 진행할 경우 약 5만 개의 중앙처리장치 코어와 4,000만 달러약 531억 원의 투자가 필요할 것으로 추산됐다. 노바티스는 자체 설비 비용의 1만 분의 1밖에 되지 않는 4,200여 달러약 557만 원를 주고 아마존 웹 서비스를 사용해 9시간 만에 분석을 끝내고 3개의 후보 물질을 찾아냈다.

전자제품을 판매하는 미국의 대형 유통업체인 베스트바이Best Buy의 사례도 눈여겨볼 만하다. 이 회사는 2008년 위시리스트를 만들고 다른 사람과 공유할 수 있는 애플리케이션인 기프트 택Gift tag을 만드는 데 1년이 넘는 시간을 투자했다. 10명에 가까운 개발자도 투입됐다. 그런데 개발 완료 이후에도 서비스 개선이나 운용 등에 많은 시간과 비용이 소요됐고, 결국 내부 논의 끝에 서비스를 포기하고 구글 클라우드 플랫폼을 사용해 처음부터 다시 시스템을 만들었다. 이 플랫폼을 이용해 단 10주 만에 개발부터 시스템 설치, 운영을 위한 준비를 마치고 서비스를 시작했다. 이후 관리에 필요한 개발자의 규모도 절반으로 줄고 운영과 확장도 훨씬 더 간편해졌다.

맥주 제조사인 하이네켄은 2012년 영화 〈007 스카이폴〉의 배우들이 출연하는 약 100메가바이트 크기의 TV광고 'The Express' 동영상을 자사 홈페이지를 통해 선보였다. 1,000만 명이 넘는 사람들이 하이네켄 홈페이지에 들어와 해당 영상을 시청했지만 당시 엄청난 트래픽을 무리없이 소화할 수 있던 이유는 마이크로소프트의 클라우드 서비스 애저 플랫폼 때문이다.

그 다음해에는 UEFA 챔피언스리그 축구대회 스폰서십의 일환으로 100만 명까지 동시 접속하여 핀볼 게임을 할 수 있는 사이트를 만들었다. 온라인 게임의 운영에는 더 많은 컴퓨팅 자원과 안정적인 접속 지원이 필요했고, 유럽과 아시아, 미국에 있는 데이터 센터 총 네 곳을 사용했다. 맥주 제조사인 하이네켄이 자체 데이터 센터를 구축하고 서버를 운영하며 진행했다면 많은 비용과 시간이 소요됐을 것이다.

2023, 본격 성장기 금융권 클라우드

클라우드를 도입하는 목적은 IT 관리 효율화에서 점차 데이터와 인공지능 활용을 위한 방향으로 변화하고 있다. 4차 산업혁명의 주요 기술을 활용하기 위한 기반 기술로 언급되는 클라우드는 지금껏 제조업, 헬스케어 등에서 각광받았다. 거기에 더해 타 산업 대비 상대적으로 보수적인 금융기관도 클라우드 도입이 활발해지면서, 2023년 금융산업에서 클라우드의 성장이 가속화될 전망이다. 금융산업 내에서 클라우드의 활용을 통해 금융기업과 핀테크 기업 모두 탄력적인 서비스 제공이 가능하고, 클라우드 활용으로 인해 절감한 비용을 이용해서 혁신적인 서비스를 만들어내는데 도움이 될 것으로 보인다.

기존 대형 금융사들도 새로운 금융 서비스를 구현하기 위해선 클라우드가 필요할 뿐 아니라 신기술로 무장한 핀테크 기업과 비교해 경쟁력을 키우고 차별화되는 서비스를 제공하기 위해선 클라우드 적용이 필수적인 상황이다. 클라우드를 활용하면 데이터의 신속한 수집이 가능할 뿐만 아니라, 대량의 데이터를 인공지능 기술로 분석해 고객 맞춤형 금융 서비스를 빠른 시간내에 개발할 수 있다.

또한 리스크 분석, 파생상품 개발 등 복잡한 계리 업무를 고성능 서버를 활용해 빠르게 처리할 수 있다. 또 동시호가와 같은 일별 특정 시간대 또는 시장 상황에 따른 접속자 수가 폭증했을 때 탄력적으로 클라우드 자원을 활용해 유연하게 대응할 수 있다.

이제 막 창업을 시작한 초기 핀테크 기업의 경우 인프라 구축에 드는 기간이나 비용을 최소화할 수 있어 초기 자본투자 비용을 절감하는 이점도 있다. 또한 인프라를 유연하게 활용할 수 있어 신속한 서비스 개발이 가능하다. 사용한 만큼만 지불하는 클라우드의 특성에 따라 사업이 실패했을 때 리스크를 완화할 수 있어 스타트업의 활발한 시장 진출에 도움이 될 수 있다. 글로벌 금융 기업들은 규제 대응이나 위험관리 · 분석 서비스 개발 등에 클라우드를 활용하고 있다.

컨설팅업체 엑센츄어Accenture에 따르면 코로나19 팬데믹 기간 중 저비용·고효율 등 장점을 지닌 클라우드 서비스를 경험한 북미 은행들은 현재 클라우드를 통한 업무처리 비중은 12%에 불과하지만 2~3년내 2배로 증가할 것으로 예측했다.

웰스파고Wells Fargo, 모건스탠리Morgan Stanley 등은 마이크로소프트와 구글의 데이터 센터를 이용하고, 골드만삭스Goldman Sachs는 아마존과 협력하고 있다. 뱅크오브아메리카는 자체 클라우드 구축으로 연간 20억 달러를 절감했다. 미국의 씨티은행Citibank은 고객 만족도를 높이기 위해 비민감 정보 중심의 클라우드 시스템을 도입했다. 스페인의 빌바오비스카야은행BBVA은 전 세계 직원들의 협업을 위한 내부 시스템과 금융 서비스 오픈 응용프로그램개발환경 마켓 플랫폼 등을 클라우드 시스템상에서 제공하고 있다.

한편, 핀테크 기업들은 탄력적으로 IT 자원을 이용할 수 있다는 클라우드의 장점을 활용해 소규모 자본으로 시스템을 구축하고 스케일업 방식으로 대응하고 있다. 국내 금융 산업의 경우 보안, 안전성 이슈로 클라우드 전환에 신중함을 보이고 있으나, 규제 완화 속에서 비중요 업무 영역을 중심으로 클라우드로의 단계적 전환이 진행되고 있다. 실제로 신한은행은 120여억 원을 들여 클라우드 기반 개발 플랫폼을 구축할 예정이다. 이를 기반으로 뱅킹 앱의 생활서비스, 메타버스, AI 서비스 등 일상생활, 신기술 서비스를 시범 운영할 계획이다.

KB금융그룹은 내·외부 파트너들이 협업해 혁신적 금융 서비스 등을 개발하는 클라우드 기반의 협업 플랫폼인 '클레온CLAYON'을 구축했다. 이 플랫폼은 스타트업처럼 자원을 최소로 사용하면서 신속하게 개발하기 위해 만들어졌다. 거기에 더해 아마존 웹 서비스와의 계약으로 사물인터넷, 머신러닝, 블록체인 등에 특화돼 있으며, 글로벌 금융시장에서 이미 검증된 대표적인 클라우드인 아마존 웹 서비스의 총 175개 이상의 신기술 서비스를 신속하게 클레온에 도입할 수 있게 되었다. KEB하나은행은 국가 간 디지털 자산 관련 글로벌 통합 플랫폼GLN 플랫폼을 클라우드로 구축해 운영 중이다.

디지털 금융사 클라우드 적용 사례

디지털 금융사에서 클라우드를 어떻게 적용하는지 인터뷰를 통해 살펴보자.

카카오뱅크

<정규돈 카카오뱅크 CTO 인터뷰>

Q. 클라우드 도입은 어느 분야에 어떻게 쓰이나요?

A. 카뱅은 클라우드를 적극 활용하려는 계획을 가지고 있습니다. 일시적으로 트래픽이 몰리는 이벤트 처리, 그리고 빅데이터와 머신러닝 관련 시스템에 우선 적용합니다. 클라우드 적합성을 따져 신규 서비스는 처음부터 클라우드로 가는 것을 적극 검토하고 있으며, 방향성은 하이브리드로 가고 있습니다.

Q. 카카오뱅크 중점 목표는 무엇인가요?

A. 3~5년 정도 근 미래에 은행으로서 어떤 모습을 보일지, 어떻게 변할지 예측할 뿐입니다. 카뱅 기술팀의 올해 목표는 카뱅 퍼스트가 되기 위한 준비로, '은행을 엔지니어링하자'죠. 우선 카뱅 퍼스트로 금융 생활에서 카뱅을 가장 먼저 떠올리게 하는 것이 목표입니다. 금융 생활에서 카뱅이 첫 번째 앱이 되는 것이죠. 스마트폰을 사면 카톡, 유튜브를 깔듯이 카뱅도 가장 먼저 설치하게끔 하는 것입니다.

좀더 나아가 현재 AI와 머신러닝 등 신기술을 연구 중인데 본격적으로 성과를 내려고 합니다. 여러 기술이 내부에서 다양하게 연구중이며, 적용될 것입니다. 동시에 외부 협업은 금융기술연구소를 기반으로 이루어질 예정입니다. 금융의 기술혁신이 카뱅을 중심으로 촉발되고 이를 통해 사용자는 혁신적인 서비스를 경험하도록 하겠습니다.

Q. 카뱅 기술전략인 모던 아키텍처는 무엇인가요?

A. 다음 단계 도약을 위해 모던 아키텍처로의 전환을 추진하고 있습니다. 계정계도 전환 대상으로 삼고 있어요. 기존 은행권 표현으로 하면 차세대 시스템 구축과 마찬가지입니다.

이전보다도 카뱅 앱에서 활동이 더 많아져서 단순 고객 수 증가 이상의 트래픽이 발생하고 있습니다. 지속적인 용량 증설, 최적화로 트랙픽 증가에도 안정적으로 유지하고 있습니다. 밖에서 보기보다 세심하고 치밀한 엔지니어의 노력이 들어가고 있어요.

모던 아키텍처로 전국민의 은행이 되더라도 속도감 있는 서비스 제공과 안정적인 금융 서비스를 할 수 있는 구조로 이행 중입니다.

토스증권

<토스증권 오창훈 CTO>

Q. 토스증권의 기술력은 어느 정도인가요?

A. 토스증권 모바일트레이딩시스템^{MTS}은 원장 시스템을 포함한 모든 시스템을 분산화한다는 전략을 세웠습니다. 국내 최초로 차세대 시스템 구축이 없는 증권사를 만든다는 것이죠. '아키텍처'는 시스템 운영을 위한 최적의 구조를 뜻합니다. 전통 금융사는 단일식인 모노리식 구조를 따르지만, 토스증권은 이와는 반대로 '분산 아키텍처'인 마이크로서비스아키텍처^{MSA}로의 전환을 지향합니다. 중장기로는 차세대가 없는 증권사가 되려고 합니다.

Q. 분산 아키텍처의 장점은 무엇인가요?

A. 분산환경 시스템 내에서 고객 수와 트래픽이 증가하더라도 안정적으로 서비스를 제공할 수 있습니다. 변화에 빠르게 대응하기 위해 퍼블릭 클라우드 활용을 극대화할 계획입니다. 토스증권은 현재 개인정보가 포함되지 않은 이미지 등 일부 데이터는 아마존 웹 서비스와 아카마이의 퍼블릭클라우드에 저장하고 있습니다.

기업이 고려할 멀티 클라우드 전략

클라우드 도입 목적은 IT 관리 효율화에서 점차 데이터와 인공지능 활용을 위한 방향으로 바뀌고 있다. 초기 클라우드는 IaaS에 관한 것으로 기업 IT 정보서비스의 인프라를 제공해주고 SaaS를 지원하는 것에 집중했지만 현재는 인프라 서비스를 넘어 모든 것을 구축할 필요가 없는 '클라우드 네이티브'로 가고 있다.

특히 데이터 지역성, 글로벌 규모, 조직의 다양성 등 고려할 요인이 많은 상황에서 특정 플랫폼에 종속되지 않는 '멀티 클라우드' 환경이 확대되고 있다. 멀티 클라우드는 기업이 특정 애플리케이션 또는 서비스를 제공하는 클라우드 플랫폼을 최소 2개 이상 사용하는 환경을 말한다.

클라우드 컴퓨팅 초반에 기업들은 '우리에게 가장 적합한 클라우드'를 제공하는 기업을 찾았다. 그러나 지금은 많은 기업들이 '어떤 클라우드가 우리 비즈니스 요구사항에 맞게 서비스를 제공하는지'를 따지기 시작했다.

특히 데이터를 다루고 실시간 분석 서비스를 제공하는 것과 AI를 비즈니스와 통합하는 것이 중심이다. 데이터 수집 그리고 저장 부분과 분석 및 인공지능 활용을 위한 컴퓨팅 파워의 분리를 통해 효율적인 서비스 제공을 확대하는 추세다.

기업은 비즈니스를 위해 클라우드 센터를 설치할 필요가 없어졌다. 또 특정 벤더에 종속될 필요 없이 데이터 수집 저장에서부터 분석까지 모든 것을 클라우드에서 처리할 수 있게 됐다. 이제 혁신을 가속화할 수 있는 차별화된 플랫폼 서비스와 결합된 핵심 컴퓨팅, 스토리지 및 네트워킹 기능을 제공하는 다양한 클라우드를 고를 수 있게 됐다. 이러한 변화로 기업은 데이터를 파트너와 상호 활용할 수 있다는 이점이 있다. 또 애플리케이션 데이터 표준에서 이점이 많아 점차 멀티 클라우드는 주류가 되고 있다.

다만 멀티 클라우드 도입을 고려하는 기업이라면 우선 유연한 앱 실행이 가능한지 확인해야 한다. 코드를 변경하지 않고 여러 클라우드와 자체 서버 상에서 애플리케이션을 실행할 수 있는지 알아봐야 한다. 성능과 보안성의 저하 없이 업무를 수행할 수 있는 능력은 클라우드 공급업체 선택 시 필수적인 요소다. 또한 예산에 맞는지도 고려해야 한다. 멀티 클라우드 환경의 구축이 끝나고 운영이 시작됐을 때 모든 비용 변수도 생각해봐야 한다.

클라우드 전환 초기 당시 많은 기업이 여러 클라우드를 도입했으나 이로 인해 클라우드 환경 내 복잡성이 발생했고 클라우드 간에 완전히 연결이 이루어지지 않아 주요 보안 위협에 노출될 수 있는 가능성이 증가했다. 보안과 개인정보보호에 대한 부분을 고려한 판단이 필요하다.

클라우드의 진화, 다가오는 엣지 컴퓨팅

스마트 기기나 사물인터넷에서 발생하는 데이터는 클라우드 컴퓨팅 기술을 거쳐 중앙서버에서 데이터 저장과 처리 작업이 이루어진다. 현재 아마존, 구글, 마이크로소프트 등 글로벌 기업들이 대규모 데이터 센터를 구축해 클라우드 서비스를 제공하고 있는 방식이다. 그러나 5G 시대가 본격화되면서 데이터 트래픽이 폭발적으로 증가해 클라우드 컴퓨팅 기술만으로는 대응이 어렵다. 이러한 한계를 극복할 수 있는 대안이 엣지 컴퓨팅Edge computing이다.

엣지 컴퓨팅은 스마트폰이나 통신 기지국 등 통신 말단에서 데이터를 자체 처리하는 기술이다. 엣지 컴퓨팅을 활용하면 데이터 지연 문제를 해결하고 서비스의 실시간 제공이 가능하게 되면서 클라우드 컴퓨팅의 효율을 높일 수 있다. 클라우드 컴퓨팅이 사용자 기기의 통제가 중앙에서 이루어지는 방식이라면, 엣지 컴퓨팅은 사용자 기기에서 직접 컴퓨팅이 이루어지는 기술이다. 향후 사물인터넷, 빅데이터, 인공지능 등이 성장하면서 엣지 컴퓨팅을 갖춘 클라우드도 함께 다양한 산업 분야에서 활용되면서 급성장할 것으로 예상된다.

엣지 컴퓨팅은 클라우드 컴퓨팅처럼 중앙 집중형 처리 방식이 아닌, 데이터가 생성되는 네트워크의 단말에서 가까운 곳인 엣지, 즉 가장자리에서 데이터를 처리하는 방식이다. 엣지 컴퓨팅을 활용하면 데이터를 중앙 서버에 전송하지 않아도 된다. 즉시 단말 근처에서 처리되면서 보다 즉각적으로 대응이 가능하고, 네트워크의 과부하도 줄일 수 있는 이점이 있다.

엣지 컴퓨팅과 정반대 구조로 볼 수 있는 클라우드 컴퓨팅은 중앙 집중식으로, 클라우드에 속해 있는 노드Node들로부터 데이터를 한군데로 모아 처리하는 방식이다. 이 과정에서 근거리 또는 장거리 네트워크를 통해 데이터를 한 곳으로 모으고, 클라우드는 네트워크를 통해 저장소, 데이터 분석 능력을 제공한다.

　만약 클라우드 서비스를 이용하는 사용자가 급격하게 증가하는 경우, 네트워크를 통한 데이터의 송수신은 지연될 수 있고 정상적인 서비스를 제공하는 데 어려움을 겪을 수 있다. 수많은 데이터가 생성되면서, 이를 클라우드에 저장하고 처리하기 위해선 많은 컴퓨팅 자원이 필요하다. 또 생성된 데이터를 클라우드 서버까지 전송하고, 이를 분석해서 그 결과를 다시 되돌려받기까지 시간이 오래 걸린다.

　사물인터넷과 스마트 기기가 보편적인 서비스로 자리 잡으면서 수집되는 데이터는 점차 많아지는데, 분석 결과를 빨리 응답해줘야 하는 경우, 중앙집중식의 처리 방식은 비효율적이다. 즉시 단말 근처에서 처리되면서 보다 즉각적으로 대응이 가능하고 데이터 부하를 줄일 수 있는 엣지 컴퓨팅은 이러한 기존의 클라우드가 가진 한계를 해결할 수 있는 대안으로 꼽힌다.

　사물인터넷에 연결되는 단말기기의 수는 2020년 기준 300억 개를 넘어간다. 또한, 일반 영상보다 몇 배 이상 용량인 고화질 영상 콘텐츠가 점차 대중화되고 있는 것도 네트워크 부하를 일으킨다. 이런 추세라면 데이터를 저장하기 위한 데이터 센터가 증설돼야 하며, 이를 처리하기 위한 연산능력도 더 고도화돼야 한다. 엣지 컴퓨팅에서 데이터를 처리하면 결국 클라우드가 모든 데이터를 저장하거나 연산하지 않아도 된다.

엣지 컴퓨팅 활용이 가장 활발하게 기대되는 분야는 자율주행차와 커넥티드 카^{Connected Car}다. 주변 사물을 탐지하고 상황에 맞는 차량 통제를 위해서는 매우 복잡한 실시간 연산이 필요하다. 예컨대 고속도로에서 시속 100km^{초당 약 27.8m 이동} 이상 **빠른** 속도로 주행중인 차량이 주변에서 발생한 사고 등 교통 정보 데이터를 모아 중앙 클라우드에 전송하고 응답을 되돌려받기 위해 기다리면 주행 안전성은 보장할 수 없다. 엣지 컴퓨팅은 비교적 근거리의 로컬네트워크에서 데이터를 송수신하기 때문에 네트워크 지연 문제에 대해서 자유로운 편이다.[14]

자율주행차나 커넥티드 카와 같은 스마트 카 외에도 엣지 컴퓨팅은 스마트 도시, 스마트 그리드, 스마트 팩토리 등 다양한 분야에 적용할 수 있다. 스마트 카와 교통 시스템을 연동하는 스마트 도시나 이 도시의 전력 및 에너지 관리에 있어서도 효율성을 높이기 위해서는 실시간으로 데이터를 활용하는 것은 필수적이다. 그러려면 데이터가 생성된 가까운 곳에서 이를 처리해 주는 엣지 컴퓨팅이 반드시 필요하다.

스마트 팩토리도 엣지 컴퓨팅 활용이 필수적인 분야로 꼽힌다. 공장의 기계를 가동하며 생성되는 데이터 중에서는 단순하거나 바로 대응이 가능한 데이터가 있다. 또 이보다는 더 복잡한 연산을 통해 분석과 예측을 필요로 하는 데이터로 나뉜다.

---

14 안성원 선임연구원, 〈엣지 컴퓨팅을 갖춘 클라우드의 급성장〉, 정보통신산업진흥원, 2019. 1. 25.

바로 대응이 가능한 데이터는 통상 장비를 구동할 때 관리가 필요한 온·습도나 실시간 오류 체크 등이 해당된다. 이는 엣지에서 처리가 바로 가능하다. 사고 위험을 예측한다거나 기계의 부품 교체시기 관리 등 복잡한 데이터의 경우에는 중앙 데이터 센터의 클라우드에서 처리하는 방식이다. 이 같은 이원화된 멀티 컴퓨팅을 통해 공장의 가동이나 설비 관리를 좀더 효율적으로 할 수 있다.

중앙 데이터 센터의 클라우드 컴퓨팅과 엣지 컴퓨팅으로 이원화해서 업무를 처리하면 시스템 효율이 극대화된다. 또 각각의 엣지 컴퓨팅 클러스터는 중앙 클라우드 서버와 통신이 단절되더라도 어느 정도 독립적인 동작이 가능하도록 설계되어 있기 때문에 필요한 분야에 단절없는 서비스를 활용할 수 있다. 엣지들을 모아 하나의 거대한 클라우드망을 형성하는 것도 가능하다.

이 같은 방식을 도입하면 조직적으로 더 많은 서비스 요청을 관리하기가 쉽다. 또 다양하고 신속한 서비스를 제공할 수 있다. 클라우드 제공 기업과 관련 솔루션 업체들은 엣지 컴퓨팅을 포함한 다양한 솔루션을 출시하고 있다. 클라우드와 엣지 그리고 스마트 디바이스의 효율화된 구조는 더 다양한 분야로 확대될 것으로 전망된다.

클라우드 기반 원격근무 서비스

코로나19 팬데믹으로 기업이나 공공기관들은 출장과 오프라인 행사를 취소했고, 기업들은 직원들의 건강과 업무 연속성을 위해 재택근무를 도입했다. 자연스럽게 영상회의 서비스에 대한 관심도 늘었고 클라우드 기반 영상회의 및 원격근무 서비스가 주목받기 시작했다.

시장 조사업체인 가트너는 2024년에 업무상 발생하는 회의의 약 25%만 대면으로 진행되며 전 세계 기업의 74%가 원격근무 체제를 도입할 것으로 예상하고 있다. 원격근무 솔루션을 크게 나누자면 '팀원 간의 소통과 자료 공유를 가능하게 하는 메신저 및 문서공유 시스템' '프로젝트 공정과 사안 관리IssueTracking 시스템' '실시간으로 회의를 하고 의사소통할 수 있는 화상회의 솔루션' '근태관리, 결재 등 백오피스 시스템' 등으로 나눌 수 있다.[15] 포스트 코로나에도 화상회의, 재택근무에 대한 수요는 여전할 것으로 보인다.

기존에도 화상회의 솔루션은 사용해왔다. 다만 늘어나는 트래픽에 대응이 어렵고, 한꺼번에 받아들일 수 있는 사용자 인원에 제한이 있었다. 그러나 클라우드 기반으로 만들어진 화상회의 및 근태관리 솔루션은 별도로 다운로드를 할 필요가 없고 급증하는 트래픽에 유연하게 대응할 수 있다. 사용자들은 영상회의 중에 자료 또는 바탕화면을 공유할 수 있고 수천 명

---

15 클라우드스토어 씨앗, 〈위기에 주목받는 클라우드 기반 영상회의 서비스〉, 한국정보화진흥원 · 클라우드스토어 씨앗, 2020. 4.

이 참가할 수 있는 대규모 회의도 지원해 일반적인 기업 회의 외 온라인 컨퍼런스, 이벤트 등에서도 활발히 사용되고 있다.

화상회의 솔루션 선두주자는 시스코다. 일반인들에겐 익숙하지 않은 기업이지만, 글로벌 네트워크 장비 시장에서 점유율 50% 이상을 차지하는 1위 업체다. 네트워크 장비, 보안, 클라우드 관리 솔루션 등의 제품을 내놓는 시스코는 최근 하드웨어를 넘어 소프트웨어로 영역을 확장 중이다.

무선 프레젠테이션, 디지털 화이트보드, 화상 회의를 통합한 새로운 차세대 협업 장치인 시스코 웹엑스 보드Cisco Webex Board를 제공한다. 또 언제 어디서나 각종 기기에서 온라인 회의를 할 수 있도록 지원하는 클라우드 기반의 영상 협업 서비스인 시스코 웹엑스 미팅Cisco Webex Meetings과 비즈니스 메시지를 주고받을 수 있는 웹엑스 팀즈Cisco Webex Teams 등이 있다.

마이크로소프트의 경우 그간 스카이프Skype를 통해 개인과 기업들 대상으로 영상 미팅 서비스를 제공해왔다. 그러나 클라우드 사업으로 전환하면서 스카이프 단독보다는 오피스에 통합해 제공하는 형태의 마이크로소프트 팀즈Microsoft Teams를 제공하고 있다.

MS 팀즈는 2016년 출시된 메신저 기반의 협업 툴이다. 화상회의 및 화상채팅을 비롯해 메모와 첨부 파일을 공유할 수 있는 등 다양한 기능을 제공한다. 팀즈는 단순한 영상 미팅 서비스를 넘어서 채팅, 모임, 통화와 공동작업을 모두 한곳에서 수행할 수 있는 기능을 통합해 제공한다.

우리나라에선 카카오톡이 익숙한 메신저다. 대화를 주고받거나 파일을 공유하는데 문제가 없지만, 업무시에 사용하기엔 파일의 크기와 종류, 보관 기간 등에 제한이 있다. 또 검색을 통해 지난 대화나 공유한 파일을 찾기가 용이하지 않다. 이런 한계를 극복하기 위해 팀원들 간 협업을 위해 원격근로를 위한 메신저가 주목받고 있다.

세계 협업도구 시장에서 팀즈의 유료 가입자 수2019년 기준는 약 2,000만 명, 슬랙은 1,200만 명으로 알려졌다. 슬랙은 메신저 기능을 바탕으로 기업이 자사에 맞는 기능을 개발해서 추가할 수 있는 협업도구다. 온라인 게임 글리치Glitch를 개발하던 타이니 스팩Tiny Speck사의 내부용 프로그램으로 시작한 슬랙은 2013년 8월에 서비스를 시작했다.

슬랙의 주요 기능은 팀, 프로젝트, 고객 등 필요한 사람들로 구성할 수 있는 채널 기능, 파일 종류에 제한이 없는 문서공유이다. 그리고 음성과 화상 대화 기능뿐 아니라 구글 드라이브, 드롭박스Dropbox, 깃허브Github, 젠테스크Zendesk, 세일스포스Salesforce, 지라Jira와 같은 여러 외부 서비스를 연결할 수 있는 있는 강점이 있다. 슬랙은 아마존 웹 서비스의 가상 프라이빗 클라우드Virtual Private Cloud를 적용하고 있다. 프리미엄Freemium, 무료+유료 비즈니스 모델을 제공하는 슬랙은 무료 사용자 비중이 절대적으로 크다.

코로나와 함께 급부상한 기업은 '줌Zoom'이다. 이 업체는 시스코 웹엑스를 만들었던 이들이 퇴사 후 새롭게 도전하면서 기존 레거시 인프라를 유지할 필요 없이 처음부터 SaaS로 제공하면서도 동시에 하이브리드, 매니지드 서비스, 데디케이티드 개발 옵션으로 줌 미팅과 줌 비디오 앱이나 솔루션을 제공하고 있다.

해외 기업들은 클라우드를 디지털 트랜스포메이션의 기본 인프라로 도입하고 있다. HSBC은행은 클라우드를 통해 규제에 신속하게 대응하였고, 멀티 클라우드 전략으로 효율성을 높였다. 알리안츠Allianz는 데이터 기반 고객 맞춤형 디지털 경험을 제공하기 위해 클라우드를 채택했고, 영국의 챌린저뱅크인 스타링뱅크Starling Bank와 미국의 주식 거래 수수료를 무료화한 애플리케이션 운영사 로빈후드Robinhood는 클라우드 기반 뱅킹·브로커리지 시스템을 구축했다. 국내의 경우 2019년 1월 1일부터 개인신용정보, 고유식별정보도 국내 소재 클라우드를 이용할 수 있도록 하는 전자금융감독규정 개정안이 시행되고 있다. 특히 클라우드 활용 범위가 비중요 시스템에서 빅데이터 활용 등으로 확장되고 있다.

OTT 전쟁의 시작,
게임과 웹툰까지 잡아야 산다

① 인도 영화하면 늘상 떠오르는 장면이 있다. 춤과 음악이 빠지지 않는다는 것, 영상 전개에 있어 다소 뜬금없이 흘러나오는 흥겨운 음악과 댄스가 바로 그것이다. 영상에 몰입하고 있더라도 '아, 내가 보고 있는 영화가 인도 영화였지' 하고 떠오르게 만든다. 인도인들이 이같은 영화 전개에 익숙한 탓일 테다. 한 번 고착화된 이같은 영상 제작의 문화는 쉽사리 바뀌지 않는 것 같다. 이를 바라보는 외지 사람들은 낯설지만 인도 영화의 특색으로 받아들이곤 한다. 이런 인도에서 제작되는 영화의 편수만 매년 2,000여 편이다. 인도 영화 시장 규모는 전 세계 영화 시장 중에서 북미, 중국, 일본, 대한민국, 영국, 프랑스에 이어 7위다. 인도 영화 시장도 코로나19로 인해 큰 영향을 받았다고 한다. 자국 인구만 중국에 이어 두 번째로 많다보니 다른 시장을 크게 신경쓰지 않았는데 팬데믹으로 아마존 프

라임 비디오 오$^{Amazon\ Prime\ Video}$, 넷플릭스, 디즈니 플러스 핫스타$^{Disney+}$ ^{Hotstar} 등 OTT 플랫폼을 통한 디지털 개봉으로 옮겨가기 시작했다. 자국 영화에 익숙하던 인도 사람들은 글로벌 OTT를 통해 양질의 참신한 해외 영화에도 점차 눈을 돌리고 있다.

화려한 의상과 흥겨운 음악 및 군무, 멜로 서사 등 발리우드$^{인도의\ 할리우}$ ^{드} 영화의 전형인 코미디 영화 〈쿨리 넘버 원$^{Coolie\ No.\ 1}$〉은 2020년 2월에 촬영을 마친 후 5월 극장을 통한 개봉을 앞뒀다. 그러나 코로나 팬데믹으로 개봉일이 미루어지다 결국 그 해 12월 25일에 아마존 프라임 비디오^{Amazon} $^{Prime\ Video}$를 통해 공개됐다. 코미디 영화 〈굴라보 시타보$^{Gulabo\ Sitabo}$〉도 그 해 6월 12일 아마존 프라임 비디오에서 첫선을 보였고, 코미디 호러 영화 〈락스미^{Laxmii}〉는 같은 해 11월 9일 디즈니 플러스 핫스타를 통해 개봉했다.

2021년 제작된 〈화이트타이거$^{White\ Tiger}$〉는 넷플릭스 오리지널 작품으로 해외 자본으로 만들어진 인도 영화다. 역으로 인도 영화가 OTT를 통해 해외로 손쉽게 수출됐다. 영화 〈라이즈 로어 리볼트$^{Rise\ Roar\ Revolt}$〉는 텔루구어, 타밀어, 힌디어, 칸나다어, 말라얄람어 등 5개 인도 언어로 출시됐고 영어, 포르투갈어, 한국어, 터키어, 스페인어, 일본어 및 중국어로도 서비스되어 넷플릭스 등 OTT에서 선보였다.

시장조사업체 포레스터^{Forrester}에 따르면, 2019년에는 발리우드 영화 중 극장을 거치지 않고 곧바로 OTT에서 제공된 영화는 한 편도 없었지만, 2020년에는 무려 28편이 스트리밍 동영상 서비스로 직행한 것으로 집계됐다.[16]

---

16 (주)내비온, 〈2021 해외 콘텐츠시장 분석〉, 한국콘텐츠진흥원, 2021. 12. 3., p.304

② OTT로 인해 콘텐츠가 국가 장벽없이 해외에서 큰 사랑을 받는 경우가 많다. 일례로 2020년 닐슨의 디지털 소비자 설문조사에 따르면, 멕시코 비디오 스트리밍에서 가장 많이 소비되는 콘텐츠는 영화와 TV 시리즈이며, 가장 인기 있는 장르는 액션, 미스터리, 코미디 및 드라마이다.

고무적인 부분은 멕시코에서 팬데믹으로 한국 콘텐츠를 소비하는 사람이 늘었다는 점이다. 짐작하듯 〈오징어 게임〉을 통해 멕시코 넷플릭스 유저들 사이로 한국 콘텐츠 접근성이 제고됐다. 2021년 9월 이 영화가 공개되면서 현지에서는 오징어 게임에 등장하는 거대 인형을 교통신호 단속 이미지로 합성한 패러디물이 등장하는 등 소셜 미디어에서 각종 밈(meme)이 등장했다.

한편으로는 죽은 자의 날로 불리는 현지 기념일인 '망자의 날'을 기념해 멕시코시티 코요아칸 광장에서 〈오징어 게임〉 이벤트가 열리기도 했다. '무궁화꽃이 피었습니다' 게임 캐릭터 영희를 비롯해 오징어 게임 진행요원이 이벤트에 등장했고, 수백만 명의 사람들이 기념사진을 촬영하는 진풍경이 펼쳐졌다. 멕시코의 한 공공서비스 당국은 〈오징어 게임〉에 나오는 실제 초대장처럼 수도요금 체납서를 각 세대에 우편함에 꽂아놓고, 레슬링 경기 포스터나 스포츠 신문에도 〈오징어 게임〉을 마케팅에 활용해 화제가 됐다.

OTT 전쟁의 시작

OTT^{Over The Top}는 본래 셋톱박스를 통해서 제공되는 영상 서비스를 뜻한다. 현재는 그 의미가 확대되어 셋톱박스 유무와 상관없이 인터넷 기반 동영상 서비스를 포괄하는 의미로 사용되고 있다. OTT시장은 스마트폰 성능 향상, 5G 통신 기술의 발달로 팽창하기 시작했다. 과거에는 지상파 TV, 유료 유선방송, IPTV 등을 통해서나 영상 콘텐츠를 접할 수 있었는데 그 모든 것이 스마트폰으로 이루어지면서 성장기를 맞이한 것이다.

1인 가구 증가 등으로 인해 TV라는 하드웨어가 꼭 있어야 하고 요금 부담도 큰 유료 유선방송을 OTT로 대체하는 코드 커팅^{Cord Cutting}과 유료방송 가입 상품을 더 저렴한 것으로 변경하는 현상인 코드 쉐이빙^{Cord Shaving} 현상이 뚜렷해지면서 OTT 서비스의 시장 지배력은 더욱 커질 것으로 전망된다.

한국국제문화교류진흥원이 2022년 2월 발간한 자료에 따르면 우리나라 OTT 시장이 2025년 2조 원 규모로 성장할 것이라는 전망이 나왔다. 2020년 약 9,935억 원 규모였던 국내 OTT 시장은 2025년 1조 9,104억 원 규모로 성장할 것으로 예상한 것이다. '2020년 방송시장경쟁상황평가'에 따르면 국내 OTT 이용률은 '2017년 35%→2018년 42.7%→2019년 52%→2020년 66.3%'로 급증했다.'OTT 서비스 이용자 중 유료결제 이용자 비율은 50.1%로 과반을 차지했는데, 이는 '2018년 7.7%→ 2019년

14.9% →2020년 21.7%'에 이어진 급격한 변화다. 콘텐츠만 훌륭하다면 비용과 관계없이 시청자의 수용성이 높아졌다는 것이 증명된 셈이다.

여러 플랫폼이 오리지널 콘텐츠 제작에 공격적으로 나서면서 OTT 강세는 지속될 전망이다. 넷플릭스·디즈니플러스 등 막대한 자금력을 앞세운 글로벌 OTT에 맞서 티빙·웨이브 등 국내 OTT들이 콘텐츠 경쟁력을 앞세워 버티고 있지만, '미드 최강자'로 불리는 HBO맥스까지 경쟁 대열에 뛰어들 전망이다.

넷플릭스는 2021년 국내에서 5,500억 원을 투자해 〈D.P.〉 〈오징어 게임〉 〈지옥〉을 글로벌 히트시켰고, 티빙은 드라마 〈술꾼도시여자들〉과 예능 〈환승연애〉 〈여고추리반〉 등으로 토종 OTT 중 돋보이는 성적을 냈다. 웨이브도 〈모범택시〉 〈이렇게 된 이상 청와대로 간다〉 등이 인기를 끌었고, 새로운 글로벌 플레이어인 애플TV플러스와 디즈니플러스도 2021년 11월부터 국내 시장 경쟁에 가세한 바 있다.

코로나로 가장 특수 노린 산업 'OTT'

2019년 12월 25일, 코로나 19 국내 첫 확진자가 나오기 불과 1개월 전날, 크리스마스를 맞아 전국 극장을 찾은 관객은 200만 명 이상이었다고 한다. 코로나19가 전 세계를 관통한 1년 후, 2020년 크리스마스에는 극장을 찾은 이가 14만 명에 불과했다. 영화 산업뿐만은 아니다. 뮤지컬, 클래식 등 문화 생활을 즐기기 위한 수단이었던 공연장은 모두 문을 걸어잠갔다. 나아가 퇴근 후 직장동료와 술 한 잔 기울이던 시간마저 사라졌다. 거리두기라는 사회적 현상은 사람들로 하여금 집에서 노는 방법을 찾게 만들었다. 거리두기 특수를 가장 크게 누린 산업이 바로 OTT다. 오리지널 콘텐츠, 미국 드라마까지 무제한으로 볼 수 있는 월정액 서비스는 '콘텐츠 폐인'을 양성했다. 침대에 누워서도 TV와 스마트폰으로 온종일 콘텐츠를 소비했다. OTT는 2018년 대비 올해 1,100% 이상 성장세를 나타냈다.

현대카드가 2017년부터 2021년 7월까지 현대카드 950만 명 결제 데이터를 분석한 결과 '유튜브'는 폭발적 성장을 나타냈다. 2018년 1억 원 후반대에 불과했던 유튜브 결제금액은 2021년 77억 원으로 집계됐다. 2022년 올해는 결제금액이 133억 원을 훌쩍 넘어설 것으로 예상된다. 성장률로 따지면 2018년 대비 6,600% 이상 커졌는데, 그 이유는 유튜브 프리미엄 등장 때문이었다.

다음으로 결제가 몰린 곳은 '넷플릭스'였다. 2018년 넷플릭스 결제금액은 34억 원이었지만 2022년에는 291억 원을 넘어섰으며, 총 결제금액은 499억 원으로 추산된다. 무려 1,300%가 넘는 성장세를 나타냈다. 넷플릭스 결제금액은 2017년 12억 원에서 2019년 129억 원, 2020년 332억 원으로 껑충 뛰었다. 최다 오리지널 콘텐츠를 보유한 기업 넷플릭스는 2016년 국내 서비스를 시작했다. 이후 국내 콘텐츠 투자를 늘려 왔으며, 국내 시장이 크게 확대되자 2020년 9월 한국 법인을 설립하고 국내 콘텐츠 투자 활동을 시작했다. 킹덤, 승리호, 스위트홈 등 국내 오리지널 콘텐츠가 인기를 모았다.

토종 OTT '티빙^{TVING}'도 빠르게 발전했다. 티빙 결제금액은 2018년 2억 원 중반대에서 현재 17억 원을 돌파했고, 올해 29억 원을 넘어설 것으로 보인다. 2018년 대비 1,000% 이상 성장했다. 티빙은 tvN, OCN 채널, 드라마 제작 기획사 스튜디오드래곤을 계열사로 둔 CJ ENM, JTBC 채널을 계열사로 거느린 드라마 제작 기획사 JTBC스튜디오가 공동 설립했다. 이어 '왓챠^{Watcha}'는 2018년 결제금액 1억 원 후반대였지만 2021년 9억 원을 넘어섰다. 성장률은 770%에 달한다.

'웨이브^{wavve}'는 2018년 결제금액 15억 원 후반대에서 2021년 26억 원을 기록했다. 2022년에는 44억 원을 돌파할 것으로 보인다. 통신사 SK텔레콤은 자사 '옥수수^{oksusu}' 서비스와 KBS, MBC, SBS 등 공중파 방송국들이 제공하던 '푹^{POOQ}' 서비스를 통합해서 웨이브를 설립하고, 공중파 드라마에 공동 투자하면서 OTT 서비스를 제공하고 있다.

밖에서 즐기는 문화생활의 단절은 집 안에서 드라마나 영화 등을 즐길 수 있는 넷플릭스나 유튜브 등과 같은 OTT 또는 모바일 영상 플랫폼의 결제금액 증가로 이어졌다. 코로나19가 창궐한 2019년과 비교하면 2022년에는 3배가 훌쩍 넘는 결제금액을 달성할 것으로 보인다.

이제 대세는 스태킹, 관건은 구독자 유지

영화관을 중심으로 한 영상 산업은 위축됐지만 반사효과로 OTT시장은 성장했다. '영화는 영화관의 대형 스크린을 통해 보는 것'이라는 습관을 바꿔버린 것이다. 모바일, 태블릿이라는 다소 작은 스크린을 통해 시청하는 것이 그 전까지는 불편하고 어색하게 느끼는 세대가 분명 있었으나 코로나19가 이런 불편함을 당연함으로 바꾸었다. 말 그대로 뉴노멀이 시작된 것이다. 사정이 이렇자 기존 유료 케이블 방송과 VOD 서비스도 OTT 시장으로 급전환하기 시작했으며, 기존 방송사들도 유튜브와 넷플릭스, 왓챠, 웨이브 등으로 콘텐츠를 공유했다. OTT 시장 확대를 주도한 것은 넷플릭스로, 190여 국가에서 약 2억 명 이상의 가입자를 확보했다 2020년 기준.

넷플릭스의 경우 2021년 1분기 신규 가입자는 1,577만 명을 유치, 월가 예상치인 820만 명의 약 2배에 가까운 실적을 올렸다. 디즈니플러스 역시 2배 증가하는 등 글로벌 OTT 시장은 빠르게 성장했다. 글로벌 OTT 서비스 업체인 넷플릭스는 코로나 사태의 가장 큰 수혜주가 되었고 주가는 연일 상승, 2020년 1분기 전통적인 콘텐츠 강자인 월트디즈니 컴퍼니의 시가총액을 넘어섰으며, 6월에 시가총액 2,000억 달러에 이르렀다.

OTT 서비스는 코로나19 장기화로 엔데믹 국면에 접어들고 사람들이 야외 활동을 재개하면서 성장세가 주춤한 것으로 보인다. 넷플릭스의

2022년 1분기 유료 가입자가 11년 만에 처음으로 감소한 것이 대표적인 예다. 1분기 전 세계 넷플릭스 가입자는 2021년 4분기보다 20만 명 줄어든 2억 2,164만 명으로 집계됐다. 하지만 이것이 넷플릭스의 영향력 자체의 감소라고 보기는 어렵다. 그동안 콘텐츠 프로바이더CP 역할만 하던 콘텐츠 기업들이 OTT 플랫폼 그 자체까지 넘보면서 전체 시장은 확대되었지만 수십년 간 지속되어왔던 IP를 확보하고 있지 못한 넷플릭스가 일시적인 타격을 받았다고 보는 편이 맞을 것이다.

또 다른 이유는 시장 경쟁이 치열해졌기 때문이다. 현재 글로벌 OTT시장에서는 디즈니플러스·훌루·아마존프라임비디오·애플TV플러스 등이 각축전을 벌인다. 국내에는 웨이브, 티빙, 쿠팡플레이, 시즌 등이 있다. 사용자들은 원하는 콘텐츠를 보기 위해 OTT 서비스를 넘나들고 있다. 한 서비스만 이용하는 것이 아니라 콘텐츠에 따라 가입과 탈퇴를 반복하는 식이다.

2023년 OTT 서비스 별 평균 이용기간은 감소하는 경향세를 보일 가능성이 크다. 한국소비자원의 조사에 따르면 OTT 이용기간은 '1년 이상~2년 미만'이 31.7%로 가장 많고, '1년 미만'이 28%로 그 뒤를 따르는 것으로 집계됐다.

신규 OTT 서비스를 추가하게 되면, 주로 시청하는 OTT를 중심으로 두고 가입 및 해지를 반복하는 몇 개의 OTT 서비스를 이용하는 형태로 변화하게 될 것으로 보인다. 주로 시청하는 OTT의 평균 이용기간은 현재와 비슷하겠지만, 가입 및 해지를 반복하는 기타 OTT 서비스는 이용기간이

짧아질 것이다. 실제 미국의 안테나^{Antenna} 가 조사한 결과를 보면 2년간 넷플릭스의 해지율은 크게 변화가 없는 반면, 기타 OTT 서비스들의 해지율은 1.7%p 이상 증가한 것으로 나타났다.

그러나 특정 OTT를 해지한다고 해서 전체적인 OTT 시장 축소라고 단언하기는 어렵다. 다양한 OTT가 생겨나면서 볼거리가 늘어나고 오리지널 콘텐츠 경쟁력도 커지면서 소비자들의 콘텐츠 선택 범위는 커졌다. 이용자가 환경 또는 생활패턴에 따라 플랫폼을 선택해 여러 개의 OTT를 시청하는 '코드스태킹^{cord-stacking}' 현상이 더 뚜렷해질 것이다. 1인당 평균 구독 서비스 개수가 늘어나는 다중구독^{Multiple Subscription}이 증가한다는 뜻이기도 하다.

결국 구독자를 붙잡고 해지율을 낮추기 위해선 강력한 오리지널 콘텐츠가 필요하다. 닐슨코리안클릭의 보고서에 따르면 〈오징어 게임〉 최초 공개일자인 2021년 9월 17일이 포함된 9월 13일 주간을 기준으로 해 기존 이용자의 평균 이용 시간은 〈오징어 게임〉 시청을 통해 월등히 증가했고, 이는 OTT 서비스의 전반적인 활동성이 증가하는 데 크게 영향을 미쳤다고 분석하고 있다. 〈오징어 게임〉 공개 전 4주 기준 최소 1주 이상 넷플릭스를 이용한 사람을 '넷플릭스 기이용자'로 정의하면, 기이용자의 평균 이용시간이 크게 증가했고, 이는 넷플릭스 전체 활동성 증가에 영향을 끼친 것으로 보인다.

닐슨코리안클릭에 따르면 2021년 9월 넷플릭스의 월간활성이용자^{MAU}는 948만 명으로, 국내 서비스 개시 이래 최고치를 기록했다. 전달인 8월

넷플릭스 이용자의 이용시간 변화

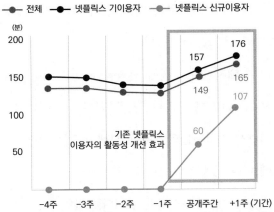

〈오징어 게임〉이 최초로 공개된 2021년 9월 17일이 포함된 주간을 '공개주간'으로 정의한다.

출처: Nielsen Media Korea Digital Data Android OS Mobile, iOS Mobile, 2021.08.16~2021.09.20

863만 명보다 9.8% 증가했다. 같은 해 8월 27일 선보인 〈D.P.〉에 이어 9월 17일 공개한 〈오징어 게임〉의 흥행이 크게 작용한 것으로 보인다.

넷플릭스의 경쟁 상대는 틱톡?

10대들에게 틱톡은 앱 서비스를 넘어 일상이 됐다. '틱톡TikTok'은 짧은 동영상 앱이자 모바일 비디오 플랫폼으로 중국에 본사를 둔 바이트댄스

ByteDance가 운영한다. 바이트댄스는 2012년 인공지능 기반 콘텐츠 서비스를 제공하는 스타트업으로 시작했다. 맞춤형 뉴스 서비스 앱 '진르토우티아오Jinri Toutiao'와 숏폼Short-form 동영상 플랫폼 '틱톡'을 중심으로 성장했다.

바이트댄스는 2016년 10월 중국에서 틱톡의 중국 버전인 도우인抖音을, 2017년 8월부터 해외서비스 틱톡을 서비스하기 시작했다. 틱톡은 전문적인 영상 촬영이나 편집 능력이 없이도 누구나 5초~1분 이내 짧은 숏폼 형식의 영상을 만들고, 크리에이터가 될 수 있다. 짧은 영상 시간은 콘텐츠 생산자와 소비자 모두의 부담을 줄여줬다.

틱톡에서는 앱 내 탑재된 다양한 증강형실 기반 영상 기술로 손쉽게 촬영이 가능하고 앱 내 편집 도구를 이용해 쉽고 빠르게 영상을 편집할 수 있다. 스티커, 필터, 효과, 속도 조절 등 다양한 편집 도구를 지원한다. 간편한 영상 제작과 수정은 콘텐츠 생산자와 소비자 구분을 지워버렸다. 특히 인기인 립싱크 동영상은 노래에 맞춰 입만 벙긋거리면 되고, 립싱크나 댄스는 언어나 국경의 장벽도 뛰어넘는다.

틱톡은 150개국에서 75개 언어로 서비스되고 15억 명 이상의 사용자를 보유했다. 초기에는 아시아 중심으로 확산됐지만, 현재는 인도와 중국, 미국 사용자 비중이 가장 높다. 틱톡 숏폼 인기와 함께 인스타그램 릴즈Reels, 유튜브 숏츠, 스냅 스포트라이트Spotlight 등 숏폼 컨텐츠 경쟁은 심화되고 있다.

바이트댄스의 2021년 매출은 3,678억 위안^{한화 약 73조 7,209억 원}으로 전년 대비 70% 늘어났다. 바이트댄스는 알리바바, 바이두, 텐센트 3강 체제로 굳어진 중국 인터넷 플랫폼에 균열을 일으키고 BAT^{바이트댄스, 알리바바, 텐센트} 시대를 열었다.

틱톡의 챌린지 마케팅이 시장에 제대로 먹히면서 글로벌 디지털 마케팅 시장에서 가장 영향력이 큰 매체로 성장했다. 한국에서도 가수 지코의 〈아무 노래〉가 소위 대박을 터트린 데는 틱톡의 댄스 챌린지가 큰 역할을 했다. 음원 발매 전 동료 가수들이 촬영한 댄스 챌린지를 틱톡에 게시하면서 홍보에 성공했다.

틱톡은 2021년 데이터아이아이^{구 앱애니}, 센서타워 등의 시장조사업체가 추산한 전 세계 비게임 앱 매출, 다운로드 수에서 각각 1위를 차지했다. 동시에 세계 방문자 수에서 구글을 제치면서 더 크게 주목받았다. 2020년 광고 매출 1,500억 위안^{약 28조 원}으로 기존 중국 1위인 텐센트^{1,000억 위안}를 제치고 중국 최대 광고 플랫폼으로 성장했다.

틱톡이 슈퍼앱으로 성장할 수 있었던 비결은 인공지능 기반의 고객 맞춤형 콘텐츠 전송 역량이다. 또 수익화를 위해 설립한 광고 전문 플랫폼 팽글^{Pangle}은 바이트댄스 플랫폼의 광고 효율화를 지원했다. 단시간에 117개 카테고리의 8만 5,000개 광고주를 확보하며 중국 광고시장 점유율 2위로 성장했다.

바이트댄스의 광고는 전 카테고리를 넘나들고, 사용자들이 광고 자체를 숏폼 동영상으로 즐기게 하는 강점이 있다. 15억 원에 달하는 월간 활성 고객 수는 틱톡의 큰 경쟁력이다. 숏폼 동영상 플랫폼의 강자로 자리매김하며 밀레니엄 세대를 장악했다. 차세대 성장 동력으로 교육, 게임, 전자상거래 등으로 영역을 확대하고 있다. 여기에 틱톡은 유료 구독자 전용 콘텐츠 제공을 시작하면서, 넷플릭스에 도전장을 내밀었다.

한 달에 4.99달러약 7,000원를 내면 전체 시리즈를 볼 수 있는 서비스인데, 숏폼 동영상 플랫폼 강자로 떠오른 틱톡이 오리지널 콘텐츠를 내놓으면서 OTT 강자인 넷플릭스 영역에 발을 들여놓기 시작한 것이다.

크리에이터 제리코 멩케가 광대를 비롯한 다양한 인물을 인터뷰하는 코미디 시리즈 '제리코 멩케 찾기Finding Jericho, Mencke'를 첫 유료 콘텐츠를 내놓았는데, 2022년 6월 2일에 시작해 매주 새로운 콘텐츠가 올라가는 방식이다. 전체 에피소드는 8편으로 구독료를 내면 전편을 볼 수 있다.

틱톡은 1,000명 이상의 팔로워를 가진 틱톡커들에게 추가 수익을 주기 위해 '라이브 월간 구독 툴' 등 다양한 기능을 도입하기도 했다. 틱톡 스트리밍 서비스라이브를 이용해 크리에이터들은 구독자들에게 독점 채팅이나 미팅, 개인 맞춤형 이모티콘, 배지 등을 나눠줄 수 있다. 숏폼 동영상 경쟁이 격화되자 크리에이터 수익 지원을 확대하고 무엇보다 경쟁사보다 더 많은 콘텐츠를 확보하기 위한 조치로 볼 수 있다. 또 틱톡은 그

동안 녹화된 VOD 형태의 숏폼 비디오 유통에 집중했는데, 라이브 게임 중계로 점유율이 급상승하고 있는 트위치와 유튜브 등에 대응하기 위한 전략이다.

틱톡이 숏폼 형태 동영상 시장을 열었고, 이제 더이상 경쟁은 짧은 동영상 시장에 국한되지 않는다. 틱톡이 스트리밍과 구독형 서비스로 영역을 확대하며 기존 해당 분야 강자인 넷플릭스나 유튜브 등 영상 기반 플랫폼과 경쟁은 앞으로 피할 수 없다.

OTT, 게임-웹툰을 잡아라

향후 OTT들의 웹툰, 게임 시장으로 이종산업 진출이 본격화될 전망이다. 넷플릭스는 게임사를 잇따라 인수하면서 관련 사업을 준비중이다. OTT 시장이 포화하면서 이종산업 진출을 통해 수익 활로를 마련하기 위해서다.

넷플릭스는 드라마부터 다큐멘터리, 영화, 리얼리티 TV쇼 등 자신들이 보유한 지식 재산권[IP]을 활용해 오리지널 작품을 게임으로 만드는 사업을 추진 중이다. 넷플릭스는 이런 점을 극복하고자 인수합병을 적극적으로 진행하고 있다. 현재까지 게임 개발사 나이트스쿨·넥스트게임즈·보스파이트를 차례로 인수했다.

넷플릭스 인기 드라마 〈기묘한 이야기〉 IP로는 '기묘한 이야기: 1984' '기묘한 이야기 3: 게임' 등 두 게임을 제작했다. 현재까지 넷플릭스는 수십 개의 게임을 서비스하고 있다. 넷플릭스 게임은 광고나 추가 요금, 인앱 결제가 없다는 게 장점으로 꼽힌다. 기존 넷플릭스 구독자면 과금 없이 게임을 즐길 수 있는 것이다. 하지만 넷플릭스가 제작한 게임이 다른 곳에서 서비스하는 2D 게임과 차별점이 뚜렷하지 않는 등 아직까지는 굵직한 흥행작을 내지 못했다.

오리지널 콘텐츠를 현실 세계와 연결해 새로운 콘텐츠를 만들어내는 시도도 하고 있다. 넷플릭스는 60억 원에 육박하는 우승 상금을 내걸고 자사 인기작 〈오징어 게임〉 대회를 오프라인으로 개최할 예정으로, 실제 참가자들이 경쟁을 벌이는 '오징어게임: 더 챌린지' 리얼리티 프로그램을 10편으로 제작한다. 역대 리얼리티 쇼 가운데 가장 많은 상금을 이 대회에 내걸었고 참가자 수도 역대 최다다.

국내 OTT 왓챠도 기존 주문형비디오VOD에서 웹툰과 음악으로 서비스 영역을 확대하는 등 사업을 확대하고 있다. 영화, 드라마, 웹툰, 음악이 한데 어우러져 콘텐츠 경계를 넘나드는 연속적인 감상 경험을 제공하는 게 왓챠의 목표다. 영화를 보고 난 뒤 음악 플레이리스트나 주연 배우가 창작한 다른 작품을 즐기는 방식을 실현한다는 계획이다. 예컨대 왓챠 오리지널 영상 콘텐츠와 함께 다 담지 못한 뒷이야기를 웹툰으로 제작해 서비스하는 구상이다. 왓챠의 대표 시리즈들을 웹툰 제작으로 연결하는 작업을 빠르게 진행중이다. 왓챠는 동영상뿐 아니라 웹툰, 음악, 영화, 드라마 등 모든 콘텐츠를 한번에 무제한으로 즐길 수 있는 새로운 구독 요금제도 만든다.

무료 구독서비스로의 전환

OTT 시장에 여러 사업자가 뛰어들면서 경쟁은 치열해졌고 앞으로 중복 가입으로 인한 스트리밍 피로 현상이 심화됐다. 넷플릭스와 같은 OTT 서비스는 구독형 동영상 서비스 SVOD^{Subscription based VOD}로 볼 수 있는데, 시장이 과열되면서 고품질 콘텐츠, 오리지널 콘텐츠 수급 경쟁도 격화됐고, 이에 콘텐츠 수급과 제작비용이 크게 증가했다. 늘어난 비용을 부담하기 위해 OTT 서비스는 구독료 인상에 들어갔다.

게다가 OTT서비스들이 배타적으로 콘텐츠를 공급하면서 이용자는 원하는 영상을 시청하기 위해 여러 개 서비스를 동시에 구독해야 하는 상황에 처하면서 구독료 부담이 가중됐다.

이에 사업자들은 새로운 수익모델을 개발하면서 이종산업과 제휴를 통한 신규 서비스 개발이 절실할 것으로 보이는데, 향후 OTT로 대표되는 동영상 스트리밍 서비스 시장에 다양한 서비스 모델이 재조명될 것으로 예상된다.

지금까진 넷플릭스를 필두로 한 유료 구독형 OTT 서비스가 각광받았지만 앞으로 무료 OTT 서비스로 이용자들의 이동이 본격화할 것으로 전망된다. 광고 기반 무료 OTT는 별도 구독료 없이 이용 가능하다. 스마트폰, 스마트TV 등 인터넷이 연결된 매체를 통해 감상할 수 있다. 대신 시청자가 일반적인 TV를 이용할 때와 마찬가지로 콘텐츠가 시작되기 전에 광고를 봐야 한다.

미국에선 넷플릭스와 디즈니플러스 부상으로 생긴 이른바 '코드 커팅 Cord-cutting' 현상 때문에 유료 방송 가입자가 줄어들면서 광고 수익이 감소한 미디어 사업자에게 인기를 끌고 있다. 아울러 광고를 실을 만한 매체가 마땅치 않은 광고주에게도 좋은 대안이다. 광고 기반 무료 동영상인 AVOD^{Advertising video on demand}, 그리고 기존 TV 사업자처럼 뉴스와 스포츠, 엔터테인먼트 등을 실시간 전송하면서 광고 기반으로 수익을 창출하는 FAST^{Free Ad-Supported streaming TV} 서비스 등이 그 예다. 심지어 유튜브, FAST 플랫폼 등 AVOD 광고 매출이 실시간 TV 채널을 넘어설 것이라는 전망이 나왔다.

시장조사업체 옴디아^{OMDIA}는 유튜브와 로쿠·삼성TV플러스 등 FAST

플랫폼 이용 확대에 힘입어 2025년 AVOD 광고 매출 규모가 실시간 채널을 넘어설 것으로 내다봤다. 소비자 접점이 확대되고 광고 도달률이 높은 플랫폼으로 광고가 옮겨갈 것이라고 본 것이다. 마리아 루아 아게떼 옴디아는 2021년 온라인 스트리밍 서비스 시장 규모를 2,360억 달러로 예측하고 있다. 그중에서 광고 수익은 온라인 비디오 수익의 60%를 차지한다고 보았다. 무료 플랫폼이 스트리밍 시장에 영향력을 뻗치고 있다는 것이다.

유튜브가 부동의 글로벌 1위 온라인 스트리밍 플랫폼으로 자리매김하는 이유이기도 하다. 넷플릭스가 그 뒤를 잇는 2위인 이유이기도 하다. 인도·브라질 등 신흥 시장에서 3~4위를 차지하는 로쿠 채널과 삼성 TV 플러스 등 FAST 플랫폼은 넷플릭스 뒤를 바짝 쫓고 있다고 진단했다.

앞으로 광고 기반 무료 스트리밍 서비스 이용이 확대되며 AVOD를 포함한 온라인 광고 시장은 2025년 연간 2,600억 달러 규모로 성장할 것이라고 내다봤다. AVOD가 구독형 스트리밍 서비스인 SVOD 매출을 2배 이상 뛰어넘을 것이라고 예상했다. 또한 스트리밍 서비스는 SVOD와 AVOD를 혼재한 모델로 발전하고, 하이브리드 모델이 주류를 이룰 것이라고 보았다.

하이브리드 모델은 예컨대, 유튜브는 광고를 보면 무료로 콘텐츠를 시청할 수 있는 AVOD 모델과 월 11.99달러^{약 1만 6,000원}에 광고 없이 콘텐츠를 즐길 수 있는 유튜브 프리미엄^{YouTube Premium}을 제공하고 있다. 훌루

Hulu도 광고를 시청하면 월 7.99달러^{약 1만 원}로 서비스를 이용할 수 있는 패키지와 광고 없이 콘텐츠를 시청할 수 있는 월 11.9달러^{약 1만 6,900원} 패키지 두 가지를 제공하고 있다.

하이브리드 모델이 '가입자당 평균 매출^{ARPU}'이 훨씬 높을 것으로 예상되는데, 모든 기업이 검토할 가치가 있는 방안이라는 것이다. 이용자는 프리미엄 콘텐츠를 기존의 절반 가격에 볼 수 있게 되면 광고 시청 여부는 크게 신경 쓰지 않을 것이라고 분석한 건데, AVOD·SVOD 하이브리드 모델 확산 가능성이 크다고 봤다. 넷플릭스, 디즈니플러스, 훌루, HBO맥스, 애플TV플러스, 파라마운트플러스 등 OTT 플랫폼 수 증가로 늘어난 구독료 부담을 더는 데 AVOD 또는 하이브리드 서비스가 대안이 될 것으로 보인다.

FAST^{Free Ads Supported TV} 케이스

① 로쿠^{Roku}

로쿠는 TV 셋톱박스 등 스트리밍 단말기 판매 및 제조를 주력으로 하던 기업이다. 2017년 10월부터는 단말기 판매를 통해 확보한 이용자를 기반으로 로쿠 채널^{Roku Channel}을 만들어 서비스하기 시작했다. 하드웨어 기업의 소프트웨어 기업으로의 변신인 셈이다. 로쿠 채널은 광고 시청을 하는 대신 무료로 콘텐츠를 시청할 수 있는 AVOD이다. 미국의 영화제작사 엠지엠^{MGM}, 소니픽쳐스^{Sony Pictures}, 디즈니 등과 제휴를 맺어 콘텐츠를 공급받는 대가로 광고 수익의 일부를 지급한다. 덕분에 이 회사는 현재 약 2,900만 명의 이용자를 확보하고 있다. 광고 매출이 주력 비즈니스 모델이었던 하드웨어 매출을 초과했다.[17]

2019년 2분기 하드웨어 판매 매출이 8,200만 달러인 데 반해, 광고 매출을 포함한 AVOD 매출이 1억 6,800만 달러에 달했다. 로쿠는 광고 매출 확대를 위해 광고 기술, 데이터 분석, 데이터 가공 분야에 힘쓰고 있다. 2019년 3월에는 어도비^{Adobe}의 어도비 애드버타이징 클라우드^{Adobe Advertising Cloud}와 제휴를 맺고 이용자 데이터를 기반으로 적합한 광고를 연결하는 기술을 개발했다. 같은 해 9월에는 비디오 광고 플랫폼 기업 이노비드^{Innovid}와 제휴를 맺고, 송출된 광고의 효과를 측정하는 기술을 개발하고 있다. 11월에는 프로그마틱 애드^{Programmatic Ad}등의 기술을 보유하고 있는 애드테크^{ad-tech} 업체인 데이터주^{DataXu}를 인수했다.

② 컴캐스트^{Comcast} & 주모^{Xumo}

2020년 2월 컴캐스트가 AVOD 서비스인 주모의 인수를 발표했다. 컴

---

17 한국방송통신전파진흥원, 〈광고만 보면 무료, AVOD 성장세에 주목해야 하는 이유〉, 한국방송통신전파진흥원, 2020.03.

캐스트가 주모를 인수한 것은 급격히 성장하고 있는 AVOD 시장에 뛰어들기 포석으로 보인다. 또 컴캐스트의 OTT인 피콕Peackock 등과 함께 협력 구조를 만들기 위한 준비 단계로 해석된다. 무엇보다 OTT 경쟁에서 살아남기 위해서 더 많은 콘텐츠를 확보해야 하는 것은 자명하기 때문에, 콘텐츠 라이브러리를 넓히기 위한 행보라는 것은 확실하다. 주모는 2019년 1분기 기준으로 550만 명의 이용자를 보유하고 있으며, 2020년 1분기 190여 개의 채널을 제공하고 있다.

③ 비아컴Viacom & 플루토TVPluto TV

2020년 1분기 실적을 발표한 비아컴은 광고 기반의 무료 스트리밍 플랫폼 서비스인 플루토TV의 이용자가 2,200만 명에 달한다고 발표했다. 비아컴은 파라마운트 픽쳐스Paramount Pictures와 MTV 등 여러 케이블 채널을 보유한 기업이다. 2019년 1월, 비아컴이 플루토 TV를 인수할 때만 해도 이용자는 1,200만 명이었다. 플루토TV는 100개 이상의 채널을 보유한 스트리밍 서비스로 영화, 뉴스, 만화 등 다양한 콘텐츠를 제공한다. 비아컴은 플루토TV가 광고를 기반으로 한 무료 스트리밍 서비스라는 점에서 큰 가능성을 봤다며 인수 이유를 밝혔다.

인수한 지 1년여 만에 75% 이상 성장했음을 보여준 셈이다. 플루토TV는 24개의 비아컴 브랜드 채널을 포함해 43개의 새로운 채널을 추가했다.

여기에 현재 22개의 라틴어 채널을 가지고 있으며, 4,000시간 이상의 스페인어와 포르투갈어 콘텐츠를 제공하고 있다. 최근엔 플루토TV에 K팝과 한국드라마 전문채널 3개를 추가 론칭하기도 했다.

콘텐츠 지식재산권의 중요성

OTT는 콘텐츠의 가치창출 구조를 변화시켰다. 기존엔 개별 영상 콘텐츠 장르에 따라 차별화된 생산과 유통, 소비가 이루어지는 수직형 구조가 대부분이었다. 예컨대 영화는 극장 개봉용으로 제작되고 러닝타임 2~3시간을 준수해왔다. TV 드라마도 마찬가지다. 1시간 단위의 TV용 드라마는 미니시리즈, 아침드라마 등에 따라 소재도 정형화되어 있고, 16부작이라는 정해진 틀이 있었다. 그러나 OTT가 대중화되면서 이러한 수직형 콘텐츠 가치창출 구조는 수평형으로 바뀌었다.

극장 개봉을 위한 영화는 이미 옛말이 됐고, 영화 한편은 OTT와 극장에서 동시 개봉을 하기도 하고 OTT에서만 디지털 개봉을 하기도 한다. 드라마도 OTT에서는 16부작 1시간이라는 공식을 깨고 30분 단위로 8부작이 만들어져 소비된다. 기존 방송 편성 관행을 버리고 심의에 구애받지도 않는 길이와 장르의 시리즈물이 확산됐다. 콘텐츠가 다차원적으로 연계되도록 변모하고 있다.

앞으로 연결이 지배하는 세상에서 콘텐츠는 스토리텔링과 IP를 기반으로 기술, 미디어, 플랫폼 등을 넘나들며 무한 확장할 것이다. 예컨대 누적 조회수 34억 뷰의 인기 웹툰이었던 〈유미의 세포들〉은 하나의 콘텐츠 IP가 드라마뿐 아니라 뮤지컬, 전시, 애니메이션, 게임, 굿즈 등 확대 재생산됐다.

OTT 시장이 성숙하면서 가입자 증가세는 둔화됐고, 플랫폼 경쟁이 치열해질수록 OTT 경쟁 우위를 결정하는 요소는 양질의 킬러 콘텐츠다. 특히 OTT 플랫폼 제공 기업들이 가입자를 유치하고 유지하기 위한 콘텐츠 확보 경쟁은 더 격화될 가능성이 크다.

특히 〈오징어 게임〉 〈킹덤〉 〈지금 우리 학교는〉 등과 같이 K-콘텐츠가 글로벌 경쟁력을 키우기 위해선 인력과 재원, 제도와 인프라 확충 등 제작 여건의 선진화가 필요하다. 콘텐츠 향유, 이용자 맞춤형 서비스 제공, 편의성 제고, 콘텐츠 연관 서비스 확장 등을 통한 시장의 확대와 산업 발전을 모색해야 한다.

제도 정책의 검토도 필요하다. 글로벌 대형 OTT로의 콘텐츠 쏠림 현상 때문에 중소 제작사나 국내 OTT 사업자의 어려움이 커진다는 지적도 살펴볼 필요가 있다. 글로벌 OTT와 국내 제작 생태계의 상생 구조 확립을 위한 스위스의 법제도는 참고할 만하다. 스위스는 글로벌 OTT 수익의 4%

를 자국 콘텐츠에 투자하고, 자국산 콘텐츠 30%를 편성하도록 제도화하는 법안을 2022년 5월 통과시킨 바 있다.

TREND 7

차세대 인터넷 웹 3.0과
미래기술 여행

① "아직 웹 3.0이 수용되기에는 이르지만 많은 고객들이 웹 3.0과 가상자산 관련 기술에 대한 지원을 늘려달라는 요청을 할 만큼 엄청난 잠재력을 가진 시장이다."

구글 클라우드사업부 아미트 자베리*Amit Zavery* 부사장은 직원들에게 이메일을 보내며 이렇게 말했다. 구글은 2022년 5월 클라우드사업부 내 웹 3.0팀을 구성했다. 블록체인 기반 서비스 개발을 지원하고 관련 개발자들을 유치하기 위해 웹 3.0팀을 꾸린 것으로 보인다. 구글은 디지털 자산팀도 구상중이다. 기업들이 가상자산을 결제 수단으로 활용할 수 있도록 거래를 검증하고 기록하는 블록체인 시스템을 고안해 제공하는 방안을 추진 중인데, 아마존웹서비스와 같은 별도의 컴퓨팅 환경에서 작동할 수 있도록 지원할 계획이다.

②"웹 3.0 초기 단계에서 확실한 비즈니스 기회인 게임과 SNS에 투자하는 것이다."

2021년 말 바로 이더리움*Ethereum* 확장 개발 플랫폼인 폴리곤*Polygon*과 레딧의 공동 창업자인 알렉시스 오하니언의 벤처캐피털 회사인 세븐세븐식스*Seven Seven Six* 간의 투자 계획이 발표되면서 시장에선 웹 3.0에 대한 기대감이 들썩였다. 이 두 회사는 웹 3.0 소셜 미디어와 게임 스타트업을 위해 2억 달러*약 2,400억 원*의 투자 계획을 공동으로 시작한다고 발표했다. 이들이 추진하는 서비스는 이용자가 서비스 운영에 참여하고 그에 따라 보상을 받는 분산형 웹 서비스이자 탈중앙 소셜 네트워크 서비스다.[18]

웹 1.0과 웹 2.0

1990년대 초 월드 와이드 웹이 공개된 이후 인터넷은 빠른 속도로 진화해왔다. 그동안 웹 1.0과 웹 2.0의 시기를 거쳐 2023년 웹 3.0이라는 새로운 패러다임 시대로 접어들 전망이다.

---

18 심용운 SK경영경제연구소 수석연구원,〈웹 3.0, 플랫폼 기업의 독점 깰 수 있을까〉, 한경비즈니스, 2022. 2. 18.

1990년대 인터넷과 함께 주로 웹 페이지를 만드는 데 사용하는 언어인 하이퍼텍스트 마크업 언어HTML, 하이퍼텍스트 전송 프로토콜HTTP, 통합 자원 식별자URL 기술을 통해 검색 같은 웹 1.0 서비스가 등장했다. 웹 1.0은 웹페이지 제작자가 콘텐츠를 작성하면 다른 사용자들이 정보를 얻고 읽는 것으로만 그치는 제한적이고 정적인 형태다. 특징적 기능은 하이퍼링크와 북마크 정도다. 정적 웹페이지를 단순하게 보여주는 데 그치는 형태였다.

1999~2000년대 들어서서 개방과 참여, 공유를 강조하는 웹 2.0이 등장했다. 웹 2.0 용어는 1999년 웹 디자이너인 다시 디누치Darcy DiNucci가 '파편화된 미래Fragmented Future'에 처음으로 소개했다. 이후 2004년 말에 '오라일리 미디어O'Reilly Media 웹 2.0 컨퍼런스'를 계기로 업계에 빠르게 확산됐다. 웹 1.0과 웹 2.0 시대를 명확하게 구분하기는 어려우나 1990년부터 1998년까지를 웹 1.0, 1999년 이후부터 현재까지를 웹 2.0 시대로 본다.

웹 2.0에선 기존 웹 1.0이 갖고 있던 읽기 기능에 쓰기 기능이 더해졌다고 보면 된다. 사용자가 수동적으로 읽는 데서 끝나지 않고 직접 써서 양방향 소통이 가능해진 것이다. 즉 사용자가 직접 정보를 생산하고 양방향으로 소통하고 참여하는 방식이다. 웹 2.0의 대표적인 서비스로는 블로그, 지식백과, 사용자 제작 콘텐츠UCC, 소셜 네트워크 서비스 등이 있다. 특히 모바일 시대로 접어들면서 애플리케이션이 브라우저를 대체했고, 소셜 미디어와 전자 상거래의 등장은 우리 생활을 완전히 바꿔놓는 변화를 가져왔다.

페이스북, 유튜브, 트위터, 틱톡, 플리커 등 소셜 네트워크 서비스 등은 대표적인 웹 2.0으로 불린다. 웹 2.0에서는 다양한 플랫폼을 통해 사용자 간 정보를 주고받는 상호작용이 가능해졌다. 게시판, 댓글, 블로그, 지식백과 등 사용자가 직접 생산한 콘텐츠를 쌍방향으로 소통할 수 있게 됐다.

웹 3.0 탄생의 배경

그러나 웹 2.0은 구글, 애플, 아마존, 페이스북 등 소위 빅테크라 일컬어지는 대형 ICT 기업들이 거의 독점적으로 운영한다는 비판에 직면했다. 소수의 대기업이 웹 상에서 발생한 대부분의 데이터를 중앙화된 서버에 관리하고, 이익까지 소유하면서 인터넷은 개방이라는 그 본면의 취지와는 무색하게 폐쇄에 가까운 형태로 옮겨가게 됐다. 이용자들은 자신이 생산한 콘텐츠에서 창출된 수익 대부분을 소수의 플랫폼 기업이 가져간다는 사실을 인지하기 시작했다. 또 이러한 구조 하에서는 빅테크 기업들이 인터넷 세상을 마음 먹은대로 통제할 수 있다고 믿고 있다.

글로벌 대형 ICT 기업뿐 아니라 국내 네이버, 카카오 등과 같은 빅테

크 기업들은 중앙집권적인 네트워크를 운영해 사용자 증가에 따라 시장지
배력을 강화해왔다. 특히 방대한 데이터와 네트워크 효과를 이용해 인터넷
이라는 가상 공간을 넘어 금융 등 우리 실생활과 연관된 분야까지 확장하
고 있어 빅테크에 대해 반독점법 강화로 대응할 필요성이 꾸준히 제기되고
있다. 게다가 정보의 중앙집중화가 가속화되면서 개인정보의 유출, 축적된
데이터가 유실될 우려와 정보보안 등이 불안요소로 떠올랐다.

웹 2.0에서 사용자 간 연결은 플랫폼을 통해서만 가능하기 때문에 플
랫폼의 권력은 막강해질 수밖에 없다. 이에 대한 반발과 대안으로 등장한
개념이 탈중앙화된 '웹 3.0'이다. 웹 3.0의 가장 중요한 요소인 탈중앙화는
블록체인 시스템을 통해 실현할 수 있다. 비트코인, 이더리움 등 기존 가상
자산과 NFT, 블록체인 게임, 메타버스 등에 대한 인식이 확산되는 가운데,
가상자산이 단순 화폐가 아닌 모든 분야를 아우르는 새로운 인터넷 기반이
된다는 웹 3.0 개념도 동시에 떠올랐다.

웹 3.0은 개방형 블록체인 프로토콜 위에 개인 사용자가 자신의 자산
이나 개인정보를 자체 보유하는 새로운 디지털 세계를 열 수 있는 혁신적
인 기술이자 미래 인터넷으로 불린다.

웹 3.0이란 무엇인가?

웹 3.0에서는 이용자가 데이터를 직접 관리하고 소유하는 등 데이터 주권이 개인 이용자에게 주어진다. 웹 2.0에서 이용자가 웹에 쉽고 편리하게 참여해 정보를 공유하며 협력하는 형태에서 한 차원 더 진화된 개념이다.

웹 2.0에서 가능했던 읽기 및 쓰기뿐 아니라 웹 3.0은 여기에 더불어 사용과 개발 기여도에 따라 자체 토큰 배분 등을 통해 소득을 얻을 수 있고, 해당 프로토콜에 대한 소유가 가능해지면서 사용자들의 참여와 가치 분배가 실현되는 구조다.

웹 3.0 용어를 대중화한 인물은 이더리움의 공동 창시자인 개빈 우드 Gavin Wood와 월드와이드웹WWW 인터넷 시스템을 고안한 팀 버너스 리 Timothy Berners Lee다. 이더리움은 시가총액 규모가 큰 가상자산이자 블록체인 서비스에서 활용되는 인프라다. 개빈 우드는 이더리움 개발 후 여러 스타트업을 설립해 블록체인 소프트웨어를 개발했고, 웹쓰리 재단을 운영하면서 웹 3.0 생태계 구축을 위한 기술 개발에 힘쓰고 있다.

팀 버너스 리는 소셜 웹을 넘어 그 다음의 의미론적 웹이라 해석되는 '시맨틱 웹Semantic Web'으로 웹 3.0을 정의했다. 이는 웹의 저장 속성부터 변화되는 것이다. 이전의 웹이 문서 전체로 저장됐다면 시맨틱 웹에서는 문서 속에 포함된 다양한 정보·미디어가 데이터로 저장되고 연결되어 데이터가 갖는 정보의 의미를 추출할 수 있다. 웹이 정보의 의미를 이해하는 시맨틱 웹이 지향하는 바는 기계와 사람들 간의 소통이 가능하도록 하는 것이다.

팀 버너스 리가 정의한 웹 3.0의 특징은 크게 3개다. 첫째, 기존 웹 2.0이 읽고 쓰는데 그쳤다면 웹 3.0은 읽고 쓰고 실행까지 가능하다는 점이다. 둘째, 기존엔 양방향으로 동적이었다면, 웹 3.0은 3차원 공간에서 인공지능이 지원하는 아바타들과 다양한 사람들과 한 공간에서 함께 다차원 소통이 가능하다. 셋째, 웹 2.0에서는 기업이 아닌 개인들이 소셜 플랫폼에 콘텐츠를 올렸다면, 웹 3.0에서는 개인들 간에도 콘텐츠를 발행하고 소통하는 웹 환경으로 거듭날 것이라고 전망했다.

시맨틱 웹

시맨틱 웹이란 앞서 팀 버너스 리가 1998년 웹페이지를 통해 처음 제시한 개념인데, 현재의 웹이 '의미의 웹'으로 진화한 것으로 볼 수 있다. 즉, 컴퓨터가 스스로 문장이나 문맥 속의 단어의 미묘한 의미를 구분해 사용자가 원하는 정보를 제공할 수 있는 웹을 의미한다.

예컨대, 지금껏 웹이 '사과를 먹다'와 '사과하다'라는 문장에서의 사과를 동일한 키워드로 인식한다면, 시맨틱 웹이 실현되면 웹은 사용자가 원하는 정보를 보다 정확하고 빠르게 추론하고, 개인별 맞춤형 서비스를 제공하는 것도 가능하다.

시맨틱 웹을 구현하기 위해 가장 중요한 것은 표준화되고 합의된 지식체계다. 웹 상에서 정보의 속성이나 관계를 정의한 지식체계를 구축함으로써 컴퓨터가 스스로 의미를 분별하고, 적절하게 정보를 연결할 수 있도록 하는 것이다. 여기에 데이터를 개방할 경우에도 협업을 통한 진정한 정보의 웹을 실현할 수 있고 데이터의 재사용도 쉬워진다.

현재까지 웹은 중앙 집중 방식으로 구축됐다. 그러한 구조 때문에 특정 사업자의 시장 우월적 지위를 활용한 데이터 독점과 오남용, 보안 취약점, 불공정 거래, 후발 사업자 진입 제한 등 문제가 있었다. 웹 3.0은 이 같은 문제를 해결하기 위해 탈중앙화와 개방성, 투명성을 제시한다.

웹 3.0에서 강조하는 탈중앙화는 주로 블록체인과 연관돼 있다. 블록체인의 분산화 기술을 활용해 서비스 참여자들이 수익을 공유하는 형태로 데이터, 개인정보 등이 플랫폼에 종속되지 않고 개인이 소유하고 보호하는 것이 핵심이다. 개인정보를 포함한 개인 이용자 데이터가 플랫폼 사업자 등 특정 사업자가 제공하는 중앙집중형 서버에 저장되는 것이 아니라 개인 온라인 데이터 저장소나 클라우드 서비스 등에 저장되는 방식이다.

웹 3.0은 상황 인식과 개인 맞춤형 추천 서비스 중심이고 '우리'보다 '나'에 맞는 정보와 지식을 제공한다는 것이 특징이다. 따라서 웹 2.0이 데이터와 정보 중심의 상호 작용이라면 웹 3.0은 맥락이나 상황에 맞는 추천과 개인화에 초점이 맞춰졌다.

웹 3.0에서는 오픈 네트워크상 다양한 사용자와 개발자의 참여에 따라 토큰을 배분받고, 해당 네트워크에 대한 소유권과 경영에 관한 의사결정권을 취득하는 동시에 개인정보 및 데이터에 대한 소유권도 유지한다. 정부의 데이터 통제 및 프라이버시 침해에 대한 위험으로부터 자유로울 수 있다.

웹 3.0에서는 탈중앙화 자율 조직인 DAO^{Decentralized Autonomous Organization}를 운영함으로써 특정 기업이 독단적으로 서비스 운영 규정이나 수익 배분을 임의로 결정할 수 없도록 한다.

탈중앙화 자율 조직 DAO는 경영자나 최고 관리자 없이 지분이 있는 사람들이 투표로 조직을 운영한다. 투표권은 주로 토큰을 소유하는 등 자격을 갖춘 이용자가 행사할 수 있다. 블록체인 관련 기업이 대개 이 모델을 운영 방식으로 채택하고 있다.

웹 3.0을 활용한 서비스는 웹 3.0 브라우저, 탈중앙 클라우드 스토리지, 탈중앙 SNS, 탈중앙 신원 증명, 탈중앙 금융 등이 있다.

a16z의 "블록체인 접목한 웹"

웹 3.0의 대표적인 투자사이자, 웹 3.0 트렌드에 불을 붙인 미국 유명 벤처캐피털사 'a16z'는 웹 3.0을 웹의 본질인 개방형, 분산화, 탈중앙화 정신을 바탕으로 블록체인, 암호화 프로토콜, 디지털 자산, 디파이[19], 탈중앙화 자율조직 등의 기술을 접목한 웹이라 정의한다.

a16z는 지속 가능하고 신뢰성 있는 디지털 웹 환경을 만들려면 균형이 필요하다고 봤다. 현재는 구글, 애플, 메타, 아마존 등 특정 기업들에 의해 운영되는 폐쇄적인 형태를 띠고 있기 때문에 문제라 지적하며, 그 대안으로 웹 3.0을 제시했다.

a16z는 디지털 웹이 실제 사람들의 삶에 자리매김하려면 디지털 웹 내 신뢰가 바탕이 되어야 한다고 강조했다. 과거에는 개개인이 시간을 갖고 서로를 경험하며 체득하게 되는 생물학적이고 직관적인 사회성 요소가 신뢰 기반이었다면 지금은 사람들의 욕망과 이를 뒷받침하는 기술과 제도가

---

19 탈중앙화된 금융 시스템. 정부나 기업 등 중앙기관의 통제 없이 인터넷 연결만 가능하면 블록체인 기술로 다양한 금융 서비스를 제공하는 것을 뜻한다.

중요하다고 강조했다.

그리고 앞으로 0과 1이 중심인 디지털 웹 환경에서는 정해진 프로그램으로 동작 가능한 '프로그램이 가능한' 수학과 물리학과 같은 과학이 신뢰 기반으로 자리 잡을 것이라고 내다봤다. a16z는 과거, 현재, 미래를 아우르는 세 가지 요소가 균형을 이루어 신뢰가 쌓여야, 디지털 웹 환경이 사람들의 일상 속에서 현실과 함께 자리 잡을 수 있다며 웹 3.0이 그 균형을 잡아줄 기술이라고 설명했다.

이용자 중심의 차세대 인터넷 '웹 3.0'

영국 출신의 기술학자이자 벤처투자자인 베네딕트 에반스[Benedict Evans]는 웹 3.0을 세 가지로 정의했다.

첫째, 웹 3.0을 '이용자 중심의 차세대 인터넷'이라고 보았다. 웹 1.0 환경에서는 기업들이 콘텐츠를 제작, 배포해 돈을 벌고, 사용자는 읽을 수밖에 없었다. 웹 2.0은 이용자가 플랫폼 중심에 만든 콘텐츠를 올리면, 플랫폼이 이를 관리하고 돈도 벌었다. 그 다음 웹 3.0은 콘텐츠를 제작하는 이용자가 네트워크에 직접 영향을 미치고, 또 돈도 버는 모습이 될 것이라고 내다봤다.

둘째, 오픈소스가 더 진화하고 개방된 모습이 웹 3.0이라고 보았다. 원래 오픈소스는 개방형과 분산형 코드 개발에 맞춰 있고, 직접적인 수익을 발생시키지 못했다. 그러나 현재 웹과 SaaS는 오픈소스에 기반하지만, 이를 활용해 중앙집권적이고 독자적으로 운영하고 수익을 벌고 있다. 이러한 상황을 개선한 웹 3.0은 개방형 오픈소스 본질로 돌아가 시장 입지 등 권력이 탈중앙화되고 분산되도록 발전하는 것이라고 봤다.

셋째, 철학적 관점에서 웹 3.0은 전환을 가져올 것이라 생각했는데, 우선 기존의 폐쇄적이고 중앙집권적 생태계를 넘어 개방적이고 분산된 생태계로 전환시킬 것이라고 내다보았다. 게다가 플랫폼 기업만이 수익을 독식하는 것을 넘어 플랫폼 성장에 기여한 이용자들이 성과를 가져갈 수 있도록 전환될 것이라고 예상했다. 마지막으로 기존의 문제점뿐만 아니라 새로 변화될 세상 속 문제들을 함께 해결하도록 전환시키는 비전을 갖고 웹 3.0은 변화하고 있다고 했다.

XR과 음성, IoT가 결합된 웹 3.0

글로벌 컨설팅 기업인 딜로이트는 웹 3.0을 스마트폰을 넘어 확장현실과 음성 및 사물인터넷을 통해 상호작용하는 환경 속에서, 분산 원장 기반의 블록체인 기술이 포함된 웹이라고 정의했다. 탈중앙화에 집중하는 투자사나 기업들과 달리, 딜로이트는 웹 3.0을 탈중앙화의 블록체인과 사람들의 상호작용 인터페이스까지 감안해서, XR, 음성, IoT로 소통하는 공간, 웹의 공간을 포함해 정의한 것이다.

글로벌 투자사인 골드만삭스는 웹 3.0을 메타버스를 포함한 XR, 탈중앙화 웹, 보안·개인정보보호, 익명성, 크리에이터 경제, 로컬 경험과 커머스가 활성화되는 포괄적 관점에서의 웹이라 정의했다. 골드만삭스 역시 딜로이트와 함께 사람들의 상호작용 인터페이스를 감안해 XR과 메타버스 등 공간 웹을 웹 3.0에 포함시켰고, 탈중앙화 및 소유권이 강조된 웹도 함께 포함했다.

추가적으로 공간 웹과 탈중앙화 웹, 소유권 웹이 더 촉발시킬 크리에이터 경제, 로컬 경험과 커머스 확대 등도 웹 3.0의 주요 요소로 포함시켰다.

웹 3.0의 기반, 데이터 주권 DID

온라인 개인정보 유출 사고는 정말 시시각각 일어나는 것 같다. 숫자로만 놓고 봐도 3년 사이 12배가 늘었다고 한다. 유출 사고가 너무 자주 일어나다보니, 사람들은 웬만한 정보 유출에는 반응조하 안 하는 것 같다. 얼마

전만 해도, 국내 굴지의 한 대기업에서 관리자의 실수로 말미암아 입사지원자의 개인정보가 유출되는 사고가 발생했는데 과거 같으면 난리가 났을 법한 일이지만 생각보다 큰 소동 없이 지나갔다.

기업들의 대응도 과거와는 조금은 달라지는 경향성을 보이기도 한다. 무조건 사과하는 태세였다면, 최근에는 개인정보로 인한 사회적 문제 증가로 보유한 회원정보를 파기하며 '개인정보 프리'를 선언하기도 한다.

웹 2.0의 시작점은 로그인, 게시글, 댓글을 작성하기 위해서는 로그인을 해야 하고, 로그인을 위해서는 회원가입을 해야 한다. 회원가입을 위해서는 신원 확인 절차가 필수인데, 이를 빌미로 플랫폼 기업들은 개인정보를 마구 수집해갔다.

나아가 사용자 온라인 활동 정보를 수집하기에 이르렀고, 이 같은 정보들을 기반으로 온라인 마케팅을 진행해 수익을 창출해 나갔따. 플랫폼 기업은 이용자 정보를 활용해 돈을 벌었지만, 정작 이용자들에게 떨어진 몫은 없었다. 아니, 오히려 스팸 문자와 광고 전화를 투척하고 있는 실정이다. 현재 우리가 일상에서 이용하는 서비스는 웹 2.0 데이터 모델을 가지고 있다. 웹 2.0 데이터 모델은 사용자 데이터가 플랫폼 기업에 저장되어 있고, 사용자의 허락 하에 다른 기업 또는 서비스에 제공될 수 있다.

이에 비해 웹 3.0 모델에서는 사용자가 직접 자신의 데이터를 관리한다. 제공받고 싶은 서비스에 본인의 주권 하에 데이터를 직접 제출할 수 있다. 이렇게 사용자가 자신의 신원 데이터를 직접 관리하는 모델을 자기 주권적 신원SSI, Self-Sovereign Identity이라고 한다[20]. 이런 신원모델을 구현한 기술이 DIDDecentralized ID이다.

DID는 오프라인에서 신원 확인을 관리하는 것처럼 온라인에서 사용자 스스로 자신의 신원 정보를 관리·통제할 수 있다. 웹 3.0 시대에는 자기 주권적 신원 기반의 로그인 서비스가 대중화될 것으로 전망된다. 유럽연합에서는 국가를 연결한 대형 블록체인 인프라, EBSIEuropean Blockchain Service Infrastructure를 구축했다. 인프라에는 디지털 신분증 정책인 eIDASelectronic IDentification, Authentication and trust Service에 자기주권 개념을 얹은 eSSIFeuropean Self Sovereign Identity Framework를 도입했다. 그 결과 '유럽 디지털 신원 지갑European Digital Identity Wallet' 서비스를 구축하고 있다.

EU는 27개 회원국 시민이 지방 정부 웹 사이트에 로그인하거나 인식된 단일 신원을 사용해서 공과금을 납부할 수 있는 디지털 지갑을 도입하기로 한 바 있다. 모든 사람이 사용할 수 있고, 결제 세부 정보와 비밀번호를 안전하게 저장하는 것이 장점이다. 디지털 지갑을 통해 EU 시민은 자신을 디지털 방식으로 인증할 수 있다. 디지털 지갑에 운전면허증, 의료 처방전, 교육 자격증과 같은 신원 데이터 및 공식 문서를 저장할 수 있다.

---

20 이강효 한국인터넷진흥원 블록체인정책팀 선임연구원, 〈블록체인, 웹 3.0 기술 생태계 동향〉, 한국정보통신기술협회, 2022. 5. 9.

디지털 지갑은 지문이나 망막 스캔을 통해 접속할 수 있다. 운전면허증과 같은 공식 문서를 저장하는 금고 역할을 할 예정이다. 이 디지털 지갑은 온라인으로 공공 및 민간 서비스에 안전하게 접속할 수 있게 해달라는 회원국의 요청에 따라 EU가 구축키로 했다. 예컨대 공항에서 차량을 렌트할 때 디지털 지갑을 사용해 신원을 확인하고, 전자키를 발급할 수 있는 앱을 통해 줄을 서지 않고 원격으로 즉시 차를 가져갈 수 있게 되는 셈이다.

EU는 개인정보보호를 위해 고객데이터에 접근하는 회사가 수집한 데이터는 마케팅 및 기타 상업 활동을 위해 사용하지 못하도록 구조적으로 분리할 예정이다. 국가 간, 온라인-오프라인 간 디지털 신분증과 증명서를 자유롭게 주고받을 수 있는 생태계를 확보한다는 계획이다. 유럽연합은 더 나아가 2030년까지 전 국민의 실생활에서 주요 공공서비스를 100% 온라인으로 행정 처리할 수 있도록 한다는 국가 디지털 전략 '2030 디지털 콤파스Digital Compass'를 발표했다.

유럽연합 사례처럼 국내도 여러 분야에 흩어져 있는 정보를 모아서 사용자가 직접 관리할 수 있는 체계가 필요하다. 유럽연합은 분야 간 경계 없이 데이터를 공유할 수 있는 시스템을 블록체인과 DID를 이용하여 구축했다. 다가올 데이터 경제를 선도하기 위해서 유연한 데이터 공유체계를 갖추기 위함이다.

국내에서는 넘어야 할 산이 있다. 특정 기업이나 기관이 가지고 있는 개인정보를 정보주체인 개인의 요구에 따라 다른 사업자로 옮길 수 있는 '개인정보 전송요구권'이 마련되어야 한다. 현재 국회에는 개인정보보호법 2차 개정안과 전송요구권 도입을 골자로 한 입법안이 계류되어 있다. 웹 3.0 데이터 모델 구현이 필요하지만 현재 신용정보법에 근거해 시행되고 있는 금융 마이데이터는 분야 간 개인데이터 이동이 어려운 게 현실이다. 이를 개선하기 위해서 별도의 앱과 기관 간 전송을 연계하는 거점중계기관 인프라를 준비하는 중이다.

금융에 이어 공공분야의 마이데이터도 최근 시행했는데, 국민 누구나 행정서비스 신청에 필요한 정보를 별도 발급 없이 행정기관이나 은행 등에 송부할 수 있다. 또 전자정부법 시행령 일부 개정안을 통해 국민은 민원을 신청할 때 행정기관이 발급하는 모바일 신분증을 이용해 본인임을 확인할 수 있도록 했다. 데이터 주권을 보장하기 위해 국내외에서 다양한 시도가 이루어지고 있고 앞으로 사용자가 자신의 데이터를 직접 소유하고 관리할 수 있는 웹 3.0의 기반이자 초석이 될 것으로 보인다.

구글, 배달앱 횡포 막는 디지털협동조합 DAO

커뮤니티, 플랫폼 기업의 서비스 운영정책 결정에 따라 직·간접적으로 이용자에게 피해를 주는 사례가 나타나고 있다. 2000년대 '싸이월드'는 대표적인 국내 SNS 서비스로, 일일 접속자가 700만 명에 달했다. 당시 인터넷을 하는 전 국민이 매일같이 방문했던 셈이다. 하지만, 모바일 환경에 대응하지 못하면서 싸이월드는 서비스가 종료됐다. 서비스 종료와 함께 이용자들의 사진과 동영상을 더 이상 볼 수 없게 됐다. 최근 게임 분야에서도 비슷한 사례가 있다. 게임 내 이벤트를 지속적으로 운영하면서 사용자로 하여금 과금을 부추기다 얼마 지나지 않아 서비스를 종료했다. 아쉽게도 이용자들의 환불처리는 원활히 이루어지지 않았다.

배달 플랫폼도 마찬가지다. 코로나19의 여파로 배달 수요가 높아졌고, 수요에 따라 배달 수수료도 급등했다. 이로 인해 일부 가게들은 배달 플랫폼 이용을 거부하고 협동조합을 출범하기도 했다. 대표적 플랫폼 기업인 구글은 2022년 4월부터 인앱 결제 강제 정책을 시행했다. 앱에서 외부 결제 페이지로 연결되는 아웃링크를 삭제해야 하며, 이를 준수하지 못한 앱은 업데이트가 불가능하고 같은 해 6월 1일부터는 구글플레이에서 앱이 삭제될 수 있다고 경고했다. 이름바 플랫폼 기업의 횡포로 볼 수 있다.

웹 3.0은 플랫폼을 민주화해 기업의 횡포를 차단할 수 있는 대안으로 꼽힌다. '인터넷 서비스를 플랫폼 기업이 아닌 커뮤니티가 소유한다'라는 개념을 표방한다. 이를 가능케 하는 기술이 바로 탈중앙화 자율조직인 'DAO'이다.

DAO는 중앙 주체 없이 개인들이 모여 자율적인 제안과 투표로 운영되는 탈중앙화된 자율 조직이다. 쉽게 말하자면, 21세기형 디지털 협동조합이다. 어떠한 목적을 달성하기 위해 누구라도 특정 요건을 충족하면 조직에 참여할 수 있으며, 조직의 의사결정은 미리 약속된 규약인 스마트컨트랙트로 진행한다.

DAO에 기여하는 정도에 따라 거버넌스 토큰을 부여받고, 토큰 보유분에 따라 의사결정에 참여할 수 있는 투표권을 갖는다. DAO는 전통조직이 가지는 수직적 구조가 아닌 수평적 구조에서 직접민주주의 방식의 서비스 운영이 가능한 모델이다.

게다가 DAO는 대의민주주의와 직접민주주의를 결합한 유동민주주의를 구현할 수 있는 수단이기도 하다. 유동민주주의는 모든 사람이 직접 표를 행사하지만, 자신의 표를 다른 사람에게 위임하거나 철회할 수 있는 체계를 말한다. 유권자가 4~5년마다 돌아오는 선거 때에만 주권을 행사하고, 다음 선거가 있기 전까지는 사실상 아무것도 하지 못하는 현행 체계와 달리 필요에 따라 위임 또는 철회 등 유권자의 주권을 행사할 수 있다.

언제든지 대표성을 회수하고 위임할 수 있어 유동민주주의라고 한다. 누구나 DAO 내 안건을 제시하고 투표를 할 수도 있다. 기준치 이상의 투표를 받게 되면 의결된다. 사용자는 서비스 운영에 직접 관여할 수 있다. 그래서 기존 플랫폼 기업처럼 독단적으로 서비스를 운영하지 못하고 참여자 중심의 커뮤니티를 운영할 수 있다. 만일 배달 서비스가 DAO로 운영된다면 수수료 정책을 플랫폼 기업이 독단적으로 결정하지 않고 배달 라이더와 이용자가 커뮤니티 투표를 통해서 결정할 수 있다. 플랫폼 기업의 독단적인 결정을 DAO 로 보완할 수 있다.

하지만, DAO는 투표 과정으로 인해 의사결정이 느려서 비효율적인 면이 있다. 또한 과거 이더리움의 'The DAO'는 스마트 컨트랙트 코드에 버그가 있어서 예치되었던 가상자산이 탈취당했던 해킹 사례도 있었다. DAO를 구현하기 위해서는 기업이나 조직, 단체가 가지고 있는 기능을 스마트 컨트랙트 코드로 올바르게 구현해야 하지만, 모든 기능을 코드화하기에는 한계를 가진다. 더불어 코드화 과정에서 기술적으로 안전하게 구현됐는지 평가하는 기술 검증이 필요하다. 아직 DAO는 실험적인 프로젝트이며, 다양한 분야에서 실증 운영함으로써 검증해야 한다.

웹 3.0이 가져올 변화

예술산업의 변화

웹 3.0은 기존 예술 작품 시장의 가치 사슬을 변화시키고 창작자들의 상상력을 지원할 수 있는 환경을 마련할 것으로 보인다. 이미 예술 작품 시장은 NFT를 통해서 변화가 진행되고 있다. 블록체인, 메타버스, 대체불가토큰은 웹 3.0의 확장 수단으로 주목받는다.

우선 예술 작품 거래 사슬의 변화가 나타나고 있다. 이전에는 예술 작품 창작가들은 갤러리 또는 경매 외 판매 경로가 부족했는데, NFT 등장으로 예술가와 구매자가 직접 거래하고 소통하는 것이 가능해졌다. 이와 함께 예술가의 수익 모델이 유리하게 변경됐다. 이전에는 작품 첫 판매시 판매대금의 수수료를 제외하고 받았던 예술가의 수익이 직접 판매 및 거래시마다 일정 금액을 계속적으로 수취하는 등 수익화 방안이 더 늘었다.

또 예술가들의 수익화 방안 확대 및 일반인들과의 접근성이 높아지면서 크리에이터 경제가 더 확대될 전망이다. 이와 함께 XR, IoT를 적용한 웹 3.0을 통해서 더 다양한 창작물 구현이 가능할 것으로 예상된다. 특히 NFT는 웹 3.0 시대의 기본 인프라가 될 것이다. 블록체인 상 기록을 통해 경제적 가치를 증명할 수 있는 게 NFT다. NFT가 웹 3.0 기반 서비스에서 콘텐츠 역할을 하게 될 수밖에 없는 이유다. 예컨대 웹 3.0 서비스에서 업로드한 미술작품을 NFT로 발행할 수 있고, 이를 기반으로 다른 사용자들에게 펀딩을 받는 것도 가능하다.

NFT는 이미 예술 작품을 일반 투자의 대상으로 전환시켰다. 과거에 예술 작품은 환금성 및 기준 가격이 없어 일반적인 투자 대상으로는 제외됐다. 하지만 NFT 및 거래시장이 생기고 확대되면서, 환금성, 기준 가격이 가

시화됐다. 덕분에 예술 작품 시장이 더 투명해졌다.

과거 옥션에서 거래되는 3분의 1만 드러났다면, 이제 NFT로 거래되는 작품들은 100% 가시화된다. NFT는 예술가의 작품 거래 프로세스 참여를 더 용이하게 해줬다. 과거 예술가는 첫 판매에서만 수익을 얻었다. 예를 들면, 예술가의 작품이 현재 10억에 거래되더라도, 첫 판매시 10만원만 받았다면, 작품으로 인한 예술가의 수익은 10만원 밖에 안된다.

이제 NFT를 통해서 판매마다 로열티 수수료를 받을 수 있어 작품의 가치 상승에 대한 작가의 기여가 공정하게 보상될 수 있다. 물론 거래마다 고객 및 팬들과 만나 충분히 커뮤니케이션을 하며 그 가치를 더 높일 수도 있다.

과거에는 갤러리, 엘리트 중심의 작가와 큐레이터 중심이었지만, 이제 누구나 쉽게 고객들과 만날 수 있어 모두가 참여 가능한 예술 작품 시장이 됐다.

금융산업

웹 3.0으로 인해 금융산업은 탈중앙 금융이라는 새로운 금융 영역과 가상 금융기관으로 전환 또는 확장할 수 있게 됐다. 하지만 규제 하에 있던 금융 기능이 보편화되면서 기존 산업 내 입지를 약화시킬 수 있는 위협에도 동시에 직면하고 있다.

탈중앙 금융은 금융기관에게 새로운 시장기회를 만들어 준 동시에 기술 기업들의 금융기관화 가능성 만들어 준 위협이 되었다. 예컨대 탈중앙 금융화로 인해 가상 자산의 대출, 예치 및 수탁 등 새로운 수익 모델들이 만들어지고 있다. 또 예치된 가상 자산을 기반으로 새로운 금융 상품을 개발하고 판매할 수도 있다. 그리고 현실에서 거래될 수 있도록 가상 자산과 현실 화폐간 연계시키고 거래하는 등 새로운 금융방식들이 나타나고 있다. 물론 탈중앙 금융시장에서 기술 기업들도 이러한 새로운 사업 기회를 활용할 수도 있다.

또 블록체인 보상 체계를 통해 코인을 거래 수단으로 활용할 수 있어 탈중앙화 금융 기능을 다양한 서비스에 접목시키는 등 금융기능의 보편화가 확대될 것이다. 즉 모든 소프트웨어 서비스라면 토큰을 활용하거나, 이를 실질 화폐간 교환을 통해 금융 기능을 제공할 수 있다.

이와 함께 실감나는 360도 3차원 콘텐츠 웹 3.0공간에서 XR과 IoT를 이용해 가상 공간에 실제 금융 기관과 같은 직관적으로 금융기관 직원들과 소통하고 거래할 수 있게 될 것으로 보인다.

엔터테인먼트

웹 3.0으로 엔터테인먼트 산업은 더 많고 다양한 크리에이터, 더 확대된 수익 모델과 팬 소통 방식으로 확장 기회가 더 많아질 것으로 보인다.

우선 엔터테인먼트 시장 내 아티스트라 불리는 크리에이터들의 역할과 그 경제적 가치가 더 커질 것이다. 웹을 통해 팬들과의 접근성이 높아짐에 따라 크리에이터로의 진입장벽은 더 낮아지고, 또 글로벌화의 가능성은 더욱 높아진다. 또, XR 공간웹에서 글로벌 팬들과도 마치 한 공간에서처럼 소통할 수 있어 팬과 크리에이터간의 간격은 더 좁아질 것으로 예상된다.

엔터테인먼트 시장의 수익모델도 다변화될 것으로 전망된다. 굿즈 판매, 출연료, 광고 등 기존 수익모델뿐만 아니라, 이를 디지털화 한 디지털 상품 또는 NFT화한 다양한 굿즈 판매와 2차 판매에 따른 수수료 수익까지 확보 가능하다.

팬 미팅 등 이벤트 참가를 NFT와 연계시켜, 지속적인 팬 몰입을 기대할 수 있다. NFT 또는 팬 토큰을 통해 팬이 참여하는 크리에이터 성장 또는 키우기가 가능해, 지속적인 크리에이터 가치 상승과 성장에 따른 과실 나누기가 가능해질 것으로 예상된다.

웹 3.0, 게임산업이 주목하는 이유

특히 여러 산업군중에서도 게임업계는 탈중앙화 웹 3.0에 주목하고 있다. 게임 아이템 소유권을 이용자들이 소유하고 게임 속 커뮤니티 운영에 직접 참여하길 원하면서 웹 3.0이 그에 대한 대안으로 부상한 것이다. 앞서 살펴봤듯이 주요 게임사들이 블록체인 게임을 잇달아 출시하고 가상자산 발행까지 보편화하면서 게임을 하며 돈을 버는 실제로 행해지고 있다.

블록체인 기술로 게임 속 아이템의 소유권 개념도 점차 바뀔 것으로 예상된다. 엔씨소프트 리니지 아이템을 카카오게임즈 오딘에서 즐기고 이를 NFT로 박제해 개인이 소유하는 게 가능해진다는 뜻이다. 실수로 아이템이 사라지더라도 블록체인을 통해 쉽게 복구할 수 있는것이다. NFT는 웹3.0 게임 생태계를 구현하는 핵심 수단이다. 이에 웹 3.0을 선도적으로 도입하기 위해 게임사들은 가상자산과 NFT 등이 사용되는 메타버스나 P2E 게임 플랫폼 개발에 경쟁적으로 뛰어들고 있다고 볼 수 있다.

컴투스홀딩스는 2022년 4월 신작 게임 '크로매틱소울: AFK 레이드'를 자사 블록체인 플랫폼C2X에 탑재해 전 세계 시장에 출시했다. 신작은 토큰 경제 시스템과 NFT를 적용한 이 회사의 첫 번째 웹 3.0 게임이다. 출시 직후 최상위 등급의 NFT게임 속 무기와 장비 등를 획득할 수 있는 'NFT 퍼블릭 세일'도 진행했는데 6시간 만에 NFT 3000개가 모두 팔렸다.[21]

컴투스 역시 그룹 차원에서 자사 글로벌 게임 플랫폼 '하이브'를 웹 3.0으로 전환하는 작업을 진행 중이다. 게임 개발사의 장점을 살려 직접 콘텐

---

21 황순민, 〈웹 3.0 시대… 게임의 법칙도 바뀐다〉, 매일경제, 2022. 5. 10.

츠 공급자로 참여해 플랫폼을 띄운다는 계획인데, 2022년 C2X 플랫폼에
웹 3.0 게임 10종 이상을 선보인다는 계획이다.

카카오게임즈 자회사 엑스엘게임즈는 아키에이지의 블록체인 버전 '아
키월드' 출시를 앞두고 있다. 아키월드에서는 아키에이지의 특징인 하우징
시스템의 토지와 집을 주축으로 소환수, 탈 것, 장비 등 다양한 아이템을
NFT화 하여 소유하고 거래할 수 있다. 향후 이용자가 퀘스트, 던전, 맵도
만들고 나아가 기획안도 수정, 제안하는 등 다양한 모드MOD가 가능한 형
태를 구현하겠다는 목표다.[22]

웹 3.0이 일부 게임업계에 도입되면서 전체 게임 플랫폼은 점차 커뮤
니티 중심으로 재편될 것으로 보인다. 커뮤니티에 참여하는 모든 구성원이
기여도에 따라 보상받을 수 있도록 하는 것이다. 플랫폼 구성원들은 게임
이용자와 개발사, 투자자 등으로 이루어지고, 앱 스토어 수익은 창작자와
이용자 등 모든 사용자에게 돌려주는 구조로 설계되고 있다.

---

22 박예진, 〈'웹 3.0 게임' 온다… 크리에이터 이코노미 핵심〉, 아이뉴스24, 2022. 3. 17.

최소한의 비용 시간으로
최대 수익을 만드는 스마트 팩토리 시대

① 중국 최대의 가전업체 '하이얼Haier'은 스마트 제조의 선두주자다. 하이얼은 중국에서 하이얼, 카사테Casarte 및 리더Leader 브랜드를, 미국에서 GE어플라이언스GE Appliances를, 뉴질랜드에서 피셔앤드페이켈Fisher&Paykel을 일본에서 아쿠아AQUA 브랜드를 보유하고 있어 세계적 가전 브랜드로 꼽힌다.

하이얼은 전 세계 곳곳에서 상호연결된 스마트 홈 경험을 고객에게 제공하기 위해 자사의 제품과 서비스를 지속해서 향상시키고 있다. 또한 하이얼은 2015년 초 가전업체로는 세계 최초로 랴오닝성 선양에 냉장고 생산 스마트 팩토리를 구축했다. 이 공장에서는 100m에 달하던 전통적인 생산라인을 각 18m에 불과한 네 개 생산라인으로 교체하며 원가를 절감했다.

스마트 팩토리 도입을 통해 해당 공장의 인원 57%를 줄였고, 생산라인의 설비능력은 80%로 상승했다. 주문 생산이나 배송 시간도 47% 단축시켰다. 특히 해당 공장에서는 고객의 요구를 제때 반영한 다품종 대량 생산이 가능해져 일정한 종류가 아닌 다양한 제품의 생산이 가능하다.

지속적인 연구를 통해 하이얼은 2020년 스마트팩토리 플랫폼인 '카오스 코스모플랫COSMOPlat'을 출시했다. 코스모플랫은 첫 번째 국가급 산업 인터넷 시범 플랫폼으로 지식재산권을 보유한 중국 최초의 산업 인터넷 플랫폼이다. 이미 산둥성의 약 8만 개 기업이 이 플랫폼에 연결되어 있다. 코스모플랫은 대량 맞춤 솔루션 플랫폼으로서, 코로나19 팬데믹에 그 가치가 빛을 발했다.

2020년 초 중국 대륙에 코로나 팬데믹이 막 시작했을 때, 하이얼의 고객사인 중국 가구회사 허지홈Heji Home은 코로나 바이러스 첫 확진자가 확인된 우한 지역 병원에 이동형 격리병실을 제작해 기증하고 싶다고 하이얼에 요청했다.23 이동형 격리병실은 엄격한 의료 기준에 따라 신선한 공기를 공급해야 하고, 살균 기능과 오수처리 시스템도 제대로 갖춰야 해 까다롭다. 하이얼과 허지홈 모두 과거 이런 시설을 만들어 본 경험이 없었다. 게대가 관련한 설계 자원과 공급망 역량도 없었다. 코로나 팬데믹으로 국가적인 봉쇄령이 시작되고 많은 회사들이 문을 닫고 있는데도 두 회사는 의기투합을 했고, 결국 2주만에 이동형 격리병실의 동작형 프로토타입Working prototype을 개발해 우한의 병원에 전달했다. 이후로 몇 주만에 신속하게 격리병실을 추가로 제작해 다른 현지 병원들에도 제공했다. 두 회

---

23 Kasra Ferdows · Hau L. Lee · Xiande Zhao, 〈How to Turn a Supply Chain Platform into an Innovation Engine〉, Harvard Business Review Home, 2022. 7~8.

사는 협업을 통해 이동식 핵산검사실과 이동식 백신접종실 등 다른 버전의 격리병실을 만들어 새로운 수요에 맞춤형 상품을 제공했다.

이것은 모두 하이얼의 디지털 플랫폼인 코스모플랫 덕분이었다. 코스모플랫은 주문에서 배송까지의 시간을 단축시켰고 생산 효율성을 높이고 맞춤화된 제품 생산력을 향상시켰다. 하이얼의 스마트 제조는 초반엔 주문에 대한 생산 계획을 조정하고, 재고나 지불 등 일상적인 거래를 관리하는데 한정됐다. 그러나 하이얼은 지속해서 공급 중단, 예상치 못한 수요의 변화, 품질 문제 등 다양한 문제를 해결하기 위해 공급망을 진화시켰다.

화웨이와 차이나모바일 등이 협력해 하이얼의 공장에 5G와 모바일 에지 컴퓨팅을 결합한 혁신 제조 솔루션을 2021년 11월 구현하기도 했다. 이 솔루션은 제조 환경에서 5G 에지 컴퓨팅에 AI 등이 융합된 것이 특징이다. 다양한 기능을 갖추고 있어 광범위한 제조 시나리오에 사용 가능하다. 하이얼은 중국 내 7개 스마트 팩토리에 이 기술을 적용했고, 2022년까지 20개 공장으로 확대할 계획이다.

5G는 최대 20GBps의 속도와 1밀리초1,000분의 1초 이하의 낮은 지연시간이 강점이다. 5G 핵심 특징 중 하나인 모바일 에지 컴퓨팅은 지연시간이 매우 짧은 클라우드 컴퓨팅을 제공한다. 아직 제조업계에선 5G 활용이 제한적인 상황이지만, 이 솔루션은 고화질 카메라, 공장 현장의 AI 모듈, 다른 곳에 위치한 트레이닝 서버를 지연시간이 낮은 네트워크로 연결해 제조 환경을 획기적으로 개선했다.

이 솔루션은 AI 기반 고화질 카메라, 5G 게이트웨이, 스마트 산업용 단말기 등에서 사용 가능하다.

스마트 제조란 무엇인가

4차 산업혁명과 코로나19 팬데믹의 영향으로 전 산업에서 디지털 대전환이 시작됐다. 생산과 소비뿐 아니라 라이프 스타일도 변화중이다. 포스트 코로나를 대비해 기업들은 디지털화에 속도를 내고 있고, 뉴노멀new-normal 시대 제조업의 새로운 혁신에 대한 필요성도 커지고 있다. 앞으로 탄소중립과 기후변화 대응이라는 글로벌 대세 속에서 세계 주요국은 탈탄소화를 앞당기고 있고, 온실가스 배출 감축 목표를 달성하기 위한 기업 규제방안에 대한 논의도 본격화됐다. 제조기업들의 경영은 이러한 환경 변화에 맞춰가야 하는데, 이에 대한 대응책으로 2023년엔 스마트제조 혁신이 중요한 안건으로 부상할 전망이다.

전 세계에서 대표적인 제조강국 중 하나인 우리나라도 스마트 제조 혁신에 대한 철저한 준비가 필요하다. 그간 한국 경제 발전 과정에서 제조업은 가장 주요한 역할을 했고 핵심 산업으로 여겨졌다. 특히 코로나19 위기 속에서 타 OECD 국가 대비 경제적 타격을 완화할 수 있었던 이유 중 하나는 제조업 비중이 높았기 때문이다. 포스트 코로나로 빨라진 디지털 전환에서 한국 제조업의 대표적 수출 품목인 반도체의 중요성도 다시 한번 확인됐다.

스마트제조는 제품의 기획·설계·생산·유통·판매 등 전 과정에 ICT를 적용해 제조 전반과 연관된 비즈니스 등을 혁신하고 디지털 작업환경을 구현하는 것을 뜻한다. 단순 자동화나 정보화와는 다른 개념이다. 국내 스마트제조의 개념은 독일의 차세대 제조업 혁신 전략인 인더스트리 4.0^{Industry 4.0} 개념과 궤를 같이 한다. 독일의 인더스트리 4.0는 제품의 가격보다는 개인이 원하는 제품을 요구하는 개인 맞춤형 제품 시장을 선도하는 것이 스마트 제조 추진의 목표로 봤다. 스마트 팩토리는 제품의 기획부터 판매까지 모든 생산과정을 ICT기술로 통합해 최소 비용과 시간으로 고객 맞춤형 제품을 생산하는 사람 중심의 첨단 지능형 공장이다.

스마트 제조는 앞서 살펴본 중국의 가전기업 하이어처럼 고객의 요구, 새로운 제품이나 서비스의 개발, 새로운 시장으로의 확장, 예측 가능하고 반응이 빠른 운영 방식 등 이해관계자들의 요구가 변화함에 따라 즉시 대응이 가능해야 한다.

스마트 제조 생태계는 가상의 공간에서는 공정 최적화가 이루어져야 하고, 물리적 공간에서는 생산 최적화를 실현하는 소프트웨어나 설비, 서비스로 구성되어 제품 개발부터 양산, 그리고 시장수요 예측 및 기업의 주문에서부터 완제품 출하까지 모든 제조 관련 과정을 포함하게 된다.

이를 구현하기 위해 제조업에 ICT를 접목해 모든 공정, 조달, 물류, 서비스를 통합적으로 관리하는 스마트 팩토리^{smart factory} 기술을 개발하거나 활용하는 것이 필수적이다.

스마트 제조의 핵심, 스마트 팩토리

스마트 제조혁신의 핵심은 스마트 생산 체계를 적용한 공장인 스마트 팩토리smart factory의 현실화에 있다. 스마트 제조 중 실질적으로 제품 생산과 연관이 있는, 즉 스마트 팩토리와 관련된 기술 분야가 공정 모델 기술분야이다. 스마트 팩토리는 기존의 공장자동화를 넘어 개별 공정별로 모듈화되어 소비자 수요를 충족하는 맞춤형 제품의 능동적인 생산을 가능하게 하는 공장을 뜻한다.[24] 기획이나 설계, 생산, 유통 등 전 과정을 신 기술을 활용해 최소 비용과 최소 시간으로 고객이 정확히 필요로 하는 제품을 생산하는 공장이다. 즉, 제품의 기획부터 판매까지 모든 생산과정을 ICT 기술로 통합해 최소 비용과 시간으로 고객이 원하는 맞춤형 제품을 생산하는 첨단 지능형 공장이다.

컴퓨터를 이용한 설계나 제조, 다품종 소량생산을 가능하게 하는 생산 시스템 등을 조합한 공장 자동화와는 다른 개념이다. 지금까지 공장자동화는 미리 입력된 프로그램에 따라 생산시설이 수동적으로 작동하고 생산설비가 중앙 집중화된 시스템의 통제를 받았다. 공장 자동화는 컴퓨터와 로봇 같은 장비를 이용해 공장 시스템을 무인화로 바꾸고, 생산과정의 자동화를 만드는 시스템에 그쳤다.

---

24 중소벤처기업부 스마트제조혁신추진단, 〈www.smart-factory.kr/smartFactoryIntro〉.

그러나 4차 산업혁명에서 생산설비는 스마트 팩토리를 통해 제품과 상황에 따라 능동적으로 작업 방식을 결정할 전망이다. 즉, 각 기기가 개별 공정에 맞는 업무를 직접 판단해 실행하는 것이다. 제조에 관련된 조달, 물류 등에 인공지능과 사물인터넷 등을 연결해 자율적으로 데이터를 연결하고 수집, 분석하도록 하는 것이다.

앞으로 스마트 팩토리가 대중화된 이후 산업현장의 다양한 센서와 기기들이 스스로 정보를 수집하고, 빅데이터를 바탕으로 생산성을 최대로 끌어올릴 수 있는 인공지능이 결합된 생산시스템으로 더욱 진화될 것으로 예상된다. 이 같은 스마트 팩토리를 통해 공장의 생산성 향상, 에너지 절감, 인간 중심의 작업 환경, 개인 맞춤형 제조, 제조·서비스 융합 등이 구현 가능해질 것으로 기대된다.

스마트 팩토리는 기계끼리 대화를 함으로써 최적의 공정을 만들어내는 것이 목표다. 기존 제조 공장에서는 문제가 발생해도 모든 공정을 거쳐 최종 제품이 나와야만 불량 여부를 판단할 수 있었다. 불량품이 발견될 때까지 수천 개의 똑같은 불량품이 나와도 이를 발견하기 힘든 구조인 셈이다. 그러나 스마트 팩토리에서는 각 제조 단계마다 스마트센서가 문제점을 발견해 바로 전 단계 조립 기계에 새로운 공정 지시를 내려 실시간으로 불량품을 잡아낸다.[25] 또 스마트 팩토리는 현실과 가상을 연결

25 장경석, 〈국내·외 스마트 팩토리 동향〉, KB지식비타민, 2017. 5. 15.

해주는 기술인 사이버물리시스템CPS, Cyber Physical System을 기반으로, 기획이나 설계, 제조, 공정, 유통, 판매의 단계에 있어서 ICT 기술을 폭넓게 활용한다.

과학기술정보통신부는 스마트 팩토리를 고객 주문, 설비 고장 등 외부 환경 변화에 공장 내 기기들이 즉각 반응해 자율적으로 최적의 솔루션을 제안하는 사이버물리시스템 기반 '지능형 생산공간'이라고 정의했다. 딜로이트-안진은 스마트 팩토리는 감지sensor, 판단control, 수행actuator의 세 가지 기능이 적용되어, 각각의 기능이 일체화된 사람처럼 유기적으로 연계되어 동작하는 공장이라고 말했다.

해외의 스마트제조 정책

글로벌 조사기관 스태티스타Statista는 2019년에 1,530억 달러 규모였던 전 세계 스마트 팩토리 시장은 연평균 9.6%의 빠른 성장세를 보이며 2024년 2,440억 달러 규모로 성장할 것으로 예상했다. 미국, 일본, 독일과 같은 제조업 강국은 최근 스마트 팩토리 시장을 선도하며, 제조업의 고도화, 경쟁력 강화를 위한 대안으로 스마트 팩토리를 주목하고 있다.

마켓츠앤마켓츠Markets & Markets의 국가별 전망치에 따르면, 앞으로 중국의 성장이 가장 거셀 것으로 예상된다. 중국은 연평균 12.16%의 성장률을 기록하면서 가장 빠르게 제조 공장의 스마트화가 이루어질 국가로 평가되고 있는데, 2024년 중국의 스마트 제조 시장은 469억 7,000달러 규모로 미국을 제치고 세계 최대 규모에 이를 것으로 예상된다.

미국의 경우 스마트 제조는 연간 8.83%의 성장률을 나타내며, 2024년에는 413억 달러 규모의 스마트 제조 시장을 형성할 것으로 보인다. 일본과 독일은 각각 연평균 10.18%, 9.94% 성장해 2024년에는 263억 4,000, 166억 6,600만 달러 규모의 시장을 형성할 것으로 전망된다. 이 같은 제조 강국들은 국가 차원의 기술과 산업혁신 전략 관점에서 스마트 제조 혁신 정책을 추진하는 등 거시적인 관점에서 연속성을 가지고 추진하고 있다.

중국

중국은 세계 최대 제조업 국가로 꼽히지만 핵심기술이 부족하고 품질이 낮은 점, 혁신 기술 부족 등이 한계로 지적된다. 게다가 중국의 인건비 인상은 중국 제조업의 가장 큰 위기로 부상했다. 중국 국가통계국에 따르면 중국 도시 비사영기업非私營·국유 및 외자기업의 2020년 한해 평균 임금은 9만 7,379위안약 1,700만 원으로 전년 대비 7.6% 상승했다. 비사영기업 임금 상승률은 지난 2018년 10.9%에서 2019년 9.8%로 가파른 상승세를 보이고 있다.[26] 이 같은 인건비 상승은 주요 기업들의 생산 공장 국외 이전을 가속화할 우려가 크다. 실제 삼성전자는 지난 2019년 중국 내 스마트폰 생산거점을 베트남으로 옮겼다.

중국은 위기를 맞고 있는 제조업의 성장 동력을 확보하기 위해 총 30년에 걸친 '중국제조 2025'를 수립해 추진중이다. 10년 단위로 나눠 단계별 전략을 수립했는데, 1단계[2015~2025]는 기존 대량생산 체제에서 첨단기술 기반 경제로 중국 경제의 체질을 전환시키고, 2단계[2026~2035]에선 제조강국 중간 수준 달성을 목표로 제시, 3단계[2036~2049]는 세계 제조강국 선두에 서는 것을 최종 목표로 설정했다.

또 중국은 2021년 '스마트제조 발전 14차 5개년 계획十四五 智能制造发展规划'을 발표했는데, 기업들의 디지털 트윈, 디지털 전환을 통한 스마트 제조 고도화를 추진하고 중앙과 지방정부 간 정책을 연계하고 실행해 지역 특성에 따라 차별화가 필요한 정책은 지방정부로 이관해 실행하는 방안이 포함됐다.

제조업 기반과 인터넷 기술이라는 상이한 두 분야로, 스마트 제조 혁신을 통한 글로벌 제조 리더 국가로의 도약이라는 국가적 목표 달성을 위해 두 가지 정책 간 연계를 통해 산업 혁신을 이끌어내고 있다. 또 공업정보화

---

26 최수문, 〈지난해 中 임금 7%대 상승⋯ 내수경기 위해 인건비 높인다〉, 서울경제, 2021. 5. 21.

부 중소기업국은 디지털 제조와 관련한 산업인터넷, 산업소프트웨어, 네트워크 및 디지털 보안, 스마트센서, 메타버스, 블록체인, 인공지능 등의 중소기업을 육성하는 일 등에 박차를 가하고 있다.

독일

독일은 높은 기술력으로 경쟁력을 유지해왔지만, 원가 절감을 앞세운 신흥국의 추격에 위기 의식을 느끼고 스마트 제조 혁신 정책을 추진하고 있다. 독일은 스마트 팩토리 플랫폼 구축을 통한 기업과 정부, 학계가 함께 협력하는 모델을 택했다.

독일의 스마트제조 주요 정책 중 하나인 인더스트리 4.0은 사물 및 서비스 인터넷Internet of Things and Services이 제조업에 도입돼 완전한 자동생산 체계를 구축하고 생산과정을 최적화하는 것을 의미한다. 인더스트리 4.0에서 가장 중요한 목표는 사이버물리시스템 기반의 스마트 팩토리를 구축하는 것이다. CPS는 앞서 설명했듯이 실제로 상품을 제조하는 물리적 세계와 서비스 중심의 사이버 세계를 소프트웨어나 센서 등을 활용해 통합하고 제어함으로써 제조의 전 과정을 네트워크에 연결하는 것이다.[27]

예컨대, 보쉬Bosch 엔지니어링은 복잡한 자동차 개발을 단순화하고 자동화하는 것을 목표로 하는 클라우드 기반 플랫폼인 칼포니아Calponia를

---

27   KDI 경제정보센터 자료연구팀, 〈스마트팩토리 편 해외동향〉, KDI 경제정보센터, 2021.04

개발했다. 차량을 개발하는 모든 부서는 이 플랫폼을 통해 데이터를 교환할 수 있어 시간과 장소에 관계없이 협업이 가능하다. 보쉬 엔지니어링은 칼포니아 도입 후 개발 업무의 효율성이 70% 상승했다.[28]

코로나19 팬데믹 이후 글로벌 공급망이 중단되고 수급 불균형이 증가하면서, 독일은 제조업의 디지털 전환을 서두르고 있다. 2020년 7월 EU 집행위원회에서 '인더스트리 5.0' 논의가 시작됐다. 이는 인더스트리 4.0에 사회적 가치를 더한 개념으로, 기존의 기술[CPS] 기반 중심의 발전과 사회적인 가치를 동시에 추구하려는 시도로 해석된다.

일본

일본은 Society 5.0와 커넥티드 인더스트리[Connected Industries] 등을 통해 사회 전반의 디지털화를 장기 비전으로 제시했다. Society 5.0는 4차 산업혁명 관련 신기술을 기반으로 사회 전반의 디지털화를 목표로 제시한다. Society 5.0 구현을 위해 △스마트헬스 △스마트 모빌리티 △스마트 제조 △스마트 도시와 시설 △핀테크 등을 주요 5대 전략분야로 설정했다. 이 가운데 스마트 제조[Smart Manufacturing]의 최종 목표는 전체 생산공정의 데이터 연계를 통해 개별 소비자의 수요에 맞는 혁신적인 제품과 서비스를 창출하는 것이다.

---

28 보쉬 칼포니아 홈페이지, 〈www.calponia.com〉.

일본 경제산업성은 2017년 3월엔 커넥티드 인더스트리를 제시하고 '연결'을 통해 산업 환경의 급격한 변화에 대응하고 새로운 부가가치를 창출하는 데 집중했다.

여기서도 5대 중점 분야를 선정했다. 커넥티드 인더스트리는 4차 산업혁명 기술로 모든 사물이 연결되고 이로부터 수집된 빅데이터가 새로운 부가가치를 창출하는 미래 산업 구조를 의미한다. 5대 중점 분야는 △자율주행·모빌리티 △제조업·로봇 △바이오·소재 △플랜트·인프라 보안 △스마트 라이프 등이다. 매년 발표되는 범국가 차원 전략인 일본재흥전략, 미래투자전략 등에서 전략분야 및 중점분야 중 하나로 스마트 제조와 스마트 팩토리 실현을 제시하고 있다.

일본의 스마트 팩토리는 아직 도입 초기단계로 수출 대기업 및 생산·조립 공정 위주로 관련 기술이 활용되는 상황이다. 일본의 경우 수출 비중 상위 3대 업종에 스마트 팩토리 활용이 쏠려 있다. 수출비중 상위 3대 업종인 전기기계의 스마트 팩토리 참여기업 비중은 37%, 생산용기계^{반도체 제조 장비 등}는 19.5%, 수송기계^{자동차 등} 부문 13.4% 등으로 여타 제조업및 서비스 업종보다 높은 편이다. 로봇 기술, IoT 등 생산·조립 공정 분야의 기술이 주로 활용되고 있으며 제조공정의 지능화 및 유연화 관련 핵심기술인 AI과 빅데이터 활용은 저조한 편이다.

일본은 아직 스마트 팩토리 도입 초기 단계지만 일부 기업 중심으로

확대되고 있다. 전자기기 기업인 파나소닉^{Panasonic}은 근로자의 작업시간, 피로도 등을 자체 개발한 모션센서 시스템으로 자동 수집하고 있으며, EMS^{전자기기 수탁제조 서비스} 기업인 UMC. H 전자는 작업자의 움직임, 공정별 부품 소요량 등을 디지털화를 통해 기록한다.[29] 산업용 로봇업체 야스카와전기^{安川電機}는 제품 불량에 신속 대응하기 위해 실시간으로 수집한 데이터를 통합사령실에서 취합해 시각화를 통해 평균 제조리드타임이 기존보다 6분의 1 수준으로 줄었다. 금속가공기계 전문업체 아마다^{アマダ}는 사물인터넷을 통해 모든 장비를 네트워크화해 통합 관리하고 문제가 발생한 공정을 실시간으로 파악해 1인당 생산량을 4배로 높였다.

미국

미국은 경제 하락의 원인으로 지적되고 있는 제조업 경쟁력 약화에 대응하고, 제조업 재부흥을 위해 오바마 행정부 시절부터 지속적으로 추진하고 있다. 최근에는 글로벌 패권 경쟁 속에서의 산업 주도권 확보라는 관점까지 확대해 스마트제조혁신 정책을 추진 중이다.

국가 성장동력의 약화, 코로나19 상황에서의 글로벌 공급망 재편에의 대응, 일자리 창출 등 국가·사회적 문제 해결의 관점으로 스마트제조혁신 정책을 접근하고 있다.

---

29 원지환, 김민우, 〈최근 일본의 스마트 팩토리 도입 현황 및 시사점〉, 한국은행, 2019. 7. 18.

미국 제조업 비중은 화학$^{12.3\%}$, 석유정제$^{10.9\%}$, ICT$^{9.5\%}$ 등 순인데, 제조 역량 측면에서 미국 경쟁력 위원회에 따르면 항공우주, 차량, 제약 등이 세계 제일의 경쟁력을 가진 것으로 알려졌다.

미국의 경우 산업계가 주도하는 형태로 GE, IBM, Intel, Cisco, AT&T 등 250여개 주요 대형 ICT 기업이 모여 2014년 결성한 IIC$^{Industrial\ Internet\ Consortium}$가 주축이 되어 사물인터넷, 스마트 제조 등 생산망 최적화와 기술혁신, 새로운 비즈니스 모델 개발 등에 집중하고 있다. 학술적인 논의보다는 기업의 실용적인 성과에 집중하고 새로운 사업모델과 수익기반을 창출하는데 주력한다. 미국은 기존 기계나 공장에 사물 인터넷을 접목하고 수집된 빅데이터를 분석해 생산성을 높이고, 이를 기반으로 새로운 사업모델과 수익을 창출한다.

공급망 문제에의 대응을 위해서는 스마트 제조뿐만 아니라, 바이 아메리칸 강화 등 자국 내 조달 확대, 리쇼어링을 통한 자국 내 제조업 역량 강화 등을 동시에 추진한다.

미국의 제조업 재강화 사례는 제조업 위주의 산업 구조를 서비스업으로 전환해 고부가가치를 추구했던 미국이 다시금 스마트제조혁신을 기반으로 제조업을 강화한다는 측면에서 의미가 있다.

제조시간 단축, 인공지능

인공지능은 스마트 팩토리의 빼놓을 수 없는 필수적인 기반 기술이다. 제조·기타 생산 분야에 인공지능과 기타 디지털 기술 등을 적용하는 것은 기업의 이윤 증대뿐 아니라 국가적 경제 수준 향상에 도움을 준다. 또 최근 수십 년간 OECD 국가에서 발생하는 인구 고령화로 인한 급격한 노동생산성 감소 대응에 필수적이다. 제조 분야에서 인공지능은 유지·보수 예측을 통한 기계의 비가동 시간 감축부터 공급망 관리, 산업용 연구 가속화, 인력 교육, 무결점 생산에 이르기까지 다양한 방면으로 제조 생산성 혁신에 기여한다. 인공지능 기술 발전은 인간과 협업 작업이 가능한 '협동 로봇'의 도입과 확산을 촉진시킨다. 더 빠르고 정확하며 일관된 작업 수행을 가능하게 한다. 기존 노동자나 로봇만으로 이루어진 공정 대비 노동생산성을 개선하는 것이다.

제조 분야에 적용된 초기 형태의 인공지능은 공정 일정 관리와 같은 일부 응용 분야에 제한적으로 사용됐는데, 데이터 기반 학습과 예측을 수행하는 발전된 형태의 인공지능은 모든 생산 단계에서 역할을 수행할 것으로 예상된다.

제조분야 인공지능 활용 사례를 살펴보자. 제트기 부품 제작을 위한 금속 합금 생산 과정에서 분말 입자 배열 문제로 인한 문제가 발생했을 때,

미국의 항공기 제조기업 보잉Boeing은 미국계 AI 기업 시트린 인포매틱스 Citrine Informatics가 소유한 인공지능 시스템을 활용해 금속 분말 합금 과정에 대한 천만 가지 제조법을 스캔하고 수십년간의 실험 결과를 분석해냈고, 몇 년이 걸릴 재료의 발견을 며칠로 단축했다.

인공지능 기반 소프트웨어를 활용하면 잠재적인 디자인을 생성할 수 있어 산업 디자인 분야에 혁신을 일으킬 수 있다. 항공우주 및 방위산업 기업 에어버스Airbus의 3D프린터와 결합한 인공지능 기반 소프트웨어는 많은 사이클에 걸쳐 디자인을 폐기하고 개선하는 시스템이 학습됐다. 이 시스템은 강도는 높이고 무게는 45% 경량화한 A320 항공기 격벽 제조를 만들어내는데 성공했다.

제조공정에서 인공지능을 활용해 품질관리가 한데, 인공지능이 탑재된 검출기는 반도체 공정 회로에서 불규칙한 형상의 칩 같은 결함이 발생하면 이를 알아서 탐지한다. 기계 내부 센서에서 나온 실시간 데이터를 활용한 '디지털 트윈' 기술을 활용해 제조 공정 제어를 할 경우, 인공지능 기반 해당 모델은 제조공정 생산을 모니터링하고 핵심 변수를 최적화한다. 또 유지나 보수할 부분과 시간을 예측한다.

인공지능을 활용하면 공급망 통합과 개선 관리도 가능하다. BMW는 차량용 핵심 부품을 생산하는 모든 주요 생산 장비의 실시간 현황을 파악하기 위하여 인공지능을 활용해 고객 수요 변동을 예측하고 유통을 효율적으

로 관리한다.[30]

프로세스 중단에 대한 원인 분석에 인공지능을 활용하기도 한다. 에어버스는 A350 항공기 제작 시 작업자가 익숙지 않은 문제에 직면할 경우 과거 공정에서 발생한 유사 문제 데이터를 분석해 해결책을 제시해 공정 중단으로 인해 손실되는 시간을 3분의1로 최소화했다.[31]

스마트 팩토리, 인공지능 도입 선결과제

인공지능 기술 적용에 따른 혁신적인 산업발전 가능성에도 불구하고 중소기업의 자금력 부족, 전문인력 구인난 등으로 인해 기술 도입에 제약이 존재한다. 이를 해결하기 위한 정부 주도의 정책 마련도 수반될 필요가 있다. 제조분야 인공지능 적용 장애 요인으로는 불확실성과 높은 정확도 요구 등이 가장 주요하게 꼽힌다. 또 보완 투자의 필요성이나 기술 부족 등도 제한적 요인으로 꼽힌다.

인공지능 프로젝트는 일반적인 ICT 투자와 달리 성공에 대한 보장이 없어 투자수익률ROI을 추정하기 어렵다. 기업의 미래 존속에 대한 불확실성을 가지고 인공지능 프로젝트에 참여하기에 제약이 따른다. 일반적으로

---

30   권태균, 〈NIA The AI Report〉, 한국지능정보사회진흥원, 2022
31   권태균, 〈NIA The AI Report〉, 한국지능정보사회진흥원, 2022

경영 자금이 부족한 중소기업^{SME}은 대기업 대비 더 적은 위험만을 감수할 수 있다. 불확실한 투자수익률^{ROI}은 제조업이나 기타 생산분야 중소기업들이 인공지능을 도입하는데 방해요인으로 작용한다.

또 정밀 공정이 포함되는 제조산업 특성상 인공지능 기술 도입 시 다른 산업들과 달리 높은 정확도가 필요하다. 마케팅 분야에서 발생하는 알고리즘 오류는 분자 규모로 작동하는 정밀 제조공정에서는 용인될 수 없다. 보완적 투자가 필요하다. 제조공정에서의 기계들은 서로 다른 제어 시스템과 통신 표준을 사용하기 때문에 기계들사이 원활한 데이터 통신을 위한 데이터 저장소^{Silo} 연결 또는 ICT에 대한 추가적인 금전적 투자가 필요할 수 있다.

전문 인력 부족의 문제도 있다. 기계학습^{ML}, 영상인식, 자연어 처리 등 다양한 분야를 포함하는 인공지능 기술은 상당한 수준의 수학적 기술과 실무 경험이 요구되기에 향후 인공지능 전문인력에 대한 격차는 훨씬 더 증가할 것으로 예상된다. 인공지능 전문인력에 대한 지리적 편향성이 높게 나타나는데 유럽의 경우 영국, 프랑스, 독일 3개국에 유럽 인공지능 전문인력의 절반 정도가 분포해 있으며 다른 국가들의 경우에도 국지적 허브에만 인공지능 인력이 몰려있다.

글로벌 기업에서도 인공지능 전문인력에 대한 구인율은 높게 나타나는데 이러한 전문인력에 대한 높은 수요는 인건비 상승으로 이어져 제조분야 중소기업들이 인공지능을 도입하는데 방해 요인이 되기도 한다. 미국은 제조업체 중 연 매출 5억~100억 달러 기업 60곳을 기준으로 조사한 결과 응답자의 5%만이 인공지능을 활용한 전략을 개발하고 있는 반면, 56%는 인공지능 활용계획조차 없다고 응답했다. 덴마크의 경우 2019년 기준 대기업의 24%, 중소기업의 5%만이 인공지능을 사용하고 독일은 전체 기업 중 6%만이 인공지능을 사용했다.

스마트 팩토리의 연결고리, 사물인터넷에 주목하라

디지털 팩토리가 더욱 활성화되고 대중화된다면 사물 인터넷의 발전도 가속화할 전망이다. 사물인터넷은 인간과 사물, 서비스 등 분산된 구성요소들 간의 인위적인 개입없이 상호 협력적으로 센싱, 네트워킹, 정보 교환과 처리 등의 지능적 관계를 형성하는 사물 공간 연결망이다.

사물인터넷은 제조 산업에 적용돼 생산 효율성 향상과 비용 절감에 크게 기여한다. 또 제조 스마트화를 구현하기 위한 핵심 기반 기술로 꼽힌다. 맥킨지McKinsey&Company는 'Unlocking the potential of the Internet of Things, 2015'에서 사물인터넷 기술이 제조업에서 가장 큰 파급효과를 가져올 것으로 예측했고 생산 공정에 도입함으로써 기업의 생산성을 크게 높이고 비용 절감에 큰 영향을 줄 것으로 전망했다.

사물인터넷으로 인한 경제적 파급효과가 2025년까지 최대 1억 1,100만 달러 규모를 창출할 것으로 예측했다. 그 중 제조 산업의 비중이 33.2%로 타 산업 대비 파급효과가 가장 클 것으로 전망했다. 또한, 제조 산업에 사물인터넷이 도입됨으로써 판매량 증가율이 연 5~15% 증가, 제조비용 25%~35% 감소, 1인당 생산량 40~60% 향상 등 생산 효율성과 경제적 효과를 창출할 것으로 전망했다.

사물인터넷은 제조 산업의 스마트화, 즉 스마트팩토리의 현실세계와 가상세계를 연결하는 매개 역할을 한다. 제조 스마트화는 사물인터넷을 통해 각종 생산설비에서 데이터를 생성·공유하며 인공지능은 공정 최적화 및 사후 예측을 수행한다. 즉, 사이버물리시스템 CPS·Cyber Physical System을 통해 가상세계에서 지능형 제조 서비스를 제공하는 것이다. CPS는 현실 세계의 다양한 물리, 화학과 기계공학적 시스템을 컴퓨터와 네트워크를 통해 자율적, 지능적으로 제어하기 위한 시스템을 뜻한다.

각각의 기술은 상호 보완적인 관계를 형성하고 있으며, 특히, 사물인터넷은 현실세계와 가상세계를 연결하기 위한 선행 기술이자 핵심 기반 기술이다. 사물인터넷은 크게 소비자 IoTConsumer IoT, CIoT와 산업용 IoTIndustrial IoT, IIoT으로 구분한다. 제조 산업에 사용되는 IoT는 높은 신뢰성을 요구하는 산업용 IoT이다.

각각의 IoT는 사물에 센서를 내장하거나 부착해 통신 기술을 통해 실시간으로 데이터를 주고받는 프로세스는 동일하다. 그러나 산업용 IoT는 데이터의 응답 속도가 지연될 시 심각한 문제를 초래하기 때문에 높은 수준의 신뢰성이 필요하다. 소비자 IoT가 고객 서비스 중심으로 사물과 사물 간의 상호작용을 지원하며, 사용자와 밀접한 범위 내에서 주로 활용되는 반면 산업용은 산업 장비와 디바이스를 연결하는데 특화되어 있다.

소비자 IoT는 소비자 중심, 일반적으로 시스템 오류 시, 위험한 상황이 일어나지 않는 분야에 적합하고 일상 생활, 주거, 오피스, 대형 마트 등 사용자와 밀접한 범위에서 편의성 향상을 목적으로 활용된다. 이에 반해 산업용은 시스템 고장이나 오류, 중단, 지연 상황에 심각한 위험 발생 가능한 분야에 적용되어 높은 수준의 신뢰성이 필요하다.

IoT는 제조, 운송, 석유, 화학, 플랜트 등 다양한 산업분야 전반에 기반 기술로 활용된다. 제조 공장의 스마트화 수준에 따라 사물인터넷 사용 범위가 다양하며, 자율적인 공정 운영을 위한 고도화 단계의 기술개발이 이뤄지고 있다.

제조업에서 IoT 사용 범위는 자재를 단순 식별해 점검하기 위해 사용되는 1단계 수준부터 공정 제어, 최적화까지 자율로 운영하기 위해 작업자, 설비, 자재, 운영 환경을 모두 연결하는 5단계 수준으로 구분 가능하다. [32]

32 나영식, 〈제조용 IoT〉, 한국과학기술기획평가원, 2020. 10.

미국의 GE는 제조 산업 중심의 산업 인터넷Industrial Internet이라는 용어를 최초로 언급했다. 이후 산업용 사물인터넷Industrial IoT으로 불리며 대상 산업의 범위가 점차 확대됐다. 산업용 사물 인터넷에 포함되는 제조용 IoT는 다양한 설비 데이터의 수집 및 공유를 주목적으로 한다. 수많은 설비와 작업자 간 통신 기술로 연결되고 산업 현장에서 모니터링, 데이터 수집, 데이터 교환 및 분석 등의 기능을 수행한다.

최근에는 다양한 센서, 부품, 장비 간 연결을 통해 단일 공정단위의 데이터 분석뿐만 아니라, 공정과 공정, 공장과 공장 간 데이터 공유 및 분석이 가능해졌다.

'평범한 센서'에서 '스마트 센서'로

앞으로 스마트 팩토리가 성장하면서 제조 공정에서 사용되는 센서의 발전도 빨라질 전망이다. 센서는 특정 환경 변화를 측정하는 수준에서 나아가, 데이터 처리, 자가진단 등이 가능한 스마트 센서 기술로의 전환이 가속화될 전망이다. 과거의 센서는 특정 물리나 화학, 기계적 변화를 측정하는 수준에 머물렀으며 센서의 수가 증가함에 따라 대용량 데이터를 중앙 집중 방식으로 처리하기에는 전력 소모가 커지는 단점이 있었다.

초소형 정밀기계 시스템 MEMS: Micro Electro Mechanical System과 여러 반도체를 하나의 칩으로 구현하는 시스템온칩SoC, System on Chip 기술이 발전하고 산업용 반도체인 마이크로컨트롤러유닛MCU가 내장되면서 데이터 처리, 저장, 자동보정, 자가진단, 의사결정, 통신 등의 기능을 수행하는 스마트 센서가 발전했다. 스마트 센서의 주요 구조는 특정 환경 변화를 감지하는 센서, 데이터를 수집·분석·처리하는 MCU, 데이터를 서버로 전송 또는 수신 받는 통신 모듈이 하나의 반도체에 구성되어 있다.

센서 자체에서 데이터를 가공하거나 처리해 서버로 전송하는 분산된 방식이 가능해하다. 스마트센서는 중앙 처리 장치의 전력 소모를 줄이고 탄력적인 생산이 가능해 제조업 스마트화를 위한 핵심 기술로 부상했다. 센서를 통해 생성된 데이터는 자동화와 스마트화의 기초가 된다. 또 센서를 통해 설비의 상태를 항상 모니터링하고 변화의 징후가 나타날 때 교체를 하는 예지 보전에 활용할 수 있다. 제조 공정에 사용되는 센서는 무선화와 지능화로 고도화되면서 소형화와 저 전력 중심으로 진화가 빨라질 전망이다. 제조 장비에 적용되는 센서는 크기는 작아야 하고 성능은 고도화가 필수라 최상의 센서 기술이 필요하다.

하나의 칩에 센서와 반도체 회로를 집적한 MEMS 기술과 SoC 기술이 진화됨에 따라 고성능·소형화 기술 개발도 활발해지는 상황이다. 설치 장소의 제약적 환경에서 자유롭고, 밸브, 액츄에이터 등 소형 부품에 통합가능하며, 작은 크기로 최상의 성능을 제공하므로 다양한 애플리케이션에 적용이 가능하다. 예를들어, 가속도 센서의 칩 크기는 2009년에 비해 9분의 1 수준으로 크기가 줄어 초소형으로 개발 중이며, 이에 따라 제조 장비도 점차 소형화되는 추세다.

여러 개 센서를 단일 모듈로 집적화해서 서로 다른 감지 데이터를 결합해 불확실성을 낮추고 더 정확한 정보를 생성하는 '복합 센서 모듈'이 개발되는 추세다. 보쉬는 압력과 온도를 동시에 측정하는 복합 센서를 개발한 이후 다양한 환경 측정용 센서를 통합해서 출시했다. ST마이크로일렉트로닉스는 가속도센서, 압력 센서, 습도 센서가 결합된 스마트 센서를 출시했다.[33]

5G와 스마트팩토리

제조업에 사용되는 네트워크는 주로 유선 통신 기술로서 활용 범위와 구축 환경에 따라 다양하다. 이러한 네트워크의 통합 활용을 위한 기술 개발이 활발하다. 제조 환경에서는 높은 신뢰성 기반의 산업용 유선 통신망을 주로 사용하며, 필드버스와 산업용 이더넷이 있다. 일반 범용 유선 통신은 미미한 지연이 발생해도 허용가능한 수준이지만 제조업에서는 사소한

---

33   나영식, 〈제조용 IoT〉, 한국과학기술기획평가원, 2020. 10.

통신 지연으로 인해 생산성 하락은 물론, 큰 대형 사고 발생으로 이어질 수 있다.

따라서, 산업용 유선 통신은 정교한 통신 처리와 시스템 동기화가 필수다. 기존 유선 통신망의 일종인 범용 이더넷을 개선해 실시간성과 확정성을 보완한 산업용 유선 통신망을 개발해 사용한다. 산업용 이더넷은 프로피넷PROFINET, 이더넷아이피Ethernet/IP 등 유럽과 북미를 중심으로 사용되고 있으며, 국내는 라피넷RAPINET을 개발해 적용하고 있다.

무선 통신 기술이 빠르게 발전하면서 제조업에 이를 적용하기 위한 시도는 더욱 많아질 것으로 전망된다. 제조용 사물인터넷 네트워크는 높은 신뢰성 기반의 유선 통신을 주로 활용하지만 설치나 유지보수, 확장과 이전 설치에 취약하다는 단점이 있다. 즉, 제조 현장에서 널리 사용되는 유선 통신 기술은 무선 통신에 비해 신뢰도는 높지만 이동작업 시배선과 안전 부분의 개선 여지가 많고, 공정의 변화에 따른 공장 재배치나 기계와 로봇의 이동시 유선통신망을 재배치하는 등의 한계로 인해 무선 통신 기술의 필요성이 더 커지고 있다.

무선 통신은 복잡한 설비를 둔 공장이나 유연성이 필요한 설비 등에 유용하고 최근 무선 통신 기술의 고도화로 인해 사용량이 증가하는 추세로 앞으로 더 확대될 것으로 예상된다. 기존 유선 통신 중심의 네트워크 구조는 생산 현장에서 발생하는 데이터 공유가 공장내로 제한되고, 제품 판매를 위한 외부 유통망과의 연결과정에도 애로사항으로 작용하지만 무선 통신은 이러한 문제를 해결해준다.

제조업 스마트화가 본격화되면서 높은 신뢰성을 요구하는 산업용 무선 통신 기술은 저 전력이나 저 지연 중심으로 기술 개발이 빨라질 것으로 예측된다. 기존 제조업에서 사용된 유·무선 네트워크 기술의 한계를 극복하기 위해 초저지연 그리고 초연결 중심의 5G 무선 통신 기술이 각광받고 있다.

기존 공장의 생산 자동화 네트워크는 유선을 기반으로 구축되었으나 설치·유지보수, 확장·이전 설치에 취약하다. 와이파이Wi-Fi 등 기존의 무선 네트워크도 셀룰러 방식이 아닌 비 면허 대역의 근거리 무선 네트워크가 사용돼 확장성이나 전송 지연 등에 한계가 있다.

5G 기술은 차세대 제조용 사물인터넷 네트워크로 주목받고 있다. 초저지연, 초고속, 초 연결, 초저전력의 네 가지 특성은 기존 통신 기술에 비해 확장성이나 유연성을 증가시킬 것으로 기대된다. 정부는 5G 기반 디바이스간 연결성을 확대하고 초저지연, 초고속 그리고 높은 신뢰를 기반으로 하는 사물인터넷 서비스 제공을 위해 2020년부터 2023년까지 5G 기반 사물인터넷 서비스 핵심 기술 개발을 추진하고, 5G 기반 산업용 단말기 프로토타입을 개발해 상용화 지원을 통해 제조업에 적용할 방침이다.

주요국에선 글로벌 통신사를 주축으로 산업계, 학계, 연구기관 등 연계를 통해 5G 기반 스마트팩토리 적용을 위한 기술개발 및 실증을 수행하고 있다. 스웨덴의 에릭슨은 프라운호퍼 생산 기술 연구소와 공동으로 글로벌 항공 엔진 제작 업체인 독일 MTU 항공엔진에 공급할 제트엔진 부품 제작을 위해 5G 기술을 적용해 실증을 진행한다.

중국 차이나텔레콤中国电信은 2,500개 이상의 5G 맞춤형 네트워크를 구축하고 클라우드 네트워크 융합을 지속으로 추진하고 있다. 남방항공南方航空과 스마트 항공기 서비스 5G 전용 네트워크 계약을 공식적으로 체결했다. 중국 최대의 석유화학 산업인 5G 스마트 팩토리 프로젝트를 진행중인 우한의 중한中韩 석유화학 유한회사의 안전하고 효율적인 생산을 보장하기 위한 모델을 개발했다. 산시성 창칭长庆 석유화학은 차이나텔레콤의 5G 맞춤형 네트워크와 전용 회선 기술을 융합해 5G VPDN 전용 네트워크와 함께 모바일 단말기에 대한 안전한 액세스와 암호화 전송 기능을 제공하고 있다.[34]

핀란드의 무선통신 장비업체인 노키아는 통신회사인 Teliasms 28GHz 주파수 대역에서 전송하는 시험용 5G 무선 엑세스 네트워크를 활용한 스마트 팩토리 테스트 베드를 구축해 운영한다.

---

34 〈차이나텔레콤, 2,500개 이상 5G 맞춤형 네트워크 구축〉, 한국무역협회, 2022. 6. 22.

미래형 스마트 팩토리 서비스는?

우리나라의 경우 우수한 정보통신 인프라, 높은 연구개발투자 비중 등의 우호적 여건을 활용한 한국형 스마트 팩토리 구축을 적극 추진할 필요가 있다. 한국은 WEF[2018] 국가경쟁력 평가 ICT 보급 부문에서 1위를 차지했고 GDP 대비연구개발투자 비중도 OECD 국가중 가장 높은 4.4%로 평균[2.4%]을 크게 넘어섰다.

특히 한국은 OECD 중에서도 급격한 고령화로 노동생산성 저하가 우려되는 상위권 나라로 정부는 스마트 팩토리에 인공지능 도입을 통해 노동생산성 개선에 적극 나서야 한다. 또 정부는 기업 수요에 맞는 인공지능 기술개발과 테스트베드 구축 등의 정책 마련이 필요할 것으로 보인다. 제조업 인공지능 도입 현황을 살펴보면 단순한 공정 관리 업무 정도만을 수행하는 '기초 단계'가 현재는 대다수이다. 그러나 향후 고도화된 제조공정 구축을 지원하기 위한 정부뿐 아니라 기업 주도의 산업 활성화 정책이 필요하다.

한국형 스마트 팩토리는 5G, 클라우드[Cloud], 가상현실 등의 첨단 ICT 기술이 종합적으로 적용되는 ICT 융합 및 관련 원천기술 개발이 관건이 될 전망이다. 5G 네트워크 기반의 산업용 네트워크 구축을 위한 전송이나 접속기술 그리고 플랫폼 기술 등이 주목받을 것으로 보인다.

스마트 팩토리 서비스로 인해 기대되는 미래형 서비스는 무엇이 있을까. 우선 인공지능 기반 실시간 개인 맞춤형 주문 및 생산 시스템이다. 스마트 팩토리를 통해 인공지능, 빅데이터, 디지털 트윈, 메타버스 등 신기술을 활용해 고객 관련 다양한 취향, 건강, 트렌드 등 정보를 스스로 알아서 분석하고 예측해 고객에게 맞춤형 제품을 주문하고 생산하는 시스템 제공이 가능해질 전망이다. [35]

인간과 협업하는 지능형 자율공장을 주목해야 한다. 인공지능, 5G, 지능형 사물인터넷이나 센서 등의 기술을 활용해 로봇간그리고 로봇 상호간 실시간 자율적인 의사소통과 협력을 통해 디지털 트윈 기반 최적화된 생산공정이 가능해질 전망이다. 작업자 특성 맞춤형 웨어러블 증강 슈트는 주목되는 미래 스마트 팩토리 서비스다. 작업자의 신체 특성과 작업형태를 반영해 맞춤형 근력 증강 웨어러블 슈트 활용이 가능한 제조공정 환경이 만들어질 것으로 예상된다. 탄소 인터넷 기반 온실가스 저감 시스템도 미래에 주목할 서비스다. 공장 내 탄소 발생을 실시간 모니터링하고 이를 통해 습득한 정보를 인공지능 학습을 통해 자율적으로 탄소 발생 예측을 시뮬레이션해 공장 내 탄소 중립을 지키는 구조다. [36]

---

35 KISTEP · ETRI, 〈미래 스마트 팩토리 유망 서비스〉, 한국과학기술기획평가원, 2022. 3. 17.

36 KISTEP · ETRI, 〈미래 스마트 팩토리 유망 서비스〉, 한국과학기술기획평가원, 2022. 3. 17.

이와함께 기업들은 블록체인 기반 고도화된 스마트 제조 보안시스템을 준비해야 한다. 보안이 뛰어난 블록체인 기술을 활용해 산업데이터의 부당한 유출이나 위변조를 사전에 방지하는 것이다. 이러한 스마트 팩토리 서비스가 가능하기 위해선 디지털 트윈 기술을 활용한 솔루션 개발이 요구되고, 제조 현장에서 발생한 대용량의 실감 데이터 전송이 가능한 5G 그리고 6G 기술의 조기 도입을 적극 검토할 필요가 있다.

집이 곧 병원이 되는 디지털 헬스케어에
전 세계 기업이 몰려든다

① 미국의 디지털 헬스케어 기업 '리봉고Livongo'는 당뇨 환자를 위한 디지털 맞춤형 헬스케어를 제공한다. 고객이 인터넷을 통해 서비스에 가입하면, 고객의 병과 질환에 따라 자체 제작한 당뇨 환자를 위한 혈당 측정기기, 혈압 측정기기, 체중계 등을 보내준다. 고객이 만약 해당 기기로 혈당을 체크해 애플리케이션에 수치를 적으면, 데이터가 수집되고 자동으로 리봉고 헬스의 클라우드 서버에 저장되는 방식이다. 365일 24시간 모니터링을 하고 이상징후가 생기면 경고알람을 보내주고, 필요한 경우 실시간 상담도 가능하다.[37] 이용자가 원하면 자신의 데이터를 의료기관에 전송할 수도 있다. 리봉고에서 수집된 건강 데이터 분석을 통해 고객은 건

---

37 삼성KPMG 경제연구원, 〈코로나19 그 이후, 헬스케어 산업에 불어오는 변화의 바람〉, 삼성KPMG, 2022. 6.

강관리에 대한 피드백을 받을 수 있다. 가령 혈당이나 혈압 관리를 위한 식단이나 운동 등을 추천 받고, 정기적인 의료 상담 등을 받을 수도 있다. 인공지능 기반 데이터 분석을 통해 개인 맞춤형 피드백을 해주는 것이 강점이다. 리봉고의 직접적인 고객은 일반 고용 기업이나 민간 건강보험 기업으로, 기업이나 보험사가 구독료를 지불하고 임직원이나 보험 가입자들은 이 서비스를 제공 받는 엔드유저가 된다. 리봉고는 정신건강 부문으로도 서비스를 확장했는데, 서베이를 통해 스트레스 수치, 불안지수, 불면증 등 이용자의 정신건강 데이터를 수집하고, 치료사가 원격으로 상담 프로그램을 진행한다. 2020년 8월 미국 원격의료 업체 '텔라닥 헬스'는 리봉고를 185억 달러에 인수했다.

② 미국 헬스케어 기업 아이리듬iRhythm은 심장 부정맥을 딥러닝 기술과 원격 모니터링을 통해 정확하게 진단할 수 있는 서비스를 제공한다. 바이오 센싱 기술과 클라우드 기반 데이터 분석, 그리고 머신 러닝 기능을 결합해 심장 부정맥을 진단할 수 있는 것이다. 부정맥 질환 중 가장 보편적으로 발생하는 증상은 심방이 규칙적으로 뛰지 않고 불규칙한 맥박을 일으키는 심방세동이다. 나이가 들수록 많이 발생한다. 심방세동 환자 대부분은 스스로 자각하지 못하는데, 이를 방치하면 뇌졸중과 같은 심각한 합병증을 야기할 수 있다. 주기적으로 부정맥 검사를 하는 것이 중요하지만, 외래 심장 모니터링 장비를 일반 가정에 구비하기엔 비용이나 편의성 면에서 부담이고, 확인된 수백 시간의 데이터 중 문제가 되는 부정맥 징후

를 파악하는 것도 어렵다. 이 회사는 이러한 점에 착안, 어디서나 쉽게 심전도를 측정할 수 있는 패치형 심전도 측정기인 지오 패치$^{ZIO\ XT}$를 개발했다. 기존 심전도 검사기는 24시간의 전통적인 환자 모니터링 방식인 홀터 기록 중심이었지만 지오패치를 이용하면 최대 13일까지 연속으로 사용할 수 있다. 측정한 심전도 신호는 스마트폰으로 전송되고 알고리즘에 의해 심전도 신호가 분석된다. 지오 패치가 수집한 진단 데이터는 독립적인 진단 테스트 의료시설에서 공인된 심전도 기술자가 연중무휴로 분석한다. 판독센터 내 의료진 등이 심전도 모니터링 데이터를 분석하고 분석 리포트를 의료기관에 제공하고 의료기관은 외래진료 후에 공공의료보험센터나 민간보험사에 리포트 수가를 청구하는 방식이다. 아이리듬의 패치는 심전도만 측정했지만, 딥러닝을 통해 현재는 다른 심장질환이나 다른 여러 질환을 예측하는데도 사용되고 있다.

고령화가 본격화되고 만성질환자가 증가하면서 건강관리 서비스에 대한 관심이 높아지고 있다. 게다가 코로나19 팬데믹 이후 유망 신산업으로 디지털 헬스케어가 급부상했다.

기존 의료시스템이 환자 치료에만 초점을 맞춘 사후적 관리였다면, 디지털 헬스케어는 ICT기술과의 융합을 통해 치료뿐만 아니라 미래 예측을 통한 질병예방까지, 환자 개개인의 고유한 특성에 적합한 맞춤 의학 서비스를 제공하는 것을 뜻한다. 예컨대, 디지털 헬스케어는 헬스케어에 빅데이터, 인공지능, 사물인터넷, 클라우드 등 다양한 디지털 기술을 융합해 개인의 건강상태를 실시간으로 모니터링하고 관리하면서 맞춤형 진료를 가능케 하는 지능형 서비스를 의미한다.

특히 글로벌 ICT기업 플랫폼과 스타트업들이 합종연횡을 추진하며 앞으로 신규 서비스 출시를 통해 스마트 헬스케어 시장 선점에 나설 것으로 보인다. 유니콘 기업 또한 등장했다. 전 세계 디지털 헬스케어 유니콘 기업은 총 37개로 추산되며, 기업가치는 921억 달러에 달한다. 아직 국내엔 없다. 디지털 헬스케어는 ICT 기술을 활용한 맞춤형 건강 관리 서비스로 의료서비스와 비의료서비스를 포함한다. 포스트 코로나 시대에는 대면을 줄이는 원격 의료가 본격화되면서 디지털 헬스케어의 폭을 넓혔다. 과거에도 헬스케어와 디지털 기술을 융합하는 개념이 존재했지만, 디지털 기술이 급속하게 발전하면서 과거보다 지능화되어 광범위한 기능을 가지게 됐다.

과거 헬스케어는 병원 중심의 사후적 대응이나 치료에 머물렀다. 그러나 디지털 헬스케어로 인해 사전예방, 건강관리, 맞춤형 헬스케어로 패러다임이 전환되고, 사회경제적 부담을 가중시키는 의료비 부담을 해결할 수 있는 대안으로서 시장의 요구가 반영되면서 더 고도화할 것으로 전망된다.

전 세계적으로 생활수준이 향상되고 기대수명도 높아지는 등 건강한 삶이 중요한 가치로 떠올랐다. 헬스케어의 패러다임이 진단이나 치료에서 예방이나 관리 중심으로 축이 이동한 이유이기도 하다.

원격의료가 불법인 한국에서도 코로나19 팬데믹 시기 의사와 환자 간의 원격의료가 한시적으로 허용됐는데, 디지털 헬스케어가 환경 변화에 적응하는 거스를 수 없는 시대적 흐름이 됐다고 볼 수 있다. 비대면 의료 서비스가 허용된 2020년 2월 24일부터 2022년 6월 초까지 510만 건의 원격진료가 발생했고, 의원이 80% 이상을 차지했다.

디지털 헬스케어는 유전정보, 생활습관 등 건강정보, 의료정보 등 개인의 특성을 나타내는 데이터를 수집, 저장하고 관리하는 기술을 기반으로 한다.[38] 네트워크 인프라의 고도화를 바탕으로 다양한 데이터 생산 그리고 활용 등 뿐 아니라 정밀의료를 위한 다양한 기술개발이 진행되고 있다. 유전체정보, 비정형 의료데이터의 디지털화, 생체정보[life log] 축적 등으로 의료데이터 양이 폭발적으로 증가하고 있어 향후 분석 및 활용분야에서 다양한 서비스 창출이 기대된다. 특히 의료 사물인터넷을 포함한 네트워크 고도화, 헬스케어 디바이스의 대중화 등을 통해 건강·의료 데이터 생산과 수집방법이 다양화됐다.

FHIR[Fast Healthcare Interoperability Resources] API[Application Programming Interface] 기반 기술을 이용해 병원 전자의 무기록[EMR] 정보를 수집하고 이를 분석하는 기술의 개발이 진행되고 있다. FHIR은 의료기기간 상호운용성을 보장하기 위해 국제기구 HL7[Health Level7]에서 개발한 의료정보화 영역의

---

38 한지아·김은정, 〈스마트 헬스케어〉, 한국과학기술기획평가원, 2020. 10. 27.

차세대 프레임 워크이다.

　수집된 데이터를 기반으로 인공지능 등을 활용해 유용성 분석결과를 도출해 적용한 다양한 의료, 건강관리 플랫폼 서비스가 더 대중화될 것으로 전망된다. 건강 생체정보를 측정하는 개인건강관리^{의료}기기나 신체에 착용되어 생체신호 측정과 모니터링하는 웨어러블 기기가 디지털 헬스케어를 선도할 것으로 보인다.

　특히 디지털 헬스케어는 인구 고령화와 소득수준 향상으로 인해 더 주목 받고 있는 산업분야이다. 여기에 ICT융합 등 기술의 발전과 함께 규제 완화 등 정책적 환경이 뒷받침하면서 고성장이 기대된다.

　시장조사업체 GIA^{Global Industry Analysts}는 글로벌 디지털 헬스케어 시장 규모가 2020년 1,525억 달러에서 연평균 18.8%로 성장해 2027년 5,089억 달러에 이를 것으로 내다봤다.

　미국, 영국 등 일부 국가 중심으로 디지털 헬스케어가 성장해왔지만, 일본, 호주, 중국, 인도 뿐 아니라 한국 등 아시아나 태평양 지역이 높은 잠재력을 바탕으로 빠른 성장을 나타낼 것으로 보인다. 비대면 진료와 디지털 치료제, 의료 데이터 등을 활용한 다양한 서비스로 디지털 헬스케어가 확대될 것으로 기대된다.

금융의 헬스케어 시장 진출

미국 소비자의 요구불계좌가 전통은행에서 디지털은행으로 급격히 이동하고 있다. 은행에서 언제든 찾아 쓸 수 있는 요구불계좌는 통상 신규 이용객들이 개설하기 때문에 고객 확보에 용이하다. 요구불계좌를 개설하는 고객은 잠재적으로 장기고객으로 이어지는 경우가 많아, 요구불계좌 은행이 곧 고객의 주거래 은행으로 인식하는 경우가 많았다.

인터넷전문은행 등 네오뱅크와 핀테크 등 디지털은행은 새로운 서비스 등을 주무기로 전통은행 고객들을 빼앗아오고 있다. 하나금융연구소에 따르면 미국 Z세대, Y세대, X세대, 베이비부머의 디지털은행 요구불계좌 이용 비중은 지난 2020년 10월 각각 11%, 13%, 8%, 4%였는데 2022년 1월 28%, 31%, 22%, 6%까지 높아졌다. 반면 전통은행 요구불계좌 이용비중은 Z세대, Y세대, X세대, 베이비부머가 같은 기간 각각 35%, 41%, 39%, 31% 에서 25%, 23%, 22%, 28%로 낮아졌다. 다수 금융사에서 필요한 목적으로 여러개 금융계좌를 사용하는 금융생활이 보편화되다보니, 과거처럼 요구불계좌를 보유한 은행이 주거래 은행이랑 일치하지 않게 됐다.

핀테크 기업과 네오뱅크는 출범 초기엔 특화 서비스로 일부 세대나 사용자층을 공략했지만, 점차 서비스를 확장했고 전통은행과 경쟁할 수 있는 수준으로 모든 금융서비를 제공하고 있다. 특히 전통은행이 놓치고 있었던 간편송금, 중금리 대출 등을 공략했다.

미국의 인터넷전문은행 차임^{Chime}은 수수료 없는 은행 거래와 신용 조회, 이자와 연회비 없는 신용카드 제공, 요구불계좌 가입시 은행이 급여를 2일 일찍 선지급해주는 등 자금관리서비스를 내놓고 MZ세대의 니즈에 맞춘 금융 서비스로 급성장했다. 결제서비스 핀테크 캐시앱^{CashApp}은 비트코인과 주식 거래가 가능하며, 코인 송금, 주식과 코인의 거래내역과 국세청 제출서류^{Form 1099B}을 제공해 DIY^{Do IT Yourself} 세금정산을 서비스한다.

디지털은행 등은 더 나아가 새로운 먹거리로 헬스케어에 눈독 들이고 있다. 미국의 지역은행인 키뱅크^{KeyBank}는 특화 서비스로 헬스케어 서비스를 제공한다.[39] ICT 기술에 강점이 있는 스타트업들과 협업을 통해 경쟁력을 키울 수 있을 뿐 아니라, 새로운 수익원으로서 매력적인 시장이기 때문이다.

키뱅크는 2018년 핀테크사 로렐로드^{Laurel Road}를 인수해 기존 헬스케어 시장의 여신보유율이 60%인 점에 착안, 헬스케어 시장에 특화된 디지털은행 로렌로드 포 닥터^{Laurel Road for Doctor} 브랜드를 내놓았다. 로렐로드 포 닥터는 리테일 상품부터 병원 등 기관고객의 의료비 결제서비스까지 원스톱 서비스를 제공하고, 디지털채널 장점을 이용해 영업지역을 전국구로 확대했다.

---

39 김유진 연구위원, 〈디지털화로 확장되는 헬스케어 생태계〉, 하나금융리포트, 2022. 6.

키뱅크는 전미 자산규모 기준 24위의 오하이오 지역은행으로서 북서부와 북동부 중심 16개 주에서 영업중이다. 로렐로드 포 닥터를 통해 50개 주에 걸쳐 의료종사자 5만여명의 고객을 보유했다. 로렐로드 포 닥터의 브랜드와 서비스 차별화를 위해 엔지니어, 마케팅, 운영조직 등을 키뱅크와 별도로 운영한다. 고객상담서비스는 '프리미엄 케어 팀'을 구축해 콜센터와 채팅을 365일 24시간 운영 중이다.

국내에서는 보험사들을 중심으로 헬스케어 서비스에 관심을 보여 시장을 선점하기 위한 경쟁이 시작됐다. 국내 대부분 보험사는 헬스케어 플랫폼을 출시하고 운영중이다. 보험사의 헬스케어 자회사 소유 허용, 건강관리 기기 제공 금액 상향 등 관련 규제가 완화된 영향이 크다.

대표적인 헬스케어 서비스로는 스마트 기기와 인공지능을 활용한 운동 코칭, 식단 관리 등이다. AI가 스마트폰 카메라로 운동하는 사람의 움직임을 인식해 자세를 교정해주거나 식단을 보고 영양소를 분석해준다. 농협생명은 AI가 술병을 인식해 알코올 도수와 칼로리 등을 계산하고 사전에 입력한 주량을 초과할 경우 건강 경고 메시지를 내보내는 'AI 음주 건강 케어' 서비스를 출시했다.

헬스케어 서비스와 결합된 금융 상품 출시도 잇따르고 있다. 삼성화재의 '애니핏' 플랫폼은 걷기 등 운동 목표를 달성하면 포인트를 제공하고 이를 보험료 결제에 이용할 수 있도록 한다. AIA생명 등도 자사 헬스케어 플랫폼에서 건강 개선 노력을 하면 보험료를 할인해주는 '건강증진형 보험'을 판매한다. 삼성생명이 출시한 '더 헬스^{THE Health}'는 설문을 통해 건강상태를 진단한 뒤 목표에 맞는 운동을 추천한다. AI와 스마트폰 모션인식을 통해 자세를 교정해주고, 음식 사진으로 영양소 및 칼로리도 분석한다.

신한라이프의 디지털 헬스케어 플랫폼인 '하우핏^{HowFIT}'은 AI 솔루션 기업 아이픽셀과 공동으로 3D 모션인식을 통한 홈트레이닝 서비스를 제공한다. KT와 전략적 제휴를 통해 IPTV에 하우핏을 탑재하기도 했다. 기존 금융사뿐 아니라 카카오, 네이버 등 국내 대형 ICT기업도 사내 헬스케어 조직을 만들고 전문가를 영입하는 등 헬스케어 사업을 준비 중이다.

헬스케어와 데이터의 결합

향후 헬스케어는 유전자 등 데이터를 활용한 개인별 맞춤 의료로 패러다임이 전환될 것으로 예상된다. 유전체 정보가 축적되면서 중증·난치성 질환의 발병원인이 유전자 수준에서 규명되고 있다.

ICT기술의 발전으로 질병관리방법 등이 획기적으로 개선되면서 헬스케어 관련 빅데이터 분석을 통해 발병을 예측하고 건강을 관리하는 것이 보편화될 것으로 기대된다.

AI, 빅데이터, 유전체 분석 발전 등은 과거에 활용하지 못했던 데이터까지 통합 분석할 수 있는 기반을 마련해 의료부문에 의미있는 결과 도출이 가능해졌다.

의료기기에 가상현실, 웨어러블 기기, 로봇 등이 결합되면서 과거의 치료·병원 중심에서 진단·예방·예측·환자 중심으로 변화하고 있는데, 국내 기업의 유전체 연구도 활발하다.

엔젠바이오는 차세대 염기서열 분석^{NGS} 기반 정밀진단 시약과 암 유전체 분석 소프트웨어인 엔젠어날리시스^{NGeneAnalySys}를 개발해 국내 대학병원에 공급, 클라우드 기반 암 유전체 분석 플랫폼을 개발해 해외 판매를 개척했다.

마크로젠은 SKT와 제휴해 유전자검사 기반 구독형 헬스케어 'Care8 DNA' 출시했다. 배송 받은 키트를 통해 마크로젠의 소비자직접의뢰^{DTC} 유전자 검사를 받으면 앱을 통해 영양과 운동, 피부, 모발, 식습관, 개인 특성, 건강관리 등의 항목별 유전자 검사 결과를 받고, 유전자

검사 결과를 바탕으로 소비자 맞춤형 건강관리 콘텐츠를 매달 제공받는 서비스를 개발했다. EDGC는 자신의 유전자 정보와 현재 상태를 바탕으로 체형교정 등 개인 맞춤형 운동 프로그램을 제공하는 '웰니스센터'와 자신의 유전자를 통해 체지방이나 혈당, 중성지방, 피부노화, 탈모 등을 분석해주는 '진투미', 유전자 검사를 통해 라이프스타일을 추천해주는 '마이지

놈박스' 서비스 등을 제공한다.

기존 보건의료시스템에서는 병원, 제약·의료기기 업체, 보험회사, 환자 등이 주요 이해 관계자였다. 변화된 패러다임에서는 건강관리 전문서비스사, 통신사, 바이오센서 포함 웨어러블 기기 제조업체, 헬스케어앱 솔루션 제공자 등 다양한 신규 이해관계자가 모여 새로운 헬스케어 생태계를 구축하고 있다.

디지털 헬스케어는 생산자와 소비자 구도가 다른 산업과 달리 단순하지 않고 복잡하다.[40] 솔루션과 의료기기의 생산자는 개발 기업이며, 지불 주체는 보험사와 소비자이고, 서비스의 사용자는 개인이다. 나아가 서비스 사용을 결정하는 사람은 의료진이기 때문에 이해관계자가 다양하다.

이렇기 때문에 표준 의료체계 내부로 혁신적 디지털 헬스케어가 편입되기까지는 규제 당국으로부터의 승인 절차가 복잡하다. 보험 수가의 산정, 치료방법으로 선택될 정도로 사용성 입증 등에 있어 어려움이 많아 의료체계 밖의 영역에 집중해야하는 상황이 된다.

이런 이유로 디지털 헬스케어에 참여하는 기업들은 비즈니스 모델이 한정적이나 일부 영역에 도전을 끊임없이 하고 있다. 과기정통부가 2018년부터 3년간 488억원을 투입해 개발한 AI 소프트웨어 '닥터앤서'는 유방암, 대장암, 전립선암, 심뇌혈관질환, 심장질환, 치매, 뇌전증, 소아희귀유전

---

40 이경은 부연구위원, 〈국내 디지털헬스케어의 발전방향〉, 정보통신정책연구원, 2021. 2. 28.

질환 등 8대 질환 진단·치료를 지원하는 21개 AI를 총칭한다.

참여 병원을 38곳으로 늘려 1년 가까이 실증 과정을 거쳤고 2020년부터 사우디아라비아 국방보건부 산하 병원과 기술수출을 타진하며 '닥터앤서 2.0'이라는 후속 사업으로 이어졌다. 대장내시경 과정에서 놓칠 수 있는 용종을 찾아주는 솔루션부터 심혈관 석회화 정도를 자동 판정해 동맥경화 위험도를 알려주는 AI, 전장유전체 데이터를 기반으로 소아희귀난치성 유전질환을 진단하는 소프트웨어 등이 개발됐다. 연세 세브란스 병원은 중환자의 사망을 최대 3일 전에 예측이 가능한 AI 프로그램을 개발해 의료진의 적극적 치료를 돕고 사망률을 줄이는데 기여하고 있다.

셀바스는 2~3년 이내 발병 가능성이 높은 성인병을 예측하는 '셀비 체크업' 개발했다. 셀비 체크업은 사용자의 건강검진 정보를 기반으로 주요 질환에 대한 발병 위험도를 예측해주는 솔루션이다. 실제 데이터를 기반으로 만들어진 AI 학습 모델을 활용해 예측도를 높였다. 질환을 앓고 있는 환자들의 건강검진 기록, 투약 기록 등을 분석해 정상인의 발병 가능성을 따진다. 현재 셀비 체크업으로 발병률을 예측할 수 있는 질환은 당뇨, 치매, 심장병, 뇌졸중, 위암, 간암, 대장암, 폐암, 유방암, 전립선암 등 총 10가지다.

제이엘케이는 질병 진단을 보조하는 AI 기반의 비대면 올인원 메디컬 플랫폼을 제공 하는 기업이다. 의료 AI 솔루션 플랫폼 '에이아이허브'와 인공지능 비대면 진료 플랫폼 '헬로헬스' 그리고 인공지능 토탈 데이터 매니지먼트 플랫폼 '헬로데이터' 등 AI 기반 다양한 기술을 보유했다.

헬스케어와 모빌리티

이와 관련해 식단 및 운동 코칭을 모바일로 지원하는 서비스와 의료진의 업무 부담을 줄여주는 '스마트 호스피탈' '원격진료 시스템' 개발 시장이 급성장하고 있다. 고혈압, 당뇨 등은 평소 규칙적 운동 및 건강한 식습관으로 예방이 가능하고, 발병 이후라도 정기검진 등의 관리로 중증화를 막을 수 있다. 예방의료 보급으로 생활습관병 발병율을 낮추고, 의료비 부담을 완화할 수 있다. 게다가 아시아 국가에서는 경제발전 및 소득증가를 배경으로 양질의 의료 서비스에 대한 수요가 높아지는 만큼 관련 시장이 커질 가능성이 있다. 아시아개발은행[ADB]의 'Asia 2050 - Realizing the Asian Century'에 따르면 아시아는 2050년 세계 GDP의 50% 이상을 차지할 전망이다.

주요 도시에서는 고령화 및 서구화된 식습관으로 비만과 흡연 인구, 당뇨, 고혈압 등이 증가하고 있지만 개인이나 국가적 차원의 대응이 부족해 글로벌 헬스케어 기업들의 진출이 확대되고 있다. 예컨대, 인도네시아는 고콜레스테롤 인구 비중이 57%로 아시아·오세아니아 지역 1위. 야채 섭취량이 적고, 당분 높은 과일주스 섭취가 많다. 특히 일본 기업들은 헬스케어의 편의성이나 접근성을 중시하는 혁신을 추구하는 추세고, 이종업종과 새로운 결합을 통한 연계를 추진하고 있다.[41]

코로나19 확산으로 원격 진료 서비스가 주목을 끄는 가운데, 일본은 의료업계와 디지털업계, 모빌리티 업계가 연계해 기존의 원격진료 서비스를 한 단계 더 혁신한 헬스케어 모빌리티 서비스 개발을 추진 중이다. 병원·제약사 등은 의료 인프라 부족을 해결하고 공적 의료비를 억제하기 위해 디지털 업계, 모빌리티 업계 등 비 의료업계와의 협업에 적극적으로 나서고 있다.

일본에서 원격진료는 이미 보편화된 상황이다. 2015년 원격진료가 허용된 이후 의료업계에서 활용이 확대됐다. 1997년 도서·벽지 주민을 대상으로 원격진료 서비스를 제한적으로 허용한 이후, 코로나19 발생을 계기로 규제가 잇따라 완화됐다. 2018년부터 원격진료에 건강보험이 적용되었고, 코로나19 확산 방지를 위해 추가적인 규제 완화도 검토되고 있어 향후 지속적 성장세를 나타낼 것으로 예측된다.

스타트업이 주축이 되어 원격진료 시스템을 개발하고, 모바일 기반 서비스를 제공해 소비자 접근성이 확대됐다. 일본 니프로가 2018년 판매를

---

41 이혜연·박기임 연구원, 〈일본 헬스케어 산업의 해외진출 및 이노베이션과 시사점〉, 한국무역협회, 2020. 5. 27.

시작한 'NIPROHeartLineTM'은 원격지 의사가 자가격리중인 경중 코로나 19 감염자를 진단하고, 병원은 약국으로 온라인으로 처방전을 전송하는 서비스 제공한다. 환자는 자택 근처 약국에서 조제약을 수령하는 방식이다. 체온과 혈중산소농도 등 데이터를 병원이 모니터링 할 수 있다. [42]

현직 의사가 운영중인 AGREE의 모바일 앱 'LEBER'는 원격진료 앱이다. '사람과 사람을 신뢰'로 연결한다는 것을 미션으로 하는 이 앱은 환자의 병을 치유할 뿐만 아니라 의사의 과중노동의 경감에도 기여하는 것이 목표다. 200여명의 의사가 네트워크로 연결되어 있고 빠른 시간내 챗봇을 통해 24시간 365일 의사와 상담이 가능하다. 유료 서비스가 기본이지만 코로나 19 상담은 무료로 진행하기도 했다.

일본 기업들은 디지털 헬스케어와 모빌리티 서비스를 결합한 '헬스케어 모빌리티 서비스'를 추진하고 있어 관련시장이 주목된다. 2019년 2월 도요타자동차와 소프트뱅크는 차세대 모빌리티 서비스MaaS 사업 추진을 목적으로 모네 테크놀로지MONET Technologies를 설립했다. 기업 및 지자체와 협력해 물류, 의료, 금융 등 다양한 모빌리티 연계 서비스를 제공하기 위해 손잡았다.

예방, 진단, 치료, 홈케어 등 헬스케어의 각 프로세스별 제품·서비스를 판매하는 헬스케어 토탈 솔루션 기업인 필립스 재팬은 모네 테크놀로지와

---

42 〈온라인진료로 각광 코로나19 2차감염 방지〉, 아사히신문, 2020. 4. 7.

협력해 원격진료 서비스를 한 단계 더 혁신한 '이동 클리닉' 서비스를 통해 '헬스케어의 배달'을 추진한다.

이동 클리닉은 환자가 원하는 곳으로 모빌리티를 이동시켜 물리적 장소에 구애받지 않고 원격과 대면 진료 서비스를 제공하는건데, 가령 헬스케어 설비를 갖춘 모빌리티에 간호사가 탑승해 환자를 방문하면 병원에 있는 의사가 화상통화로 환자를 진료하고 의사 지시로 간호사가 환자를 검사·처방하는 방식이다. 환자와 의사가 합의한 온라인 진료 스케쥴에 따라 간호사가 스마트폰 앱을 사용해 환자 자택 등으로 배차 예약이 가능하다.

필립스재팬은 모네와 협력해 헬스케어 설비를 탑재한 차량을 개발하고, 2019년 12월부터 나가노현 이나시에서 실증실험을 시작했다. 도요타 하이에스 후부공간에 원격진단이 가능한 모니터, 혈압·체온·체중·혈당 등 바이탈 데이터 측정기, 자동 심장충격기AED 등을 탑재했다.

차량을 간이 클리닉으로 사용할 수 있도록 앞좌석을 진료침대로 변형할 수 있고, 개인정보의 안면인식, 처방전 발행, 구강 케어제품 등을 구입할 수 있는 시스템도 함께 개발했다. 또 클라우드를 통해 의료종사자간 정보 공유를 위해 차량내 설치된 컴퓨터로 환자의 진료기록지 열람 및 방문기록을 입력하고 관리할 수 있다.

한국도 모빌리티 기반 원격 헬스케어 서비스 개발과 실증에 착수했다. 의료기기와 5G·AI 등 ICT 융합을 통해 재난 상황 격오지에서 60분내 개원

가능한 이동형병원체 개발을 시작했다. 정부의 5G 기반 이동형 유연의료 플랫폼 기술개발 사업은 2022년부터 2026년까지 진행되고 22년 예산은 71억원 가량을 투입한다.

5G 기반 실시간 데이터 전송을 통해 도서 산간지역 등 격오지에서 원격협진이 가능한 모빌리티 헬스케어 서비스 구현이 목표다. 이를 위해 정부 여러 부처가 협업하고 있다. 산업부^{이동 병원체, 의료·방역기기 소형화 기술개발}, 과기부 ^{5G·AI 기반의 유연의료 SW 플랫폼}, 복지부 ^{실증}, 식약처 ^{인허가} 등이 연계 사업을 진행한다. 감염병이나 격오지 등 수요에 최적화된 제조·서비스 융합형 의료서비스 플랫폼 개발과 패키지 수출 지원도 추진한다.

구글, 마이크로소프트, 아마존, '데이터 전쟁'

사물인터넷과 더불어 웨어러블의 혁명이 거세질 것으로 전망된다. 피트니스 트래커^{Tracker}의 대표인 핏빗^{Fitbit} 이 2015년 41억 달러의 가치로 나스닥에 상장했고 2019년 11월 페이스북과 경쟁끝에 페이스북이 핏빗을 인수했다.

미국의 나이키, 조본과 더불어 샤오미 등 중국의 업체들이 대거 웨어러블 사업이 뛰어 들었다. 한국에서도 다양한 벤처 기업 들이 나서고 있다.

애플, 구글, 마이크로소프트, 아마존 등 글로벌 IT 기업은 '디지털 헬스케어'를 미래의 새로운 먹거리로 꼽고 있다. 특히 이들 대형 IT 기업들이 디지털 헬스케어에 열중하는 이유는 단순 이 사업 자체보단 건강 데이터 확보 경쟁이 가장 크다. 의료 데이터를 가장 많이 확보하는 기업이 향후 다른 IT 서비스의 주도권도 가져갈 수 있어서다.

아마존은 2018년 온라인 약국 업체 '필팩PillPack'을 인수했다. 2020년 아마존은 온라인 약국 서비스 '아마존 파머시Amazon Pharmacy'를 출범했다. 소비자가 해당 시스템에 약물 복용 이력, 건강 상태, 알레르기 정보 등을 입력하고, 의사에게 받은 처방전을 전송하면 아마존이 해당 약을 구해 집으로 배송해 주는 식이다. 이 서비스를 활용하면 소비자는 약국에 방문할 필요 없이 웹사이트나 모바일 앱을 통해 간편하게 약을 주문하고 배달 받을 수 있다. 미국에는 의사 판단에 따라 위장약, 고혈압치료제 같은 만성질환 치료제의 경우 하나의 처방전으로 여러 번 약을 탈 수 있는 리필Refill 제도가 있다. 이런 환자들은 '아마존 파머시'를 사용할 경우 편의가 더욱 높아질 전망이다.

마이크로소프트는 2021년 4월 음성인식기술회사 '뉘앙스Nuance'를 인수했다. 뉘앙스는 애플이 '시리siri'를 개발할 때 관련 기술을 제공한 업체로 의료 분야에 특화된 음성 인식 기술을 가진 것으로 정평이 났다.

뉘앙스의 한 소프트웨어는 의사가 환자와 구두로 상담한 내용을 인식해 자동으로 전자건강기록EHR, Electronic Health Records을 만들어준다. 의사가 해당 내용을 일일이 기록할 필요 없어 진료 시간이 획기적으로 단축된다. 미국 경제지 '포브스'는 뉘앙스를 의료 인공지능 분야의 선구자라고 평가했다. 뉘앙스는 의료진의 음성을 인식하고 진료기록 자동으로 작성할 수 있는 다양한 솔루션을 보유하고 있고, 헬스케어 분야 고객사는 1만 여 곳이 넘는것으로 알려졌다.

마이크로소프트가 이 업체를 인수해 자사 클라우스 서비스 '애저' 서비스와 결합할 예정이라고 발표하면서 향후 헬스케어 클라우드 분야와 AI 분야의 변화에 주목해야 한다.

애플과 삼성의 스마트워치가 새로운 플랫폼 생태계를 이루어 가고 있다. 애플의 디지털 헬스케어 진출 전략은 의료 데이터를 관리하는 플랫폼 사업과 웨어러블을 이용한 이용자 건강 데이터 수집이다.

애플은 보험회사와 손잡고 애플워치 데이터를 활용한 앱을 선보였다. 해당 앱은 운동 시간 확인, 수면 시간 점검, 각종 접종 알람 등 예방 의료 서비스를 제공한다. 또 착용자가 운동 계획, 건강 검진 같은 스스로 정한 목표를 달성하면 보상도 제공한다. 애플은 2020년 애플워치를 활용한 건강 구독 서비스 '피트니스+'를 통해 홈 트레이닝 결합 구독모델을 선보였다.

이와 관련해 건강 데이터와 정보를 추적할 수 있는 앱을 출시했으며 웨어러블인 애플워치Apple Watch는 의료기기로 FDA 인증까지 받았다. 2021년 초에는 바늘 없이 혈당 수치를 측정할 수 있는 일명 무채혈 혈당 관련 기술 특허를 취득했다. 애플은 플랫폼으로 앱 개발자-사용자-의료인-연구자를 연결하는 새로운 의료 생태계 조성을 준비중이다. 애플은 콜로라도 보건국과 코로나19 확진 알림 시스템 파트너십, 아이오와 지역 보건소와 환자 건강관리 데이터 공유 파트너십, 매사추세츠의 Massachusetts General 병원 및 하버드 대학과 협력해 애플워치용 파킨슨병 증상 추적 시스템 개발 등 다양한 파트너십 연구를 진행 중이다.

삼성도 통합 헬스 솔루션 플랫폼으로 생태계 형성을 추진하고 있다. 2022년 5월 11~12일미국 현지시간 '구글 I/O'에서 삼성전자와 구글이 '헬스 커넥트Health Connect'를 새롭게 선보였다. 개발자들은 이제 헬스 커넥트 API를 통해 종합적인 건강 관련 서비스를 제공할 수 있게 됐다. 헬스 커넥트 API를 활용하면 그동안 개별 앱들이 각각 제공했던 건강 관련 정보를 소비자들이 한곳에서 간편하게 조회하고 관리할 수 있다.

헬스 커넥트는 심박수, 혈압과 같은 건강 필수 정보뿐만 아니라 운동, 수면 등 50여 개 데이터 유형을 지원한다. 기기에 저장된 헬스 데이터를 사용자가 한 곳에서 조회하거나 삭제할 수 있다. 해당 사용자의 승인 여부에 따라 다른 여러 건강관리 앱들과 데이터를 공유할 수도 있기 때문에 사생활을 지키면서도 활용도를 높일 수 있다.

삼성전자는 디지털 헬스케어 관련 투자를 대폭 늘리고 있다. 삼성전자는 2021년 투자 자회사 삼성넥스트를 통해 여성을 위한 구독 원격의료 서비스를 제공하는 스타트업 '알파메디컬'에 투자하기도 했다. 앞서 삼성전자는 '알도독터' '에이다헬스' 등 전 세계 원격 의료 및 헬스케어 기업에 대한 투자를 확대하고 있다.

구글은 일반 소비자용인 B2C는 포기했으나, B2B 특히 의료 분야를 위한 구글 스마트 글래스 사업을 재추진하고 있다. 이미 수술실과 같이 실제 환자와 동시에 의료정보와 이미지를 보아야 하는 분야에 활용도를 급격히 확대하고 있는 중이다.

한국도 국가 차원의 웰니스 플랫폼 연구 사업을 디지스트^{DGIST}를 중심으로 시행중이다. 결국 웨어러블의 경쟁은 웰니스 플랫폼의 경쟁으로 진화될 것으로 관측된다.

웨어러블은 부착형에서 착용형을 거쳐 인체 삽입형까지 등장하고 있는 중이다. 이러한 웰니스 산업의 핵심은 기기가 아니라 기기에서 발생하는 데이터를 빅데이터화해 인공지능으로 처리하고 이를 다시 건강증진으로 연결 하는 제품과 서비스의 결합인 PSS^{Product Service System}에 있다.

중국의 최대 디지털헬스케어 플랫폼인 '핑안굿닥터'는 도심에 '1분 무인 진료소'를 설치했다. 이 업체는 약 3억 건의 온라인 의료 컨설팅 기록 등 빅데이터를 기반으로 환자에게 AI 의사의 원격의료 서비스를 제공한다.

환자는 거리에 설치된 증명사진 촬영 기계처럼 생긴 부스에서 영상을 통해 진료를 받는다. 이후 부스 옆 자판기에 구비된 100여 종의 상비약 가운데 필요한 약품을 구매할 수 있다. 현장에 없는 약은 휴대폰 앱으로 주문하면 한 시간 내에 집으로 배송된다. 365일 24시간 운영되는 이 시스템을 통해 환자는 시간 제약 없이 진료와 약 처방을 받을 수 있다.

관련 주목할 산업은?

2023년엔 의료 분야 마이데이터가 본격 성장을 할 것으로 전망된다. 2022년이 마이데이터 보호나 활용제도에 대한 시행 준비 기간이었다면 2023년엔 본격적인 서비스가 시행될 예정이다. 마이데이터는 앞에서 설명했듯 정보주체가 본인 정보를 적극 관리하거나 통제하고 이를 신용, 건강관리 등에 능동적이고 주도적으로 활용하는 개념이다.

국내에서 마이데이터는 금융분야에서 가장 먼저 도입했는데, 보건복지부는 국민건강 증진과 의료서비스 혁신을 위해 의료 분야 마이데이터인 '마이 헬스웨이' 도입 방안을 2021년 말 발표했다. 마이 헬스웨이는 국민이 의료기관, 공공기관 등에 분산된 자신의 개인 건강정보를 통합적으로 조회할 수 있도록 지원하고, 원하는 헬스케어 서비스를 받기 위해 자신의 개인 건강정보를 제공하고 활용할 수 있는 인프라다.

　개인 건강정보는 건강정보 중 개인의 건강과 관련된 모든 정보를 말한다. 개인 건강정보는 식별 가능한 정보이기때문에 개인 건강정보 활용을 위해서는 가명·익명정보 활용과 달리 개인 동의가 필수다. 데이터, 네트워크, 인공지능 기술뿐 아니라 모바일 기술이 발전하면서 개인 건강정보를 활용해 의료서비스를 혁신할 수 있는 여건이 마련됐다.

　게다가 코로나19로 인해 정보통신기술을 활용하는 비대면 개인 건강관리 문화가 확산되면서 글로벌 디지털 헬스케어 시장이 더 확대될 것으로 전망된다. 의료 마이데이터는 개인 주도로 자신의 건강정보를 한 곳에 모아서 원하는 대상에게 데이터를 제공하고 직접 활용할 수 있도록 지원한다. 데이터 보유기관에서 본인 또는 데이터 활용기관으로 건강정보가 흘러가는 고속도로 역할 즉, 네트워크 허브 역할을 수행하는 것이다.

　플랫폼을 통해 다양한 기관이 보유한 의료, 생활습관, 체력, 식단 등 개인 건강 관련 정보를 한 번에 조회하고 저장하는 방식이다. 수집 가능한 데이터를 의료기관 진료정보에서 비의료 건강정보까지 단계적으로 확대하고 있다. 정보주체가 저장한 개인 건강정보를 활용기관에 제공해 진료, 건강관리 등 원하는 서비스를 받을 수 있도록 지원한다. 개인 동의 하에 조회하거나 저장, 제공되도록 하고, 인증 식별 체계를 통해 개인 건강정보 유출을 막는다. 의료 마이데이터가 활성화되면 개인 맞춤형 의료, 정밀의료 실현을 가능케 한다.

지금껏 개인의 건강정보 활용이 어려워 환자 기억에 의존해 문진을 진행했지만, 미래엔 객관적으로 검증된 진료기록, 건강검진 이력, 투약이력, 유전체정보 등 개인 건강정보를 활용해 근거에 기반한 의료 서비스를 제공할 수 있게 된다.

의료 마이데이터로 인해 지역사회 내 의료 돌봄서비스의 개선도 기대된다. 환자가 동네에서 치료받다가 상급 병원으로 전원가는 경우 또는 반대의 경우에 진료기록을 활용할 수 있다.

개인 건강정보를 기반으로 본인의 건강 관리나 어린 자녀와 부모님의 건강까지 함께 관리할 수 있다. 운동, 영양, 식단 등 개인 주도로 건강을 관리하는 과정에서 개인 건강정보를 활용해 개인 맞춤 건강관리가 가능해진다. 또 만성질환자의 자가 건강관리를 위해 혈압, 혈당 등을 상시 모니터링하고 필요하면 의료 또는 다른 건강관리 서비스와 연계할 수 있다.

의료 마이데이터가 현실화되면 의료기관에서 진료기록부 등 서류와 MRI, CT, X-Ray 영상 자료를 전자적으로 선택해 발급할 수 있게 된다. 장기 투병 환자의 완치 기록, 자녀의 출생기록 등 국민 개개인에게 중요할 수 있는 진료기록을 개인 저장장치에 저장해 휴업이나 폐업 등으로 사라지지 않도록 방지할 수 있다.

이와 함께 그간 규제로 인해 투자가 다소 소극적인 상황에서 향후 규제 완화시 국내 기업들의 디지털 헬스케어 사업 진출 전략이 보다 적극적으로 추진될 것으로 전망된다. 헬스케어 기업들간 투자나 인수합병이 크게 증가할 것으로 예상된다.

미국의 경우 이미 인수합병이 선제적으로 이뤄지고 있다. 아마존은 의료 관련 기업인 '원 메디컬One Medical'을 39억 달러에 인수했다. 아마존의 역대 인수합병 중 세 번째로 큰 규모였는데, 아마존이 헬스케어를 차세대 먹거리로 삼으려 얼마나 공을 들이고 있는지 보여주는 케이스였다

원메디컬은 미국 전역에 180여 개 의료시설에서 1차 진료 서비스를 하고 있으며 8,000개 이상의 기업의 직원들에게 대면 진료 뿐만 아니라 원격 진료를 제공하고 있다. 또 아마존은 재택의료 서비스 기업인 시그니파이 헬스SGFY 입찰에도 뛰어들었다. 시그니파이헬스는 뉴욕증시에 상장한 기업으로 의료진이 가정을 직접 방문해 건강보험 가입자에게 진단 등 의료 서비스를 제공하는 게 주 사업이다. 아마존은 적극적인 기업 인수를 통해 헬스케어 사업을 본격적으로 확대할 계획을 구체화하고 있는 것으로 보인다.

구글 모기업인 알파벳은 착용형웨어러블 기기를 만드는 자회사 핏빗과 베릴리 등을 앞세워 헬스케어 시장을 두드리고 있고, 마이크로소프트는 헬스케어 사업을 키우기 위해 올해 초 음성 인공지능 전문 업체 뉘앙스를 인수했다. 특히 미국은 비싼 의료비 때문에 병원에 쉽게 가기 어려운 시스템이기 때문에 저렴한 가격에 원격으로 진료받을 수 있는 헬스케어 시장이 더

욱 성장할 것으로 보이는데 국내 시장도 주목할 필요가 있다.

AI, 로봇, 센싱 등 신기술 연계를 통한 종합 원격의료인 지금의 원격의료는 감기, 정신과, 피부질환 등 정도의 경증 질환에 한해 진행될 수 있었다. 그러나 이제는 그 한계를 벗어나 전 분야의 질병, 전 범위의 치료, 환자전부를 대상으로 하는 종합 원격의료 솔루션이 전 세계적으로 구축될 것으로 보인다. 이에 따라 종합 원격의료 서비스를 제공하기 위해, 보다 혁신적인 디지털 의료기술 및 치료 솔루션 확보가 필요할 것으로 예상돼 기업들의 투자가 몰릴 것으로 기대된다.

TREND10

팬데믹 이후, 경제의 중심이 될
디지털 '재생'

① 코로나19 팬데믹으로 전 세계적으로 신차 생산과 판매가 급감했지만, 미국 중고차 시장은 급성장했다. 감염 우려 때문에 대중교통이나 우버 등 공유 차량을 기피하는 현상이 생겼고, 코로나19로 실직자가 늘고 수입 감소도 커지는 등 경제적 어려움이 커지자 새 차보다는 가격 부담이 없는 헌 차를 선호하는 사람이 많아졌다. 큰 성장을 한 기업의 예로 미국의 온라인 중고차 업체 카바나Carvana가 있다.

카바나는 철저하게 대면하지 않고도 중고차를 거래할 수 있는 시스템을 만들었다. 카바나는 중고차 픽업 장소를 자동차 자판기처럼 만들며 관심을 끌었는데, 7~8층 규모의 거대한 자동자판기차량 인도장에 특수 동전을 넣으면 자동차가 나오는 식이었다. 고객들은 온라인으로 차량을 구입한 후 중고차 픽업 장소에 마련된 자판기에서 직접 수령할지 혹은 배송을 통해 받을지 결정할 수 있다. 다음은 자판기에 써 있는 문구다.

'*Look who got a car without the car lot* 주차장도 없이 누가 차를 사가는지 봐'
'*Goodbye Dealership, Hello Happy!* 딜러십은 굿바이, 행복아 반가워!'[43]

카바나의 또 다른 특징은 차량 인도장을 제외하고는 오프라인 매장이나 중개인이 없는 것이다. 오직 온라인으로만 중고차 거래가 이루어진다. 점포와 중개인이 없는 만큼 판관비를 아낄 수 있다. 그 덕에 고객들도 딜러를 통해 구매하는 것보다 평균 1,000달러를 절감할 수 있다.

애플리케이션의 직관적인 사용자 인터페이스^{UI}도 장점이다. 빠르면 10분 내 중고차 거래를 끝낼 수 있다. 360도 사진을 통해 자동차 외관과 내부, 차에 난 상처 등을 모두 볼 수 있고 수리 이력도 확인할 수 있다. 구입 후 7일 내에 전액 환불도 가능하다. 카바나가 지난해 실시한 고객 설문조사에 따르면 응답자의 96%가 "친구에게도 추천할 것"이라고 답했다.

카바나가 미국 중고차 시장에서 특히 코로나 펜데믹에도 불구하고 돌풍을 일으킨 것은 '세일즈의 디지털화'를 이루었기 때문이다. 중고차 딜러샵을 통해 주로 진행되던 전통적인 방식에서 탈피해 온라인과 비대면으로 모든 구매가 가능해지는 혁신을 이루어냈고, 이 혁신은 코로나19가 촉발한 언택트 문화와 정확히 맞아떨어졌다.

---

43   박용범, 〈"온라인서 사고 '자판기 빌딩'서 찾아간다"… 불신의 벽 높은 美 중고차 매매 판 흔들었다〉, 매일경제, 2021. 6. 14.

위드 코로나와 회복

2020년은 코로나19로 인해 단순 경기 침체를 벗어나 경제가 붕괴 위기에 처하는 등 수많은 사람이 사망했고, 폐업과 실업이 만연하는 상황이 발생하였으며 글로벌 경제가 정지된 듯했다. 2021년에는 백신이 보급되면서 포스트 백신 시대로 접어들었다. 각국은 인프라 정책을 중심으로 정상화를 위한 시동을 걸었다.

2022년. 그 동안 무너졌던 경제를 회복하고 불확실성을 줄이기 위한 각국의 정부와 기업, 그리고 사회의 노력이 이어졌다. 코로나 19 이전 수준을 향해 되돌아가는 시점인 회귀점이라고 일컫기도 한다. 세계 주요국들이 위드 코로나Living With Covid-19를 선언하면서, 경제주체들은 앞으로 코로나 이전수준으로 소비와 투자, 생산 등 경제활동의 재개를 준비했다.

2023년 어떨까. 우리는 지속적인 비접촉, 사회적 거리두기가 가져온 새로운 일상에 적응하고 있다. 집단주의, 단체 문화가 익숙했던 우리 국민들은 사회적 거리두기라는 개념을 처음엔 낯설어했지만, 이제는 기존 대규모나 단체적 소비문화보다는 소규모, 개별적 소비문화로 전환할 것으로 예상된다. 혼자 모바일 애플리케이션을 통해 온라인 쇼핑을 하고, 집에서 온라인 강의를 듣거나 근무를 하고 앱으로 배달음식을 시켜먹고, 여가시간엔 영화 스트리밍을 보는 것이 대세로 자리 잡을 것이다. 코로나 팬데믹 이전

에는 이러한 문화가 일부 밀레니얼 세대에게만 보이는 모습이었다면, 이제
는 전 세대에 걸쳐서 폭 넓게 나타날 것이다.

소비 경향의 변화에 맞서 기업들은 새로운 경영전략을 수립하고 도입
할 필요가 있다. 지금까지 경험한 적 없는 변화와 위기 속에서 그 어떤 기
업이라도 지속적인 생존과 성장을 장담할 수 없는 상황이다. 그렇다고 막
대한 자원을 투입해 수많은 변수를 모두 예측하고 대응하는 것은 불가능에
가깝다. 이에 기업들은 앞으로 위기에 맞닥뜨리더라도 이를 신속하게 극복하
고 더 크게 도약할 수 있는 사후적인 회복력 키우기에 관심을 가져야 한다.

이때 가장 필요한 것이 ESG 기반의 사회적 가치 전략이다. ESG 논의
가 급격히 확산될 것으로 전망되는데, ESG는 환경Environment과 사회Social,
지배구조Governance 등 비재무적 요소를 적극 고려하는 흐름을 통칭하는
개념이다. ESG가 포스트 코로나 시대 지속가능성장을 위한 핵심 아젠다로
떠오를 것이다.

위드 코로나와 포스트 코로나를 대비하면서 기후위기 대응에 대한 인
식확대 등으로 회복과 재건, 지속가능한 경영 등이 화두로 떠오를 것으로
전망된다. 이와 함께 기업에서는 상시적으로 언택트 경영에 대한 전략을
준비할 것으로 예상된다. 코로나 팬데믹을 갑자기 겪으면서 재택근무가 어
려운 영업직이나 고객 대면 부서들은 어려움을 겪었기 때문에 이에 대한
대비책을 고심할 것이다. 코로나 팬데믹에 따라 기업들은 민첩하고 유연

한 인사조직을 만들기 위한 AI면접, AI 역량검사 등 다양한 인사시스템 구축에 나설 것으로 전망된다.

소비자들도 변화하고 있다. 기업의 제품이 사회적이나 환경적으로 어떤 긍정적인 영향이 있는지에 관심을 나타내고 있다. 세계적인 베스트셀러 'Why로 시작하라Start with Why'를 쓴 사이먼 사이넥에 따르면 소비자들은 왓What, 즉 제품을 사는 게 아니라 와이Why, 쉽게 말해 제품의 존재 이유와 목적, 소명을 사는 것이라고 말했다. 소비자들은 무엇을 넘어 어떻게How, 왜Why까지 고려해 제품을 구매한다는 것이다.

과거 소비자들은 제품의 디자인이나 품질에 주목했다면 최근엔 많은 소비자들이 내가 사려는 제품이 어디서 어떻게 생산되는지, 제품이 담고 있는 가치관이나 신념, 사회· 환경적인 책임을 다하는지 등을 고려해 구매하고 있다. 1980년대 초반부터 1990년대 중반 출생자인 밀레니얼 세대와 1990년대 중반 이후 출생자인 Z세대에게서 이러한 경향은 두드러진다. 지구온난화와 기후변화, 환경오염과 미세먼지, 코로나19까지 환경 이슈를 직격탄으로 겪어온 세대다. 기업의 제품을 볼때도 기업의 진정성이나 도덕성을 구매 기준의 하나로 여긴다. [44]

---

44 이효정 이사 외 5명, 〈ESG의 부상, 기업은 무엇을 준비해야 하는가?〉, 삼정 KPMG, 2021.

ESG 집중하는 테크기업

"모든 생산 과정에서 탄소중립을 달성하겠다" 글로벌 기업 애플이 공표한 원칙이다. 애플에 납품하려면 재생에너지로만 부품을 만들라는 것이다. 애플이 RE100에 가입하면서 생긴 변화다. RE100은 'Renewable Energy 100%'의 줄임말로 기업에서 사용하는 전력을 재생에너지로만 이용하겠다는 자발적 글로벌 캠페인이다. 2014년에 미국 뉴욕 기후 주간지에서 기후 변화 행동 비영리단체인 'The Climate Group'과 'CDP Carbon Disclosure project'가 처음 소개하면서 시작됐다.

세계적으로 ESG 경영이 강조되면서 2050년까지 100% 재생에너지를 사용하겠다며 'RE100' 선언을 하는 기업들이 늘고 있다. ESG는 RE100 선언 초창기에는 참여 기업이 미국과 유럽 회사 위주였지만 지금은 세계 각국으로 확대되어 전 세계 약 370개 기업 이상이 참여하고 있다. 가입한 기업을 국가별로 보면 미국 95개, 일본 72개, 영국이 47개에 달한다.

나이키, 이케아, BMW, 코카콜라 같은 기업 뿐 아니라 애플, 구글, 페이스북 등 글로벌 ICT 기업들이 참여를 알리고 있다. 애플은 이미 100% 재생에너지 사용을 달성한 것으로 알려졌다. 애플은 100% 재생에너지 사용을 위해 2013년 미국의 전 환경보호청장 출신인 리사 잭슨을 환경·정책 및 사회적 이니셔티브 담당 부사장으로 영입했다. 오바마 행정부에서 청정에너지 관련 정책을 기안한 리사 잭슨의 지휘 아래, 애플은 몇 년 안 돼서 RE100을 달성한 것이다.

애플은 사람들이 그들을 떠올릴 때, 환경을 보호하는 친환경적 기업의 이미지로 브랜딩을 하고 있다. 이러한 움직임은 애플의 협력사에도 영향을 줬고, 애플에 발맞춰 100% 재생에너지 기반으로 생산한다고 밝힌 협력사가 수십 곳이 넘는다.

자연스레 애플과 거래하는 삼성전자, LG디스플레이 등도 장기적으로는 친환경 에너지 전략 수립을 할 수밖에 없다. 국내 대기업이 친환경 에너지 전략을 수립하게 된다면 그 기업에 제품과 서비스를 납품 및 제공하는 협력업체에도 당연히 영향을 미친다.

대형 ICT 기업들이 탄소중립 등 ESG 경영에 공들이는 이유는 무엇일까? 빅테크 기업들의 ESG 리스크는 전통 제조업에 비해 오히려 크기 때문이다. 데이터 센터나 생산설비 가동 등으로 인해 전력사용이 많고, 공급사슬이 복잡해 인권이나 환경 이슈에 얽히기 쉽다. 탄소 배출 관련 글로벌 규제 강화 추세는 빅테크 기업이 직면한 주요 ESG 리스크 요인 중 하나다.

삼정KPMG가 2022년 1월 발간한 보고서 '글로벌 빅테크 기업의 ESG 동향과 시사점'에 따르면 테크 기업의 ESG 리스크는 다양하다. 데이터 센터의 전력 에너지 사용량이 많고, 복잡한 자원 공급 사슬에서 인권·환경 문제가 발생할 수 있기 때문이다.

데이터·사이버 보안 이슈에도 민감하다. 제품의 생산·유통 과정에서 이산화탄소와 각종 오염 물질, 폐기물을 유발한다는 비판을 받고 있으며 신기술 개발 과정에서 의도치 않은 윤리적 논란을 낳기도 한다.

KPMG가 2019~2020년 전 세계 311개 테크 기업을 대상으로 조사한 결과 이들 중 70%는 탄소 절감 목표를 설정하고 있다. 자동차, 광업, 유틸리티 산업 다음으로 높은 비율이다.

테크 기업의 50%는 기후 변화 이슈를 리스크 요인으로 인식하고 있으며, 66%는 기업 활동을 국제연합[UN]의 지속가능발전목표[SDG]와 연계하고 있었다.

주요 빅테크 기업은 리스크를 줄이기 위한 실질적인 방안을 시행하고 있다. 온실가스 배출량을 줄이기 위해 재생가능한 에너지를 사용하고, 별도의 냉각 과정이 필요 없는 친환경 데이터 센터를 짓는 식이다.

마이크로소프트는 자연 냉각이 가능한 해저에 데이터 센터를 설치하는 '프로젝트 나틱' 실험을 진행하고 있다. 페이스북의 모기업 메타는 연평균 기온이 낮은 스웨덴 북부 룰레오에 데이터 센터를 설립했다.

원자재 조달 과정에서 발생할 수 있는 리스크도 관리한다. 테슬라는 2020년 금속 원료 코발트를 자사 배터리 생산에 사용하지 않겠다는 계획을 발표했다. 배터리 원재료로 주로 쓰이는 코발트는 채굴 과정에서의 아동 노동 착취, 인권 침해, 광산 불법 운영 등 논란이 불거진 바 있다.

테슬라와 구글, 애플 등 기업은 문제가 있다는 사실을 알고도 방조한 혐의로 2년 전 미국 국제권리옹호 단체에 피소당했다. 대부분 빅테크 기업은 'RMI협의체'에 가입한 상태다. 이는 기업의 책임 있는 광물 조달과 공급망 관리를 목표로 하는 협의체다. 콩고와 인근 국가에서 생산되는 4대 광물주석·탄탈룸·텅스텐·금 등의 원산지 추적 조사, 생산 업체에 대한 모니터링과 인증을 실시한다.

빅테크 기업들은 탄소 절감을 위해서는 첨단 기술과 막대한 자금력 투입을 확대할 것으로 전망된다. 구글은 이용자들이 자사 애플리케이션에서 비행기표를 예약하거나 이동 경로를 검색할 때, 예상 탄소배출량을 확인할 수 있도록 했다. 테슬라는 비용 경쟁력을 갖춘 CCUS탄소 포집·활용·저장 기술 개발을 위한 대회를 개최하고 1억 달러를 기부했다.

이와 함께 빅테크 기업들은 오염 물질과 폐기물을 줄이기 위해 기존의 '선형 경제'에서 벗어나 '순환 경제'의 선순환 구조를 이루기 위한 방안을 모색하고 있다.

선형 경제는 '자원 채취-생산-소비-폐기'의 과정이 중심이다. 순환 경제는 생산과 소비 후 제품을 폐기하지 않고 재활용하는 것이 핵심이다.

탄소중립에서 '수소경제'로

　전 세계가 탄소중립을 선언하고, 이를 이행해 나가는 과정에서 수소경제로의 전환은 핵심적인 정책적 수단으로 꼽힌다. 2004년 미국 공학한림원NAE, National Academy of Engineering은 '수소경제란 석탄, 천연가스, 원자력, 신재생에너지를 이용해 수소를 생산하고, 생산된 수소를 운반·저장하는 인프라를 구축하며, 수소를 직접 연소하거나 연료전지를 이용하여 전력을 생산하여 최종적으로 소비하는 에너지 수급 시스템에 기반한 경제'라고 정의했다. 우리나라의 경우 2020년 '수소법수소경제 육성 및 수소 안전관리에 관한 법률'을 세계최초로 제정하면서 제2조 정의에 "수소경제란 수소의 생산 및 활용이 국가, 사회 및 국민생활 전반에 근본적 변화를 선도해 새로운 경제성장을 견인하고 수소를 주요한 에너지원으로 사용하는 경제산업구조"라고 명시했다.

　코로나 19 팬데믹 이후 기후변화 대응과 탄소중립, 경제재건을 위해 수소경제에 대한 열망은 그 어느때보다 높다. 앞으로 수소경제가 본격적으로 태동할 것으로 기대되는데, 탄소 기반의 사회에서 수소 기반의 사회로 바뀌는 대전환의 시기에서 새로운 비즈니스 기회도 생겨날 것으로 전망된다.

　수소경제를 주도하는 글로벌 기업들이 조성한 수소위원회Hydrogen

Council에 따르면 글로벌 수소시장은 2030년까지 약 1억 톤, 2050년까지 5억 5,000만 톤 규모까지 증가할 것으로 예상했다. 에너지로 환산하면, 수소가 2050년까지 전 세계 에너지 수요의 18%를 차지할 것으로 전망했다.[45] 블룸버그 전망에 따르면 수소경제 실현을 위한 강력한 정책을 실시할 경우 2050년 수소 수요는 최종 에너지 수요의 24%에 해당하는 696미터톤MMT 까지 증가할 것으로 예측된다.

특히 수소의 활용 산업에서 가장 주목할만한 것은 모빌리티다. 수소경제 활성화 로드맵에서 수소경제 활성화 국가비전이 '수소차·연료전지 세계시장 점유율 1위 달성'인 것만 봐도 짐작할 수 있다. 수소차의 경우 승용차 시장에서 현대자동차와 일본기업인 토요타, 혼다 등이 선두업체로 인정받고 있으며 연료전지의 경우 발전용 분야에서 국내 기업이 선도해 나가고 있다. 두산퓨얼셀은 미국의 클리어엣지파워CEP를 인수했고, SK건설은 미국의 블룸에너지와 합작 법인인 블룸SK퓨얼셀을 설립했다. 글로벌 발전용 연료전지 시장에서 두산이 30%, 포스코에너지가 18% 등을 차지해 점유율이 50%수준으로 확대됐다.

글로벌 컨설팅 기업 맥킨지가 발표한 수소 관련 보고서 〈수소, 디지털을 만나다Hydrogen Meet Digital〉에 따르면, 2050년 국내 수소 사용량은 약 1,690만 톤으로 2015년 약 240만 톤보다 7배 증가하다는 사실을 전망했

---

45 이인영, 〈수소기술 초격차 확보를 위해 산학연이 모인다〉, 과학기술정보통신부, 2022. 8. 25.

다. 수소차가 2020년 누적기준 1만대 수준에서 2040년 375만 대까지 늘어나면서 수소차 충전량도 2,000톤에서 575만 톤까지 확대될 것으로 추정된다. 현대차는 '수소연료전기차[FCEV] 비전 2030'에서 2030년 50만 대, 2050년까지 내수판매 차량 100%를 전기나 수소차로 공급하겠다는 내용을 발표한 바 있다. 앞으로 모빌리티 시장에서 수소차를 둘러싼 경쟁이 격화될 것으로 예상된다.

2020년 2월과 2021년 2월 국내 수소법 제정 및 시행으로 수소경제 활성화를 위한 법적 근거가 마련됐고, 이후 국내 수소 승용차 보급은 2021년 8월 기준 1만 6,000여 대로 세계 1위를 차지했다. 2위는 미국[1만 1,088대], 3위 일본[6,347대], 4위 독일[697대], 5위 네덜란드[382대] 등 순이다. 다만 수소 활용 산업뿐 아니라 생산과 저장, 운송 분야 등 가치 사슬 전에서의 원천 기술 확보나 상용화가 필요할 것으로 보인다.

2023년 수소 모빌리티 '본격 경쟁'

특히 현대자동차, 도요타, 혼다 이외 독일 완성차 업체 진입이 본격화되는 2023년 이후 수소차 보급 확산과 함께 규모의 경제를 통한 원가 경쟁력이 강화될 것으로 예측된다.

독일의 경우 수소전기차와 충전소 보급 확대를 목표로 관련 연구개발을 활발하게 추진중이다. 2030년까지 수소전기차 180만 대를 보급하고 수소충전소 1,000개 건설을 계획하고 있다. 2023년까지 약 41억 달러 규모의 수소 및 친환경차 구매 보조금을 지원한다. 또 상용차 및 철도 연료 보급을 위한 수소충전소 건설보조금 사업에도 약 39억 달러를 책정했다. 독일의 수소 생산시장은 연평균 9.6% 성장해 시장규모는 2025년 약 95억 달러에 달할 전망이다. 탄소를 배출시키지 않는 청정수소인 그린 수소 생산량이 2020년 3.85TWh에서 2030년 14TWh 수준까지 4배 이상 늘어날 전망인데, 풍부한 재생에너지 인프라를 기반으로 세계에서 가장 많은 P2G^Power to Gas 프로젝트를 추진중이다.

외신에 따르면 독일의 자동차업체 BMW는 일본 업체 도요타와 함께 개발한 수소연료전지차^FCV인 X5 스포츠유틸리티차량^SUV 모델 'iX5 하이드로젠'를 2025년에 양산할 예정이다.[46] 전기차와 함께 친환경 자동차로 꼽히는 모델이다. 수소연료전지차는 수소와 대기 중의 산소를 반응시켜 만든 전기로 자동차를 움직여 오염물질을 배출하지 않는 것이 특징이다.

미국의 경우 100% 자급을 목표로 대량의 수소를 친환경적으로 생산하는 데 주력하고 있다. 2030년까지 자국 수소 수요를 1,700만 톤으로 확대하고, 자급률 100%를 달성하기 위해 수전해설비 등 수소 생산기술 혁신에

---

46 김민상, 〈독일 BMW, 일본의 도요타와 개발한 수소차 SUV 2025년 양산〉, 중앙일보, 2022. 8. 12.

투자했다. 캘리포니아 주를 중심으로 충전소를 확대하고 있는데, 북미지역 총 74개의 수소충전소 중 48개가 캘리포니아에 설치됐다.

미국은 2030년까지 수소충전소 5,800개소를 구축하고 수소전기차 120만 대 보급을 목표로 하는데, 미국은 현재 지게차 등 상용차 위주로 수소 모빌리티 시장이 발달한 상황이다.[47]

중국의 경우 보조금 지급과 기술개발 지원으로 수소차 중심의 생태계를 구축해 나가고 있다. '중국제조2025'는 신에너지자동차를 핵심 사업으로 선정, 국제연료전지차 대회를 통해 '차이나 수소 이니셔티브'를 선언하는 등 수소전기차 중심의 수소굴기를 추진한다. 중앙정부는 수소차 보조금 지급 등을 통해 2030년까지 수소차 100만 대 보급과 수소충전소 1,000개소 설립에 나선다. 특히, 수소버스와 트럭 등 상용차 중심의 수소차 보급에 주력한다.

수소전기차가 전기차 대비 긴 주행거리, 짧은 충전시간, 우수한 내구성으로 승용차보다 상용차에 활용이 유리하다는 판단 때문인데, 중국에서 2019년에 생산된 수소차 3,018대 중 1,335대가 버스, 1,683대가 트럭 운송 차량이다. 중국의 수소 승용차 보급은 2025년 이후 본격화될 전망이다.

베이징, 상하이 등 지방정부 또한 수소산업 육성계획을 발표했는데 베이징은 2025년까지 수소충전소 74개 건설, 수소전기차 1만 대를 보급하고,

---

47　무역투자연구센터, 〈주요국 수소경제 동향 및 우리기업 진출전략〉, 코트라, 2022. 2. 7.

상하이는 2023년까지 수소충전소 100개 건설, 수소전기차 1만 대 보급을 목표로 한다. 중국은 기술 약점 극복을 위한 해외 기업과의 파트너십 추진에 적극적인데, 디젤엔진기업 웨이차이는 연료전지기술을 보유한 영국 세레스Ceres Power와 캐나다 발라드Ballard Power 지분을 인수했다.

일본은 수소경제 시장 성장이 가파를 것으로 예상된다. 일본의 수소경제 시장 규모는 2020년 기준 약 1억 5,000만 달러인데, 발전 분야의 급성장으로 인해 2035년까지 약 268배 성장할 전망이다. 석탄 등 기존 화석연료 발전 분야에서 탄소배출 저감을 위해 무탄소 연료인 암모니아를 함께 연소해 전력을 생산하는 방식인 암모니아 혼소 발전이나 수소가스터빈 발전의 실증 실험이 각각 2024년, 2025년에 시작되기 때문에 수소 수요가 대폭 증가할 것으로 전망된다.

일본은 독일과 함께 액상수소 관련 기술개발을 선도 중인데 치요다 화공을 주축으로 액상수소 저장기술을 활용해 세계 최초로 글로벌 공급망을 실현하는 SPERA 프로젝트SPERA 수소 기술을 사용하여 브루나이 LNG플랜트에서 발생하는 가스에서 추출한 수소를 톨루엔과 화학반응 시켜 일종의 액상 수소인 MCH 형태로 일본 가와사키시로 운송하는 공급망 구축 실증사업를 진행중이다. 2030년에는 액화수소, MCH상온, 상압에서 액상 형태로 존재 등 대규모 저장기술의 실용화로 운송 시장 역시 급성장할 것으로 전망된다. 2020년 수소전기차 시장은 도쿄올림픽 개최 연기로 소폭 축소되었지만, 인프라 확충에 따라 2030년까지 100배 이상 성

장할 전망이다.[48] 도요타 미라이[2세대]가 현대 넥쏘와 글로벌 FCEV 시장 양
강구도를 이어가고 있으며, 혼다 클래리티는 단종됐다. 일본의 수소충전소
는 113개[2021년 10월 기준]인데 전 세계에서 가장 많은 수준이다.

스마트 워크 시대, 인공지능 HR 도입

기업이 생존하기 위해서는 단순히 디지털 시대를 준비하는 걸 넘어서
디지털 조직 그 자체가 되어야 한다.

한국 기업의 근로자들의 일하는 시간은 세계 각국들과 비교하면 높은
수준이다. 2019년을 기준으로 한국의 연평균 근로시간은 2,083시간으로
OECD 국가 중 멕시코에 이어 2위다. OECD 평균[1,683시간]보다 600시간이
나 많다. 정부는 근로시간 단축 및 유연근무제 도입을 위한 다양한 정책들
을 집중해 왔다. 2018년 7월부터 300인 이상의 사업장과 공공기관을 대상
으로 주 52시간 근무제가 시행되었다. 2021년 7월부터는 5인 이상, 50인
미만의 사업체에도 본 제도가 적용되기 시작했다. 그 밖에도 시차 출퇴근
제, 근무시간 선택제, 남자 육아휴직 사용 확대 등과 같은 근로조건을 유연
화하기 위한 정책적 노력이 이어졌다.

---

48 〈5조 엔 규모까지 확대되는 연료전지 시스템 세계시장〉, 후지경제그룹, 2021. 4.

시대적 요구일뿐 아니라 위드 코로나로 기업들은 유연한 근로조건과 근로시간 단축 등을 해결해야 하는 과제를 안게 됐다. 해결방법으론 스마트워크가 꼽힌다. 코로나19 팬데믹으로 기업들은 재택근무를 도입해야만 했고, 이를 경험한 인재들은 재택근무 가능 여부를 이직할 조직의 조건으로 고려하기 시작했다. 급격히 진행되는 디지털 트랜스포메이션 속에서 기업들은 스마트워크 전면 도입을 위한 노력에 나설 것으로 전망된다. [49]

디지털 트랜스포메이션 시대에 적합한 민첩하고 유연한 인사조직을 만들기 위한 다양한 시도들이 이루어지고 있다. 데이터에 기반한 인사관리HR 플랫폼이 등장했고 인공지능, 블록체인, 빅데이터, 메타버스 등의 디지털 기술은 '채용–업무–평가–보상'이라는 직장에서의 경험을 통합적으로 관리할 수 있게 혁신하고 있다. 일부 기업에선 디지털 기술을 활용해 효율적인 인사관리가 가능해졌다. 코로나19로 가속화된 디지털 트랜스포메이션은 과거 채용 풍경을 180도 변화시켰다. 인공지능 면접, 온라인 인·적성검사, 화상 면접과 같은 비대면 채용이 삼성, SK, LG 등의 그룹사들을 중심으로 도입되었다. 최근에는 대기업뿐만 아니라, 스타트업이나 공공기관, 지자체에 이르기까지 비대면 채용이 확산하고 있다. 인공지능을 활용한 면접이 대기업, 공기업에 널리 확산하면서 비대면 채용은 앞으로도 지속될 것으로 보인다. 비대면 채용 플랫폼이 가파르게 성장하는 이유는 무엇보다 채용 과정을 빠르게 진행하고,

---

49 김광석, 〈대한민국 디지털路 회복전략〉, 한국지능정보사회진흥원

다양한 거래비용을 줄일 수 있다는 점이다.

업무환경도 달라졌다. 코로나19로 재택근무가 보편화되고 회의, 세미나, 교육 등 대인 접촉이 필요한 업무에서도 비대면 업무방식이 도입되었다. 그 결과, 팀즈^{Teams}, 슬랙^{Slack}과 같은 협업 툴과 줌과 같은 화상회의 솔루션이 폭발적으로 성장했다. 각각의 플랫폼은 차별화된 서비스를 제공하고 있다. 마이크로소프트의 팀즈는 업무 소프트웨어인 오피스365, 아웃룩, 원드라이브 등이 연계되어 공동의 문서작업 등에 특화되어 있고, 슬랙은 조직 구성원 전체에게 공유되는 단체 대화방이 최대 특징으로 소통에 최적화되어 있다. 줌은 화상회의 및 강의^{교육}에 특화된 서비스를 제공하고 있으며, 주된 경쟁력인 손쉽게 사용 가능한 인터페이스를 기반으로 영역을 넓히고 있다.

홀로그래픽 오피스, 가상의 공간으로 출근

홀로그래픽 오피스는 점차 일반화될 것으로 전망된다. 가상현실과 증강현실 기반의 3차원 가상 사무실 공간 '홀로그래픽 오피스^{holographic office}'가 사용자들이 물리적으로 떨어져 있음에도 불구하고 마치 같은 공간에서 함께 일하고 있다는 느낌을 받을 수 있도록 한다. 서로 연결되어 있다는 느낌을 받기 힘들어 협업에 있어서 한계가 있다는 지적을 받는 기존 화상회의 방식과 텍스트 기반의 협업 툴이 지닌 단점을 보완한 것이다.

미국에서 활약중인 한국의 스타트업인 '스페이셜 Spatial'은 셀카 한 장을 머신러닝으로 처리해 본인의 얼굴을 본뜬 3D 아바타를 생성해 VR기기를 연동하거나 컴퓨터를 통해 회의를 개설하고 참여할 수 있다. 기존 메신저나 화상회의에서는 전달되지 않았던 손짓이나 행동, 목소리 톤까지 반영되면서 정서적인 공백까지 해소된다.

스페이셜 홀로그래픽 오피스 솔루션의 핵심은 높은 업무 참여도. 사용자들은 디지털 작업 환경에서도 실제 업무 환경과 똑같이 포스트잇을 붙이거나 화이트보드에 메모하면서 아이디어 회의를 할 수 있다. 문서·이미지·비디오·웹사이트 등 각종 자료들을 공간이나 화면 제약 없이 스페이셜 안에서 만들고 공유할 수 있다.

정면에 있는 사람의 말소리는 앞에서, 오른쪽에 앉은 사람의 말소리는 옆에서 들리는 등 실감 나는 가상 공간 구현은 가상과 현실의 구분을 모호하게 만든다. 가상과 현실의 경계가 허물어지는 것이다.

실제 근무하는 사무실 공간처럼 자유로운 분위기의 사이버 공간이 구현된 홀로그래픽 오피스는 창의적인 업무환경을 가능하게 만든다. 인공지능을 활용해 어떠한 3차원 공간도 디지털 작업 환경으로 전환할 수 있기 때문이다. 가령, 커피를 즐길 수 있는 휴식 공간이나 축구 등의 운동을 함께 즐길 수 있는 공간도 가상현실로 구현이 가능하다. 사용자들이 일에 집중하고 싶을 때는 독립된 자신만의 공간에서 일할 수 있으며, 다른 사람들과의 유대감을 느끼고 싶을 때는 언제든 휴식 공간으로 이동할 수 있다. 홀로그래픽 오피스가 미래에 오프라인 오피스를 대체할 수도 있다는 이야기가 나오는 이유다.

미국의 GPU생산기업이자 인공지능 컴퓨팅 분야 선두기업인 엔비디아Nvidia가 선보인 '옴니버스Omniverse'플랫폼도 주목할만하다. 옴니버스는 3D이미지나 영상을 만드는 개발자들이 온라인으로 옴니버스에 접속해 함께 3D 이미지나 영상을 만드는 플랫폼이다. 옴니버스가 일반적인 게임 회사나 3D 이미지가 들어가는 영화사의 개발자들이 사용하는 솔루션과 다른 점은 옴니버스 플랫폼 내에서는 실제 현실 공간과 동일한 물리 법칙이 구현된다는 점이다. 엔비디아 GPU에서 사용되는 레이 트레이스Ray Trace는 빛을 추적하는 기술로 3D 그래픽을 구성하는 기술 중에서 고난도 알고리즘을 가지고 있는데, 옴니버스 아바타는 이 기술을 활용해 만들어졌다. 엔비디아는 2021년 11월 '옴니버스 아바타OmniverseAvatar'라는 가상 에이전트를 만들기 위한 새로운 플랫폼을 발표했는데 옴니버스 아바타는 엔비디아의 옴니버스 비전의 일부로, 이 플랫폼은 음성인식, 합성음성, 얼굴추적 및 3D 아바타 애니메이션을 비롯한 여러 개별 기술을 결합해 다양한 가상 에이전트를 지원하는데 사용할수 있다.

엔비디아는 연례 기술 콘퍼런스인 '그래픽 테크놀로지 콘퍼런스GTC'에서 옴니버스 아바타 기술을 사용하는 몇 가지 데모를 선보였는데, 첫 번째 데모는 패스트푸드점의 디지털 키오스크에 있는 귀여운 애니메이션 캐릭터가 메뉴를 2명의 손님에게 이야기하고 어떤 품목이 비건 메뉴인지 묻는 등의 질문에 답하는 것으로, 얼굴 추적 기술을 사용해 고객과 눈을 맞추고 얼굴 표정에 반응했다. 세 번째 데모에선 화상회의 참가자가 현실적인 애니메이션 아바타를 활용, 소란스러운 카페에서 캐주얼한 옷을 입은 현실의 참가자와는 다르게 단정하게 차려입은 아바타가 배경 소음에 영향을 받지 않고 회의에 참여한다. 이처럼 옴니버스 아바타는 산업환경을 복제하고 사람들과 상호작용하는 아바타를 만드는데 중점을 두고있다.

현실 공간에서 이루어지는 물리법칙을 구현할 수 있는 옴니버스 가상 공간은 다양한 분야에서 사용될 수 있다. 인공지능을 로봇과 결합해 일반적인 기업의 생산공장에 적용할 경우, 실제공장을 가상공간에서 동일하게 만들수 있다. 이럴 경우 공장 내부공간, 기계장치배치, 실제 일하는 사람들의 행동 패턴을 도입해 공장내 기계 작동, 각종 재료 배합, 작업 동선 등을 시뮬레이션 할 수있다.

BMW는 스마트 제조의 한계를 뛰어넘기 위해 엔비디아의 옴니버스를 도입했다. 이를 활용해 생산 네트워크에 있는 31개 공장의 근로자에게 작업 지시를 내려 생산 계획 시간을 30% 단축했다. 옴니버스의 도입은 제품

품질을 개선하고, 제조비용과 계획 되지 않은 가동 중지시간을 줄이면서 생산량을 늘리고, 작업자 안전을 보장하는 제조업체의 목표를 달성하기 위한 것으로 BMW는 생산에 필수적인 각 시스템을 옴니버스 플랫폼에서 동기화해 제품 맞춤화 전략에 성공했다.

지멘스에너지Siemens Energy는 발전소의 예측 유지보수를 지원하는 디지털 트윈을 생성하기 위해 옴니버스 플랫폼을 사용한다. 지멘스에너지는 기계의 종료 빈도를 줄이기 위해 새로운 워크플로우를 개발하는 데 엔비디아의 기술을 활용한다. 물 유입구 온도, 압력, pH, 가스터빈 전력 및 온도와 같은 실시간 데이터를 사전처리해 물과 증기의 압력, 온도 및 속도를 계산하고 데이터를 엔비디아 모듈러스Modulus 프레임워크로 생성된 물리 머신러닝 모델에 입력해 시뮬레이션을 진행한다.

위드 코로나, 공유경제의 변신

코로나19 팬데믹으로 공유경제 시장에도 많은 변화가 일어났다. 바이러스에 대한 위험으로 사람들은 공유차량을 꺼렸고, 거리두기로 외출이 자제되고, 여행 수요까지 급감하면서 공유 숙박도 타격을 입었다. 앞으로 위드 코로나와 함께 공유경제의 비즈니스 모델에도 변화가 필요하다. 언택트와 공유경제를 결합할 새로운 서비스로의 전환을 준비해야 한다.

공유 공간 플랫폼의 경우 재택근무를 활성화하는 기업들을 대상으로 B2B^{기업 간 거래}로 확장할 필요가 있다. 실제 베트남에선 위드코로나와 함께 오피스 임대 수요가 증가했고 공유 오피스가 이를 공략하는 데 성공했다. 올해 상반기 베트남 내 신규 법인 설립은 전년 동기대비 13% 가량 증가한 7만 6,000여 개로 나타났다.[50] 위드코로나로 공유오피스가 다시 인기를 얻으며 평균 입주율이 80% 이상에 달하는 것으로 집계됐다. 베트남 내 공유 오피스 총 180여 개가 있고 주로 하노이, 호치민시, 다낭에 위치하는데 위드 코로나로 신규 법인 설립과 영업재개가 증가하면서 오피스에 대한 수요가 급증했다. 위워크^{WeWork}의 경우 세계적으로 416만m²의 공유오피스를 운영 중인데 2022년 1분기 베트남 매출액이 40% 증가를 기록했다.

물건 공유서비스의 성장도 앞으로 더욱 커질 것으로 예상된다. 물건을 교환하는 과정에서 대면해야 하기 때문에 바이러스에 대한 위험을 걱정하는 소비자도 있지만, 그보다는 코로나19로 수입이 줄어든 소비자들이 중고품 거래로 부수입을 거둘 수 있다는 점이 더 크게 작용하기 때문이다. 우리나라에선 동네 중고거래 애플리케이션인 당근마켓이 이런 이유로 성장하고 있다.

당근마켓은 GPS를 기반으로 '동네 인증'을 하고 반경 6km 내에서 중

---

50 Dy Tung, 〈Co-working gains ground post-Covid〉, VnExpress International, 2022. 7. 14.

고물건을 거래할 수 있다. 당근마켓의 2022년 8월 말 기준 월간순이용자수만 1,800만 명에 달한다. 특히 당근마켓은 코로나 특수를 받으며 2020~2021년 이용자가 대폭 증가했다. 2020년 3월 MAU는 446만 명이었지만 2021년 7월 3배 가까이 성장한 1,551만 명에 달한다. 일본 최대의 물건 공유 서비스 메르카리의 경우 2021년 2월 대비 6월 주가가 32%나 올랐다.

일본에서는 지방 이주 서비스의 성장세도 돋보였는데 국내에서도 이러한 공유 서비스를 주목해야 한다. 어드레스는 월 4만 엔에 원하는 곳에서 살 수 있는 서비스를 제공하는데 광열비와 보증금이 요금에 포함돼 있고 필수 설비도 잘 되어 있다. 몇 번이든 이동할 수 있는 장점이 있어 코로나19 이후 텔레워크 근로자들이 선호한다. 장기적으로는 빈 집 문제의 해결책이 될 수 있을 것이라는 분석도 나온다.[51]

지금껏 공유경제의 대부분은 B2C소비자 간 거래였는데, 앞으로 공유경제는 B2B로 점차 확대될 것이다.[52] 공유주방이나 공유사무실뿐 아니라 B2B 공유경제는 공유물류, 공유공장 등 다양한 산업에 활용될 전망이다. 우리나라의 마이창고Mychango, 영국의 스토우거Stowga, 일본의 오픈로지Openlogi가 사용하지 않는 물류창고를 공유하고 있다. 아직은 시범적인 초

---

51 KOTRA 도쿄 무역관, 〈일본은 지금 '공유경제 시대'〉, 한국무역신문, 2021. 2. 19.
52 박강민 디지털전환연구팀 선임연구원, 〈코로나19에 맞서는 공유경제의 현재와 미래〉, 소프트웨어정책연구소, 2020. 11. 27.

기 단계이지만 일부에서는 공장을 공유하는 공유공장 서비스도 나왔는데, 대구의 스마트웰니스 규제자유특구에서는 한 개 공장의 3D프린터 등 제조 인프라를 공유해 장비구매 비용을 줄였다. 중국에서는 스마트 공장과 친환경 제조와 함께 공유공장 생태계를 정책적으로 지원해 키우고 있다. 공유경제는 앞으로 단순한 공유활동 그 자체보다 부가가치를 창출하는 공유경제 플랫폼으로의 진화가 기대된다.

디지털 트렌드 2023

초판 1쇄 발행 · 2022년 10월 26일

지은이 · 김지혜
펴낸이 · 김동하

편집 · 이은솔
펴낸곳 · 책들의정원
출판신고 · 2015년 1월 14일 제2016-000120호
주 소 · (10881) 경기도 파주시 회동길 445 4층
문 의 · (070) 7853-8600
팩 스 · (02) 6020-8601
이 메 일 · books-garden1@naver.com

I S B N · 979-11-6416-130-0 (03320)